L'IMPOT DU SANG

PARIS. — IMPRIMERIE PILLET FILS AINÉ,
5, RUE DES GRANDS-AUGUSTINS

J. FRANÇOIS D'HOZIER

L'IMPOT DU SANG

OU

LA NOBLESSE DE FRANCE

SUR LES CHAMPS DE BATAILLE

PUBLIÉ

PAR LOUIS PARIS

Sur le manuscrit unique de la Bibliothèque du Louvre
brûlé dans la nuit du 23 au 24 mai 1871,
sous le règne de la Commune

TOME PREMIER

DEUXIÈME PARTIE

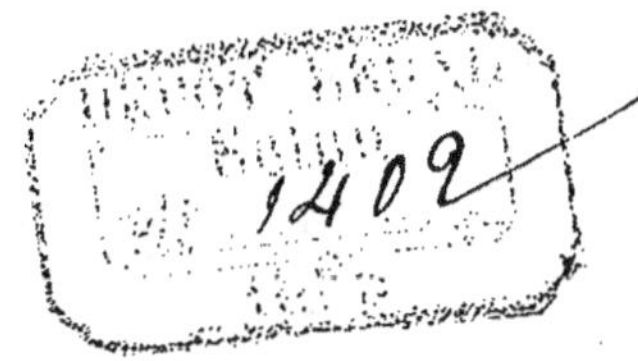

PARIS

Au CABINET HISTORIQUE | Et chez DUMOULIN
RUE DES GRANDS-AUGUSTINS, 5 | QUAI DES AUGUSTINS, 13

1874

AVIS

Deux critiques ont été adressées à la première partie publiée du tome Ier de ce livre : la première touche au style un peu monotone de la plupart des notices. A cela il n'y a guère à répondre, sinon que le grand nombre de noms et de faits du même genre à citer, rendoit l'agrément de la diction assez difficile.

Ce n'est point une histoire de l'armée que l'auteur a prétendu faire, mais un simple catalogue des victimes de la guerre, de ces hommes généreux qui, au prix de leur vie ont défendu, protégé la patrie et sauvegardé l'honneur national. Précisément en raison du grand nombre d'articles dont se compose l'ouvrage de d'Hozier, j'avois cru nécessaire d'être très sobre de commentaires et de réduire l'œuvre à sa plus simple expression ; mais, avec quelques souscripteurs, j'ai reconnu cette nomenclature un peu sèche ; aussi, pour parer autant que possible à cet inconvénient, me suis-je décidé à intercaler désormais dans le texte les quelques notices dont l'auteur se proposoit de faire un appendice : ce sont des renseignements plus fréquents sur les familles et les individus ; des notes sur les lieux où se passent les faits, et sur les compagnies ou régiments qui y prennent part ; — puis, de loin en loin, quelques anecdotes peu connues, le tout de manière à ne pas surcharger le texte de détails oiseux, mais à en rendre au contraire la lecture facile et moins aride.

La seconde critique, plus sérieuse peut-être, est l'incomplet que présentent les notices composant les listes des lettres A et B précédemment publiées. — A cela, je répéterai ce que j'ai déjà dit dans la *Circulaire-prospectus* : « si consciencieuses qu'aient été les recherches de l'auteur, on comprend qu'il n'ait pu ni tout connoître, ni tout dire. » Il en est de ce nécrologue comme d'un recueil biographique qui manque parfois de renseignements, et que les familles intéressées sont appelées à compléter. En me réservant la faculté de publier quatre volumes en huit livraisons, j'ai bien espéré que partie du dernier volume au moins seroit composé de notes additionnelles qui me surviendroient pendant l'impression. Car, ainsi qu'à d'autres, il m'a paru certain que toutes les familles atteintes sur les champs de bataille n'avoient point trouvé leur place dans la nomenclature de d'Hozier, et qu'un assez grand nombre n'y figuroient que d'une manière incomplète.

Il y a plus : des noms qui ont atteint l'apogée de la gloire et du renom s'y font parfois remarquer par leur absence : mais la chose est toute naturelle. Il ne faut pas perdre de vue, en effet, le but du livre, qui ne contient absolument que les noms de morts ou de blessés : or, il est arrivé souvent que de célèbres guerriers, de grands capitaines, tout en commandant les armées, en imposant leur nom à leur régiment, en obtenant de grands succès, en gagnant des victoires signalées, ont eu la fortune d'échapper aux coups de l'ennemi, de rentrer dans leurs familles, couverts de gloire, mais complétement sains et saufs, exempts de toute atteinte. Ceux-là, si glorieux qu'ils puissent être, ne figurent pas dans notre livre mortifère : tout au plus leur nom est-il rappelé à l'occasion, comme celui de chefs ayant dirigé ou commandé en telle ou telle circonstance.

S'il en est ainsi de quelques grands et célèbres capitaines, à plus forte raison trouve-t-on la même fortune en beaucoup de familles de cette noblesse françoise dont, on le sait, les armes étoient le glorieux métier. De nombreux services attestent leur dévouement, mais, comme tant d'autres heureusement, la fortune a voulu les ménager : ils n'en ont pas moins emporté l'honneur de leurs actes, la reconnoissance du pays, et assuré à leur race la survivance d'une noblesse très-légitimement acquise. Mais encore une fois ceux-là, malgré l'auréole glorieuse qui s'attache à leur nom, n'ont pu figurer dans les listes de d'Hozier qui, pour ne les point comprendre, n'en ont pas moins été dressées avec zèle, scrupule et sincérité.

D'un autre côté, le lecteur, naturellement ombrageux, comprendra que je me sois restreint au texte exclusif de d'Hozier, texte donné comme sorte de Phénix, sorti de ses cendres, qu'il falloit publier tel quel, et que je me sois gardé de toute interpolation moderne. Il est certain qu'il m'étoit facile de découvrir des noms omis par oubli, négligence ou toute autre cause ; mais, tout en me tenant rigoureusement au travail de l'auteur, je me suis formellement réservé de le compléter par des recherches ultérieures et dont j'assumerois à mon tour toute la responsabilité. — J'ai donc pris la liberté d'écrire aux familles nobles qui figurent d'une manière insuffisante dans le texte de d'Hozier, qu'elles veuillent bien m'adresser leurs rectifications, les notes par elles recueillies sur ce sujet, et que je serois heureux de faire figurer leur nom dans toute leur intégralité, et comme il convient, dans le volume supplémentaire, dès ce moment en préparation.

Plusieurs grandes maisons, dont les notices ont paru dans la partie publiée, ont déjà fait droit à mon appel, et ont bien voulu m'adresser des notes qui répareront les omissions et combleront les lacunes laissées par d'Hozier. — Je n'hésite pas à le reconnoître moi-même, ce glorieux catalogue seroit facilement doublé, si nos chroniques et nos historiens du moyen-âge avoient exactement tenu note de tous ces glorieux morts ou blessés. Mais nul n'ignore combien sont rares et confuses les notions que nous ont laissées nos annalistes. Ce n'est qu'à partir du XVI⁰ siècle que les chroniques, les mémoires, commencent à être plus précis; depuis notamment la nouvelle organisation militaire sous Richelieu, Colbert, Louvois et leurs successeurs, qui a définitivement créé l'histoire militaire de la France. A partir de la fin du XVI⁰ siècle, chaque corps d'armée, chaque compagnie, chaque régiment, a son historiographe : les notions sont plus abondantes et prennent un caractère de précision et d'exactitude avec cette institution des régiments qui distingue les corps, discipline l'armée, et la fait ce que, à très-peu de différence près, elle est encore aujourd'hui.

L. P.

L'IMPOT DU SANG

OU LA

NOBLESSE DE FRANCE

SUR LES CHAMPS DE BATAILLE

C

2695. Cabalzar (le s^r de), lieutenant aux gardes-suisses, fut blessé au combat de Senef, en 1674.

2696. Cabalzar (le s^r de), capitaine-lieutenant du régiment de Surbeck-suisse, tué à la bataille de Nerwinde, en 1693.

2697. Cabalzar (Joachim de), chevalier de Saint-Louis, lieutenant-colonel du régiment de Diesbach-suisse, avec rang de colonel et brigadier des armées du roy, fut blessé dangereusement à la bataille de Laufeldt, en 1747, d'une balle à travers le corps, entre l'épaule et la poitrine; quitta le service en 1755, à raison de ses infirmités et de ses blessures, et mourut en 1776, âgé de 82 ans.

> Il est si souvent question, dans ces recherches, des Suisses tués ou blessés au service de la France, qu'il nous semble à propos d'en dire ici quelques mots. La première levée de Suisses eut lieu sous Louis XI, et l'on sait les grands secours qu'en tira Charles VIII dans son expédition de Naples. Cependant quelques brouilleries éclatèrent entre les deux états, vers la fin du règne de Louis XII. Forcé de les combattre à Mari-

gnan, François Ier, par sa victoire signalée, les fit rentrer dans l'alliance de la France, qu'ils ne quittèrent plus. Toutefois leurs recrues ne furent régulièrement enrégimentées qu'au commencement du xviie siècle. Le régiment des Gardes-Suisses fut institué dès l'année 1615. Il y avoit deux espèces de troupes suisses : les unes avouées des cantons, les autres levées par des capitaines suisses, sans l'aveu du gouvernement. Leur contingent se composoit de plusieurs régiments et de quelques compagnies non enrégimentées. Pendant la guerre qui précéda le traité de Riswick (1697), il y avoit 32,000 Suisses, qui formoient onze régiments, chacun de douze compagnies. A la paix de Riswick, on réforma presque toutes les compagnies franches ; toutefois, en 1754, il y avoit encore 19,000 Suisses en dix régiments.

2698. CABANAC (de), enseigne de vaisseau, mort de ses blessures, major des Trois-Rivières, au bas Canada, le... 1713.

> Les Trois-Rivières, l'une des villes de la Nouvelle-France ou Bas-Canada, qu'avec l'Acadie le traité d'Utrecht attribua à l'Angleterre, et dont la France fut définitivement dépossédée.

2699. CABANE (Emmanuel), capitaine au régiment d'Alsace, blessé à la bataille de Clostercamp, en 1760.

2700. CABANE (Petrus), frère du précédent sans doute, lieutenant au régiment d'Alsace, blessé à la bataille de Clostercamp, en 1760.

2701. CABANEL (le s^r), porte-drapeau au régiment de Champagne, blessé à l'attaque de Weissembourg, le fut encore au siége de Fribourg, en 1744.

2702. CABANES (le s^r de) *ou* de CABANNE, chevalier de Saint-Louis, chef de bataillon au régiment d'Aquitaine, blessé d'un coup de feu à la jambe à la bataille de Minden, en 1759 ; le fut encore à la journée de Grebenstein, le 24 août 1762.

2703. CABANNE (le s^r), lieutenant au régiment d'Austrasie, tué le 23 février 1780, servant sous les ordres du vicomte du Chilleau, dans un combat près de l'île de Madère.

2704. CABANNE (le s^r de la), chevalier de Saint-Louis, capitaine de grenadiers au régiment de Normandie, eut le bras cassé en 1707, à l'attaque du pont de Montagnana, en Espagne (on le présume le même que le s^r *de Cabannes*, capitaine au même régiment, qui avoit été blessé au combat de Chiari, dans le Lombard-Vénitien, en 1701.)

Nous avons suivi l'orthographe et le classement de l'auteur pour les six noms qui précèdent. Différentes familles ont certainement porté ce nom : il seroit difficile de les distinguer et de les classer rigoureusement. M. Borel d'Haut., dans son *Annuaire* de 1862, a donné sur les *Cabanes* la notice suivante :

« Cabanes, famille noble et ancienne dont on attribue l'élévation à la célèbre Catanoise nourrice de la reine Jeanne de Naples et mère de Robert de Cabanes, grand sénéchal de Sicile. Bertrand, auquel commence la filiation, épousa en 1522 Marie d'Estienne, et ses descendants ont formé plusieurs branches alliées aux Bionneau, aux Cabre, aux Escolis, aux Valavoire. Claude de Cabanes étoit évêque de Gap en 1759. *Armes :* de gueules à la licorne furieuse d'argent. »

2705. Cabaret (le s^r de), capitaine au régiment royal des vaisseaux, blessé au combat de Senef, en 1674.

2706. Cabaret de la Gabtière, enseigne de vaisseau, du port de Rochefort, mort aux Indes, le... 1675.

2707. Cabassolle du Réal (Antoine), baron de Porto-Vecchio, en Corse, gentilhomme ordinaire de la maison du roy Henry IIe, et capitaine de deux galères, tué d'un coup d'arquebuse au siége de Rouen, en 1562.

2708. Cabassolle (de), capitaine au régiment de Champagne, tué au siége de Sancerre, en 1573.

2709. Cabirol (le s^r de), lieutenant au régiment de Piémont, blessé au siége de Prague, en 1742.

2710. Caby (le s^r), lieutenant de grenadiers au régiment de Hainaut, blessé d'un coup de feu à l'épaule au siége du fort Saint-Philippes, en 1756.

2711. Cachedenier de Vassimon (le s^r), chevalier de Saint-Louis, capitaine au régiment de Hainaut, puis lieutenant-colonel commandant le bataillon de garnison de l'Isle de France et maréchal de camp en 1791, fut blessé d'un coup de fusil à la main au siége du Fort Saint-Philippes, en 1756.

2712. CACQUERAY (Louis-Gaston de), major, puis lieutenant du roy à Saint-Christophe, fut blessé d'un éclat à la jambe au combat de la Manche, en 1690.

2713. CACQUERAY DE VALMENIER, chef de brigade, enseigne de vaisseau au port de Brest, mort de ses blessures sur *le Tonant* le 11 décembre 1747.

2714. CADAILLET (le s' de), *ancien serviteur du feu comte de Sancerre et vrai courtisan* (ainsi que s'expriment des mémoires imprimés à Bâle, en 1578), mourut en 1573, d'une arquebusade qu'il reçut à la tête, au siége de Sancerre, dont il avoit conduit l'entreprise, et fut assommé et achevé à la porte du temple de Saint-Jean, par le peuple soulevé.

2715. CADELES (le s' de), capitaine au régiment de Bouzols, depuis Guyenne, tué au siége de Fribourg, en 1744.

2716. CADET (le s'), lieutenant au régiment royal des vaisseaux, blessé au combat de Senef, en 1674.

2717. CADET (le s' le), mousquetaire de la garde du roi, blessé au siége de Maëstricht, en 1673.

2718. CADIER (François), enseigne des gentilshommes françois, tué à la défaite de l'armée des chrétiens, à Baruch, en Terre sainte, en la dernière croisade.

2719. CADIER (Antoine), son frère, enseigne du capitaine Ha..., périt aussi à la même affaire.

2720. CADIER (Pierre), seigneur de la Grange, tué en Lorraine, servant dans l'arrière-ban du Bourbonnois, en 1636.

2721. CADIER (Jacques), enseigne au régiment de Commières, tué au siége devant Saint-Michel, en Lorraine, d'après un arrêt du Conseil d'État du roy, du 10 janvier 1641.

2722. CADIER (Antoine), seigneur du Peschin, lieutenant au

régiment de Conty, tué en 1649, au service du roy, par la garnison de Nieuport, dans une attaque où il commandoit une redoute.

Les Cadier de Name, auxquels, je crois, appartenoient les cinq personnages qui précèdent, étoient de Bretagne et, comme les Cadier de Coetdoux, portoient : d'azur au rencontre de cerf d'or. La famille Cadier, du Bourbonnois, ayant acquis la baronnie de Veause à la fin du XVIIe siècle, en a relevé le nom, le titre et les armes (*Ann. de la noblesse*).

2723. CADIOT (Gobert), grand maître de l'artillerie de France, mourut au siége de Lectoure, au mois de janvier 1472.

2724. CADMUS (le chevalier de), lieutenant au régiment d'Auvergne, eut l'épaule fracassée d'un coup de canon à la bataille de Minden, gagnée par le duc de Brunswick sur le maréchal de Contadu, en 1759.

2725. CADOT (Guillaume), seigneur de Saint-Michel, chevalier de l'Ordre du roy, reçut seize blessures au siége de Montauban, en 1621.

2726. CADOT (Bernardin), marquis de Sebbeville, chevalier de Saint-Louis, capitaine lieutenant des chevau-légers de la reine, maréchal de camp et envoyé extraordinaire auprès de S. M. I., blessé à la bataille de Senef, en 1674, l'avoit été déjà grièvement à celle de Cassel, en 1667, et reçut encore d'autres blessures considérables en plusieurs siéges et rencontres, entre autres à la bataille de Saint-Denis, en 1678 ; il mourut à son château de Sebbeville, le 11 octobre 1711, âgé de 70 ans.

Il eut aussi trois frères tués au service.

2727. CADOT (Charles-Louis), dit le *comté de Sebbeville*, chevalier de Saint-Louis, capitaine lieutenant des chevau-légers de la reine, lieutenant général des armées du roy et lieutenant de roy de Vincennes, eut son cheval tué sous lui à la bataille de Spire, en 1703, où il reçut un coup de feu qui emporta les deux crosses de ses pistolets ; il y reçut encore un coup de hallebarde sur la tête, qui le fit culbuter, et sans une calotte d'acier qu'il portoit dans son chapeau, il couroit risque d'être tué de ce coup; il fut encore blessé à la bataille d'Hochstet, en 1704, et mourut en 1728.

Famille originaire de Normandie.

2728. CADOT (Jacques), dit aussi *le comte de Sebbeville*, chevalier de Saint-Louis, chef d'escadre des armées navales, mourut au siége de Toulon, en 1707.

2729. CADOUCHE (le sr), enseigne aux gardes suisses, blessé au combat de Senef, en 1674.

2730. CADOUCHE GRISON (Pierre-Louis), chevalier de Saint-Louis, premier lieutenant au même régiment, avec rang de colonel, reçut plusieurs blessures au service, et mourut à Courbevoie-lez-Paris, le 30 avril 1750.

2731. CADOUENE (le sr de), tué au siége de Montpellier, en 1622.

2732. CADRIEU (Alexandre-Louis, dit *le Marquis* de), chevalier grand'croix de l'ordre royal et militaire de Saint-Louis, et lieutenant général des armées du Roy, blessé à la bataille de Cassano, gagnée sur le prince Eugène, en 1705, le fut encore dangereusement à celle de Parme, en 1734, et mourut en 1743.

2733. CADROUSSET (le sr de), aide-major du régiment de Normandie, tué au siége de Saint-Antonin, en 1622.

2734. CAFFARO (de), l'ainé, mort au Mississipi, commandant *le Henry*, le 12 juin 1720, sorti du port de Toulon, capitaine de vaisseau.

2735. CAHIDEUC (François de), capitaine d'une compagnie d'arquebusiers, reçut plusieurs blessures au service du roy Henry IV, servant sous les ordres du duc de Montpensier.

2736. Cahideuc (Jean-François de), capitaine de dragons, fut tué en Savoye, au mois d'août 1692.

2737. Cahideuc (Achilles de), tué dans le combat naval que soutint son frère, commandant une escadre de six vaisseaux et de deux frégates, qui remporta une victoire complète.

Le sr de Cahideuc, son neveu, fut tué aussi dans le même combat. — Les du Bois de la Motte, marquis de Cahideuc, originaires de Bretagne, portoient : *de gueules à trois têtes de léopard d'or, lampassé de gueules.*

2738. Cahieu (Jean de), tué à la bataille de Cocherel, en 1364 (V. de Cayeux).

2739. Caillac (le seigneur de), lieutenant de la compagnie des gendarmes du seigneur de Parisot, est cité dans des mémoires imprimés à Bâle, en 1578, au nombre des *braves et vaillants hommes* de la France qui furent tués au siége de la Rochelle, en 1573.

2740. Caillebot (Louis de), marquis de la Salle, maître de la garderobe du roy et sous-lieutenant des chevau-légers de sa garde, grièvement blessé au passage du Rhin, en 1672 : — le fut encore au combat de Lutzen, en 1674.

2741. Caillebot (Henry de), son frère, seigneur de Villeneuve, lieutenant aux gardes françoises, tué en 1673, devant Hulen (?), en Allemagne.

2742. Caillebot de la Salle (Antoine-Claude de), autre frère, chevalier de Malte, sous-lieutenant au même régiment, tué à Paris, au service du roy, en 1675.

2743. Caillebot de la Salle (Pierre de), autre frère, lieutenant au même régiment, tué à la bataille de Saint-Denis, en 1678.

La maison Caillebot de la Salle, originaire de Beauce : *d'or à six annelets de gueules.*

2744. CAISSE (le s^r de), capitaine au régiment de Piémont, blessé au siége de Philisbourg, en 1688.

En 1688, le roi ordonna d'assembler une armée dans l'Alsace. Le premier bataillon de Piémont eut ordre de s'y rendre et passa sous monseigneur le Dauphin, qui vint se mettre à la tête de cette armée, avec laquelle il entreprit le siége de Philisbourg. Le premier bataillon du régiment, qui n'étoit que de treize compagnies, formoit une brigade avec le premier de Poitou et le premier de Limosin, commandé par M. du Perré, lieutenant-colonel du régiment de Lionnois en qualité de brigadier. A l'ouverture de la grande tranchée qui fut faite le 10 octobre, le marquis de Rebec, leur colonel, étant à la tête, fut à l'attaque du haut Rhin, où il fit un logement sur les glacis, sans éprouver d'autre perte que quatre soldats blessés. Pendant tout le temps du siége, le régiment n'eut que MM. de Casse et La Castagné, capitaines, blessés, M. de Chavelin, subalterne, tué, M. de Policourt, blessé.

2745. CAJOT (Eliodore de), seigneur de Saint-Clément, lieutenant au régiment de Trémont, tué au siége de Crevecœur, sous Louis XIII.

2746. CALDAGNÈS (le s^r de), chevalier de Saint-Louis, capitaine de grenadiers au régiment de Bourbonnois, blessé au combat de Warbourg, en 1760.

2747. CALIGNY (le s^r de), officier au régiment de Normandie, blessé au siége de Grave, par le prince d'Orange, en 1674.

2748. CALLIERE (le s^r de), capitaine au régiment de Navarre, blessé au siége de Valenciennes, en 1677.

2749. CALONNE (François-Ignace-Louis), chevalier de Saint-Louis, capitaine au régiment de la Marck, infanterie, blessé au siége du fort Saint-Philippes, en 1756.

2750. CALOUIN (Mathurin de), seigneur de la Calouinière, capitaine dans les volontaires du marquis de Mirepoix, fut blessé dangereusement au siége de Leucate, en 1637.

2751. CALOUIN (François de), seigneur de Boisguillard, capitaine de dragons, tué dans les guerres de Louis XIV.

2752. CALOUIN (N... de), seigneur de Fontausier, tué dans la même affaire, en Catalogne, et sous le même règne.

2753. CALOUIN (son frère), cornette de dragons, tué dans la même affaire, en Catalogne, et sous le même règne.

2754. CALOUIN (Bernard de), seigneur de Treville, chevalier de Saint-Louis, capitaine aide-major au régiment de Navarre, blessé à la bataille de Rosback, en 1757.

2755. CALOUIN (Pierre de), son frère, lieutenant au régiment de Marsan, mourut de ses blessures en Bavière.

Les Calouin, famille du Languedoc : *de gueules à trois quintefeuilles d'argent.*

2756. CALVÉRAT (de), capitaine des vieilles bandes de Piémont, homme d'une grande réputation, disent les historiens du temps, fut tué au siége de Poitiers, en 1569.

2757. CALVIERE (Claude-Louis de), capitaine au régiment de Ganges-Dragons, mourut en Languedoc, vers l'an 1698, des blessures qu'il reçut au siége de Namur,

2758. CALVIERE (Gaspard de), baron de Saint Côme, seigneur de la Bavière, colonel d'un régiment de milice et inspecteur d'infanterie dans le diocèse de Nismes, fut tué par les Camisards, en 1702.

2759. CALVIERE (Joseph de), marquis de Vezenobre, lieutenant colonel de dragons, tué au siége de Turin, en 1706.

2760. CALVIERE (Henry de), son frère, tué au même siége, même année.

2761. CALVIERE DE SAINT ANDRÉ (N... de), chevalier de Saint-Louis, lieutenant-colonel au régiment de Normandie, et depuis maréchal de camp, blessé au siége de Berg-op-Zoom, en 1747, le fut encore à la bataille de Clostercamps, en 1760.

2762. CALVIERE (Jean de), dit le *chevalier de Boucoirant,* chevalier de Saint-Louis, capitaine aux gardes françoises et brigadier des armées du roy, fut tué à la bataille d'Ettingen, en 1743.

Les Calviere de Vezenobre, originaires du Languedoc, portent : *d'or à trois fasces de sable, chargées de six besans d'argent.*

2763. CALVIMONT (le s^r de), lieutenant de la Colonelle du régiment des gardes françoises, fut emporté d'un boulet de canon au siége de Huy, sous Louis XIV.

Huy, ville du Liégeois, appartenoit à l'électeur de Cologne : bâtie sur la rive droite de la Meuse, avec un beau port, fort propre au commerce, la ville n'était pas en état de soutenir aucune attaque, mais elle avoit quatre forts d'assez bonne défense. Le prince d'Orange en entreprit le siége. Huy fut investi le 17 septembre 1703, par dix-huit bataillons des troupes de Brandebourg. On ouvrit la tranchée le 21, avec une artillerie si puissante qu'en sept jours quatre brèches furent pratiquées et les casemates anéanties, de sorte que M. de Reignal, qui y commandoit, fut contraint de capituler. Vingt-neuf officiers y furent tués ou blessés, et la garnison, qui ne se composoit que de onze cent treize hommes, se vit réduite à trois cent cinquante hommes, qui obtinrent une très-honorable capitulation. C'est là que furent tués MM. de Pontis, de Nogaret, de la Frelonnerie, de Remy, de Chalemberg et autres. *Voy.* ces noms.

2764. CALVO (Benoît, marquis de), colonel du régiment royal infanterie et brigadier des armées du roy, tué à la bataille de Spire, en 1703.

2765. CAMBARESSOUS (le sieur de), lieutenant au régiment de Normandie, blessé au siége de Turin, en 1706, fut tué en 1708, à celui du château de Venasque, en Espagne.

2766. CAMBIS (Jean de), seigneur de Soustelles, lieutenant du roy au gouvernement de Languedoc, gouverneur d'Alais et gentilhomme du prince de Condé, fut tué au siége de Montpellier.

Deux frères de cette maison furent tués dans l'armée du roi en Piémont, en 1626.

2767. CAMBIS (Henry de), seigneur de Soustelles, lieutenant colonel du régiment de Noailles cavalerie, et maréchal de bataille, mort des blessures qu'il reçut au siége de Bordeaux.

2768. CAMBIS (Jacques de), son frère, baron et vicomte

d'Alais, lieutenant-colonel du régiment de Gassion-cavalerie, depuis lieutenant général des armées du roy, blessé au siége de Lérida et à la reprise de Fleix sur la Lègre, et de Tortose, par les Espagnols, en 1650 ; le fut encore au siége de Gironne, à la tête de la cavalerie dont il avoit le commandement, le 1er août 1653, et ayant été fait prisonnier et conduit à Palamos, il y mourut de ses blessures le 21 du même mois. Louis XIV lui avoit accordé l'expectative d'un état de maréchal de France, et lui permit, en attendant, de porter deux bâtons fleurdelysés et passés en sautoir derrière l'écu de ses armes, et des étendards autour de sa couronne de vicomte. L'on conserve dans la sa-- cristie de l'église cathédrale d'Alais, où il fut inhumé, son épée de bataille, sur laquelle sont gravés ces mots :

Je suis Cambis pour ma foi,
Ma maîtresse est mon Roi,
Si tu m'attends, confesse-toi.

2769. CAMBIS-D'ALAIS (Jacques de), son fils, fut blessé aussi et fait prisonnier avec son père, au siége de Gironne, et mourut pareillement à Palamos, où il avoit été transporté le 21 août 1653.

2770. CAMBIS DE FONS (le comte de), chevalier de Saint-Louis, major du régiment de Rouërgue, en 1760, puis colonel de celui des grenadiers royaux de Cambie en 1761, fut blessé d'un coup de feu à la fausse attaque du pont d'Hambourg, le 9 août 1762.

La maison de Cambis-d'Alais a des représentants.

2771. CAMBON (le s^r de), lieutenant au régiment de la couronne, tué en 1644, dans la guerre contre les Bavarois.

Mercure de 1644.

2772. CAMBOS (le s^r de), enseigne au régiment de Persan, fut blessé au siége de Philisbourg, en 1644.

Mercure de 1644.

2773. CAMBOUT (Jean de), tué à la bataille d'Auray, en 1364.

On sait que c'est cette bataille qui coûta la vie à Charles de Blois et la liberté à Duguesclin.

2774. CAMBOUT (N... du), seigneur du Cambout, page du roy, lors de la bataille de Pavie, où il avoit accompagné François Ier, fut tué depuis dans les guerres de Piémont, sous le marquis de Montejan.

2775. CAMBOUT (François du), baron de Pontchâteau, eut l'épaule cassée au siége d'Aire, en 1641, et mourut en 1650.

2776. CAMBOUT (César du), son frère, marquis de Coislin, comte de Crecy, lieutenant-général des armées du roy et colonel-général des Suisse et Grisons, mourut en 1641, des blessures qu'il reçut au même siége.

2777. CAMBOUT (Armand-Joseph du), capitaine et major dans le 1er régiment des dragons de Bretagne, blessé à la bataille de la Marsaille, sous Catinat, en 1693.

2778. CAMBOUT (Jacques, marquis du), son frère, comte de Carheil, chevalier de Saint-Louis, colonel d'un régiment de dragons de son nom, brigadier des armées du roy, inspecteur général de la cavalerie et des dragons de l'armée de Catalogne, gouverneur de l'île de Rhuis et du château de Succinio, fut tué au combat de Carpi, en 1701.

> Carpi étoit un poste important sur l'Adige, que, dans sa première rencontre avec les troupes de Catinat, le prince Eugène parvint à forcer. Dans le combat livré à cette occasion, et qui ne dura guère plus d'une heure, les François perdirent six cents hommes tués ou faits prisonniers, entre lesquels cinquante officiers. M. de Cambout avoit été tué à la défense des premiers retranchemen.s. Le régiment d'Albret perdit à Carpi son colonel, avec sept capitaines. Les Allemands y eurent deux cents hommes tués ou blessés, et le prince Eugène y reçut un léger coup de feu au genou gauche. C'étoit la première affaire de cette longue guerre dite de la succession d'Espagne.

2779. CAMBOUT (le comte du), enseigne de vaisseau du port de Brest, mort sur *le Triton*, commandé par M. de Nogent, le 29 avril 1730.

> L'illustre maison de Cambout-Coislin, qui subsiste encore, porte *de gueules à trois fasces échiquetées d'argent et d'azur.*

2780. Cambray (le s^r de), capitaine au régiment de Champagne, tué au siége d'Aire, en 1641.

2781. Cambron (le s^r de) chevalier de Saint-Louis, capitaine de grenadiers au régiment de..., blessé au siége de Philisbourg, en 1734.

2782. Cambronne (le s^r de), chevalier de Saint-Louis, capitaine au régiment de Beauvoisis, blessé à la bataille de Rosback, en 1757.

Il existoit deux familles nobles de ce nom : l'une de Ponthieu, fascé d'or et de gueules de huit pièces, — dont, je crois, descendoit le Cambronne qui précède ; — l'autre, Ruyan de Cambronne, du Tournaisis, d'hermine au chef d'azur. — Une troisième famille s'est récemment élevée, celle du général Cambronne, qui porte d'azur au lion d'or, accompagné de dix grenades d'argent rangées en orle, avec cette devise célèbre : *La garde meurt et ne se rend pas.*

2783. Camelon (le s^r), capitaine au régiment de Champagne, blessé au siége de Lérida, en 1646.

2784. Camille (le s^r), lieutenant au régiment de Rohan, blessé à la bataille de Rosback, en 1757.

2785. Camilly (le chevalier de), chevalier de Malte, vice-amiral, blessé au combat de Cadix, sur *le Formidable.*

2786. Caminade (le s^r de), capitaine au régiment de Normandie, blessé au siége de Salces, en 1639.

2787. Camp (le s^r du), capitaine au régiment de Béarn, blessé au siége de Philisbourg, en 1734.

2788. Camp (le s^r du), chevalier de Saint-Louis, capitaine de grenadiers au régiment de la marine, tué à la bataille d'Hastembeck, gagnée sur le duc de Cumberland par le maréchal d'Estrées, en 1757.

2789. Campagnard (le s^r), officier au régiment de Normandie, blessé au siége de Grave, en 1674.

2790. Campagne (le sʳ), officier au régiment de Béarn, blessé au combat de Senef, en 1674.

2791. Campagne (le sʳ), capitaine au même régiment, tué au même combat de Senef, en 1674.

2792. Campagnois (le sʳ de), lieutenant au régiment de Normandie, eut la cuisse cassée au siége d'Alais, en 1629, et mourut de cette blessure.

2793. Campagnols (le sʳ de), capitaine au régiment de Béarn, blessé au siége de Philisbourg, en 1688.

2794. Campaignac (Jean-François), lieutenant au régiment de la Marche, puis sous-aide major de celui de Guyenne, blessé au siége de Mons, en 1746.

2795. Campan (le sʳ), capitaine au régiment de Normandie, tué à la bataille de Clostercamp, en 1760.

2796. Campanel (le sʳ de), chevalier de Saint-Louis, capitaine de grenadiers au régiment de Piémont, tué à la bataille de Malplaquet, en 1709.

2797. Campel (le sʳ de), capitaine au régiment de Navarre, eut le bras cassé en 1638, dans une attaque en Flandres.

2798. Campet. (V. de Saugeon.)

2799. Campigny (le sʳ de), sous-lieutenant aux gardes françoises, tué à la bataille de Nerwinde, en 1693.

2800. Campion de Montpoignard (Charles-François), blessé au siége d'Amenebourg, en 1762.

2801. Campis (le sʳ de), officier au régiment de Navarre, blessé au siége de Montpellier, en 1622.

2802. Campredon (le sʳ de), capitaine au régiment de la Sarre, tué au Canada, à l'affaire de Carillon, en 1758.

2803. CAMPREDON (le s^r de), lieutenant de vaisseau, tué dans le combat du comte d'Estaing, contre l'amiral Byron, près de la Grenade, le 6 juillet 1779.

> Le *Cabinet historique* a publié, année 1859, un fort curieux *Mémoire* de M. de Campredon sur *les Négociations du Nord*, dont fut chargé l'auteur.

2804. CAMUISVILLE (le s^r de), lieutenant au régiment de Picardie, blessé au siége de Woërden, en 1672.

2805. CAMUS DE CASTAING (Claude), dit le *marquis de Lusignan*, chevalier de l'ordre du roy, maréchal de ses camps et armées, et lieutenant général des armées de Jacques II, roy d'Angleterre, fut tué au siége de Loudander, en 1629.

2806. CAMUS (Jean), marquis de Lusignan, lieutenant général des armées du roy, fut tué en 1689, à la tête du régiment de Languedoc ; seroit-ce lui sous le nom de *Pontcarré*, qui avoit été blessé au siége de Gravelines, en 1644 ?

> *Mercure* de 1644.

2807. CAMUS DES CAVES (le), enseigne de vaisseau du port de Brest, noyé sur *l'Oriflamme*, le dernier février 1691.

2808. CAMUS DE MORTOU (Simon), chevalier de Saint-Louis, brigadier des armées du roy, gouverneur de Bitche, puis de Béfort, et inspecteur général d'infanterie au département de Lorraine, des trois évêchés et de la frontière de Champagne, reçut plusieurs blessures dans les guerres de Louis XIV, et mourut en 1712.

2809. CAMUS (Claude le), dit le *chevalier*, lieutenant de vaisseau, mourut au siége de la Scolette, en Sicile, en 1676.

2810. CAMUS (le s^r le), chevalier de Saint-Louis, capitaine de grenadiers au régiment de Champagne, depuis lieutenant de roy, de la citadelle de Lille, reçut plusieurs blessures au siége de Prague, en 1742.

2811. CAMUS DE BEAULIEU (le), écuyer de la province d'Auvergne, fut tué en 1426, près du château de Poitiers, d'après Alain Chartier, qui ajoute qu'il *avoit grand gouvernement devers le roy, plus qu'il ne lui appartenoit.* Le connétable de Richemont le fit assassiner pour se rendre maître de l'esprit du roy.

2812. CAMUS DE LUXEUIL (Pierre-Jean-Baptiste le), chevalier de Saint-Louis, lieutenant au régiment de Penthièvre-Dragons, reçut, à la bataille de Guastalla, en 1734, un coup de fusil à la main gauche, qui l'estropia de deux doigts ; fut encore blessé d'un coup de fusil à la jambe gauche, à la bataille de Badeweisen, en Bohême, et froissé d'un boulet de canon, à la hanche gauche, à la bataille de Fontenoy, en 1757, où son frère cadet fut tué ; il reçut aussi, à la bataille de Rosbach, en 1757, un coup de sabre sur la tête et un autre sur le bras gauche.

2813. CANAU (le s^r), chevalier de Saint-Louis, capitaine au régiment de Picardie, et lieutenant de roy, de Sarrebourg, où il mourut ; avoit été blessé à la bataille de Parme, en 1734.

2814. CANAYE (Philippes), seigneur de Montreau, au pays chartrain, capitaine au régiment d'Artois, tué au siége de Maëstricht, en 1676.

Louis XIV alla en personne assiéger Maestricht et fit preuve, à ce siége qu'il dirigea lui-même, d'une grande habileté comme d'un grand courage. C'étoit un siége d'autant plus important que les Provinces-Unies avoient garni cette ville de leurs meilleures troupes... Les assiégés inquiétèrent d'abord vivement les approches... Enfin, la tranchée fut ouverte et les travaux conduits avec une activité surprenante. Le régiment d'Artois se trouva partout et fut assez heureux pour s'attirer l'attention du roi. Les assiégés faisoient des sorties continuelles, ruinoient les ouvrages partout où les François ne pouvoient soutenir leurs attaques. Artois n'en fut point ébranlé, repoussa l'ennemi partout où il le rencontra, sans jamais rien lui abandonner... Le dixième jour, on s'étoit logé au chemin couvert, et là s'étoit répandu bien du sang. Un ouvrage à couronne, d'où les assiégés incommodoient beaucoup nos gens, fut le premier qu'on entreprit d'emporter. L'assiégé y soutint avec tant de chaleur les différentes attaques que plusieurs corps s'y firent écraser infructueusement. Le roi ordonna lui-même qu'Artois relevât les

assaillants. Ce régiment y souffrit beaucoup : sa compagnie des grenadiers y fut presque anéantie. Les soldats qui la suivoient franchirent
l'ouvrage avec fureur, le nettoyèrent d'ennemis et s'en rendirent maîtres... On ruina les batteries, le canon fut encloué. L'assiégé tenta
quatre fois de reprendre ce même ouvrage, où le régiment se maintint
avec honneur. Le lendemain matin, Artois fut relevé. Mais le corps qui
prit sa place fut si vigoureusement attaqué par l'ennemi revenu en
forces qu'il obligea les François à abandonner le poste. Le roi voulut
que le régiment d'Artois remontât à l'assaut. C'étoit le vœu des officiers
et des soldats. Ils se représentent donc avec intrépidité : l'ennemi les
reçoit de même. Le combat devient furieux, puis l'assiégé recule, Artois
l'expulse, s'établit une seconde fois dans l'ouvrage et s'y maintient. De
nouvelles tentatives de l'ennemi sont repoussées et Artois occupe le
poste jusqu'à la reddition de la place.

Louis XIV rehaussa le prix de cette action en prodiguant les éloges,
et en voulant que le régiment d'Artois se souvînt de les avoir mérités,
c'est à cette occasion que Sa Majesté voulut qu'il s'appelât le régiment
de la Couronne, nom qu'il porta depuis cette glorieuse époque. Et jusqu'aux derniers temps de la monarchie, sur les bonnets de ses grenadiers,
au bas d'une couronne en relief formant la plaque, se lisoit cette
inscription : *Dedit hanc Mastreica coronam.* Ce régiment seul perdit à
ce siége sept officiers et deux cent vingt soldats.

2815. CANCELLI (le s^r), lieutenant de grenadiers au régiment
royal italien, blessé au siége du fort Saint-Philippes, en 1756.

2816. CANDALE (le s^r de), lieutenant de carabiniers, tué à la
bataille de Minden, en 1759.

2817. CANDALE (le s^r de), officier au régiment de Marcien-
Cavalerie, blessé à la bataille de Minden, en 1759.

2818. CANDALE (Joseph de), chevalier de Saint-Louis, capitaine au régiment de Bourbonnois, depuis major à Prat de
Mouillan en Roussillon, blessé au combat de Warbourg, en
1760, quitta le service en 1783.

Cette maison est une branche de la maison de Foix-Candalle.

2819. CANDAU (les s^{rs} de), frères, tous deux capitaines au
régiment de Navarre, furent tués à la bataille de Nerwinde,
en 1693.

2820. CANDAU (le s^r de), faisant les fonctions d'officier major, fut blessé à la défense de Cassel, en 1761.

2821. Candolle (Antoine de), capitaine de galères, reçut plusieurs blessures sous le règne de Louis XIII, en différents siéges et combats ; il avoit servi d'abord dans la compagnie des chevau-légers des ordonnances du roy sous la charge du duc de Guise.

2822. Canet (le sr), gendarme de la garde du roy, blessé au combat de Leuze, sous les ordres du maréchal de Luxembourg contre le prince de Waldeck, en 1691.

2823. Canet (le sr), fut blessé d'un coup de mousquet au bras à la prise du fort de Boucachie, lors du siége de Carthagène, en Amérique, en 1697.

2824. Camin de Cajac (Marc de), capitaine aux gardes françoises, maréchal de camp et gouverneur de Nancy, reçut plusieurs blessures dans l'espace de vingt-années qu'il servit dans le régiment de Navarre, et mourut à Nancy, au mois de mai 1685.

2825. Canon (N...), dit le chevalier de Ville, chevalier de Saint-Louis, chef d'escadron, lieutenant des gardes du corps et maréchal de camp, obtint, en 1767, une pension de 1,200 liv., en considération d'un coup de feu qu'il reçut à travers la poitrine, à la bataille de Berghen, gagnée en 1759 par le duc de Broglie contre les Prussiens, commandés par le prince de Brunswick.

2826. Canonge (Innocent), chevalier de Saint-Louis, d'abord premier lieutenant avec rang de capitaine au régiment de la Reine-Infanterie, depuis major commandant les volontaires des Antilles, lors de la conquête de l'île Saint-Vincent, obtint en 1781, une pension de 450 francs, à raison des blessures qu'il avoit reçues à la guerre.

2827. Canorque (le sr de la), aide-major du régiment royal

des vaisseaux, tué au combat de Saint-Cast, où furent défaits les Anglois, en 1758.

2828. CANOUVILLE DE RUFFETOT (N... de), fut tué en Hongrie, dans les guerres de Louis XIV.

2829. CANOUVILLE (Charles-Louis-Joseph-Alexandre de), dit le *marquis de Ruffetot*, chevalier de Saint-Louis, capitaine lieutenant des chevau-légers de Berry, fut blessé de contusions et foulé sous les pieds des chevaux à la bataille de Minden, en 1759.

2830. CANTAU (le sr de), lieutenant au régiment de Navarre, blessé au siége de Woërden, en 1672, le fut encore au combat de Seneï, en 1674 : il paroît constant qu'il est le même que le sr *de Cantau*, commandant au fort de Strasbourg, qui fut fait chevalier de Saint-Louis à la première promotion de 1693.

2831. CAPAUL (le capitaine Martin de), tué à la bataille de Marciano, en 1544.

2832. CAPELLE (le sr de la), capitaine au régiment de Bourbonnois, tué au combat de Warbourg, en 1760.

2833. CAPI (le sr), officier au régiment de Piémont, blessé à la bataille de la Marphée, en 1641.

A la bataille de la Marphée, le régiment de Piémont, selon son historien, occupa, dans la première ligne, la droite de l'infanterie en face des ennemis : comme il marchoit derrière le canon sur la gauche, M. le maréchal de Chastillon ordonna à M. de Puységur, major du régiment, de s'ôter du feu du canon, qui commençoit à tirer, et d'aller attaquer le plus gros bataillon des ennemis, qui tenoit la place du corps de leur bataille, ce dont MM. de Senecey, mestre de camp, et Grataloup, lieutenant-colonel, s'acquittèrent très-généreusement, aussi bien que tous les officiers qui, à la tête de leur compagnie, marchèrent à l'ennemi avec tant de valeur qu'ils firent une grande brèche au bataillon : la mousqueterie, qui étoit à droite et à gauche par petits pelotons, mit d'une seule décharge deux cents hommes des ennemis sur la poussière, enfonçant et renversant tout ce qui leur résistoit, et quoiqu'ils eussent perdu, à la première décharge de l'armée des princes, plus de cent vingt hommes. Mais cet intrépide et brave régiment, n'ayant pas été secondé et secouru comme il se devoit, fut sacrifié à la fureur de l'ennemi. On sait que la cavalerie de l'armée royale, s'étant, dès le premier moment, enfuie sans essayer de tenir ferme, Piémont, tout à fait abandonné et entouré d'ennemis, fut presque tout taillé en pièces ou fait prisonnier. Jamais on ne vit déroute plus grande. Tout le canon et les bagages de l'armée françoise furent pris. Le mestre de camp de Piémont fut tué (*Voy.* Beauffremont-Senecey), et quatre capitaines perdirent aussi la vie. MM. de Flamenville et Laleu, capitaines, furent blessés dangereusement et faits prisonniers. Treize autres capitaines, sept à huit lieutenants et autant d'enseignes eurent le même sort. On sait que c'est là que périt si étrangement le comte de Soissons, Louis de Bourbon (*Voy.* ce nom).

2834. CAPON (le s^r), capitaine au régiment de Bourbonnois, blessé au siége de Maëstricht, en 1676.

2835. CAPPELLE (le s^r), chevalier de Saint-Louis, capitaine au régiment royal des vaisseaux, blessé à l'attaque des retranchements de Denain, en 1712, étant alors capitaine des grenadiers.

2836. CAPPONI (Gino), Florentin, tué à la bataille de Marciano, en 1554.

2837. CAPPY (Toussaint), seigneur de Joinville et d'Oiry, conseiller maître d'hôtel ordinaire du roy, capitaine au régiment de Castelnau-Infanterie, et d'une compagnie de chevau-légers, commissaire ordinaire des guerres, puis commissaire et conducteur général de la cavalerie légère, blessé au siége de Nancy, en 1632, servant alors dans le régiment des gardes françoises, le fut encore à la bataille d'Avein, dans le Luxembourg, en 1635, et à celle de Rocroy, en 1643.

2838. CAPRIOL (le sieur de), chevalier de Saint-Louis, et capitaine au régiment royal-artillerie, fut blessé à mort au siége du fort Saint-Philippe, en 1756.

2839. CAPRIOL DE PECHASSAUT (Marc de), dit le *chevalier de Capriol*, chevalier de Saint-Louis, régiment de Talart, reçut plusieurs blessures dans les guerres de Louis XIV.

Voir de BEAUVEZÉ, au cas de rapport avec cette famille.

2840. CAPRY (le s^r), lieutenant au régiment de Normandie, blessé au siége de Philisbourg, en 1688.

2841. CAQUERAY DE VALMEGUIER, enseigne de vaisseau du port de Rochefort, mort à la Martinique, le 18 août 1724.

Les Caqueray de Valmeiguier, famille de Normandie, s'établirent à la Martinique vers 1650. L'un d'eux amenoit avec lui une troupe d'émigrants, à l'aide desquels il fonda une colonie qui prospéra. *Armes:* d'or à trois roses de gueules.

2842. CARACCIOLI (Trajan), duc et prince de Melphe, chevalier de l'ordre du roi et grand sénéchal du royaume de Naples, fut blessé dans les guerres d'Italie, en 1503, à la défaite des François, près de Cérignole, où il commandoit l'arrière-garde de l'armée avec le prince de Palerme.

2843. CARACCIOLI (Trajan), marquis d'Atesso, tué à la bataille de Cérisolles, en 1544.

2844. CARACCIOLI (N...), tué au siége de Barcelonne, en 1651.

2845. CARADEC DU BOUETTIER (N...), capitaine au régiment de Navarre, tué à la bataille d'Ettingen, en 1743.

2846. CARADEC DU BOUETTIER (Vincent de), chevalier de Saint-Louis, chef de bataillon au même régiment, avec rang de major, fut blessé d'un coup de bayonnette à la jambe, à la bataille d'Hastembeck, en 1757, et quitta le service en 1777.

2847. CARADÈRE (le s^r de), capitaine au régiment de royal-marine, blessé d'un éclat de bombe à la jambe, au siége du fort Saint-Philippes, en 1756.

2848. CARAULT (Benoît-Joseph), chevalier de Saint-Louis, quartier-maître trésorier et lieutenant au régiment des carabiniers, obtint en 1783, une pension de 600 francs de retraite, motivée sur ses services et ses blessures.

2849. CARBON (le capitaine) fut blessé d'une arquebusade au bras gauche, en 1523, au combat de Saint-Jean-de-Luz, *un des plus vigilans et diligens capitaines que j'aye jamais cogneu* (dit Monluc), *grand entrepreneur et grand exécuteur* tout ensemble. Ce fut lui (dit le même auteur), auquel, après la mort du maréchal de Foix, en 1525, M. de Lautrec donna la tierce partie de sa compagnie : il fut assassiné en la même année.

2850. CARBONNEL (Henri de), seigneur de Canisy, baron de Hommet, chevalier des ordres du roy, conseiller en son conseil privé, capitaine de 50 lances de ses ordonnances, maître de camp d'un régiment d'infanterie, gouverneur d'Avranches et lieutenant général au gouvernement de Cotentin et d'Alençon, blessé à la prise de Meillan, en 1587, mourut en 1625.

2851. CARBONNEL (N... de), marquis de Canisy, chevalier de Saint-Louis, capitaine de gendarmerie et maître de camp de cavalerie, fut blessé et foulé aux pieds des chevaux à la bataille de Minden, en 1759.

La maison de Carbonnel, originaire de Normandie, se retrouve aujourd'hui en Artois et Picardie.

2852. CARBONNIÈRES (Hugues de), capitaine de 50 lances des ordonnances du roy, fut tué au siége d'Eudes, en Gascogne.

2853. CARBONNIÈRES (Antoine de), son frère, aussi capitaine de 50 hommes d'armes, tué en Gascogne, au service du roy.

L'on ne sauroit fixer l'époque de sa mort; mais ce dut être sous Charles VIII ou Louis XII.

2854. CARBONNIÈRES (Gabriel de), mort des blessures qu'il reçut au siége de Naples, en 1528.

2855. CARBONNIÈRES (Jean de), gentilhomme ordinaire de la chambre du roy et capitaine d'une compagnie d'ordonnance, tué à la bataille de Saint-Quentin, en 1557.

2856. CARBONNIÈRES (Jaques de), son frère, commandant

l'infanterie françoise en Ecosse, à la place du seigneur d'Andelot, blessé d'abord au siége de Keith, fut tué à l'attaque de l'Ile-Dieu.

2857. Carbonnières (Gauthier de), dit *le capitaine Jayac*, fut blessé à la jambe en 1587, au siége de Sarlat, qu'il fit lever au vicomte de Turenne, après trois semaines de vigoureuse attaque.

2858. Carbonnières (N... de), capitaine au régiment de Navarre, blessé au siége de Luxembourg, en 1684.

2859. Carbonnières (N... de), enseigne aux gardes lorraines, tué au service, en Italie, sous Louis XV.

2860. Carbonnières (Charles de), seigneur de la Chapelle-Biron, chevalier de l'ordre du roy, gentilhomme ordinaire de sa chambre, capitaine de 50 hommes d'armes de ses ordonnances, et commandant à Metz en 1555, fut dangereusement blessé à la reprise de l'île de Keith sur les Anglois, en 1548.

2861. Carbonnières (Louis de), capitaine au régiment de Pompadour, tué au siége de la Rochelle, en 1628.

2862. Carbonnières de la Chapelle Biron (Jean-Gilbert de), capitaine au régiment de Turenne, fut tué dans les guerres de Louis XIV.

Les Carbonnières étoient originaires du Limousin.
Voir de Biron, au cas de rapport avec cette famille.

2863. Carbonnieux (le s^r), lieutenant au régiment de Navarre, après avoir donné en plusieurs combats les preuves de la plus grande valeur, il fut tué à la bataille de Spire, en 1703.

A la bataille de Spire (guerre de la succession d'Espagne), le régiment du roi et celui de Navarre ont la présence d'esprit de réserver leur feu jusqu'à ce qu'ils soient à la portée du pistolet des ennemis, reçoivent la première décharge sans s'ébranler, profitent du moment où les alliés rechargent leurs armes, tombent sur eux la bayonnette au bout du fusil et les enfoncent avec cette arme meurtrière dont ils percent leurs bataillons, ce qui décide la victoire. Les autres brigades françoises suivent le même exemple et, malgré la fermeté des Allemands, dont la plus grande partie se laisse massacrer sans reculer d'un pas, ceux qui restent sont enfin renversés et prennent la fuite dans la plus grande confusion.

2864. CARCELLE DE BAILLI (Pierre de la), chevalier de Saint-Louis, capitaine au régiment de la Marche-Infanterie, et lieutenant de roy à Embrun, blessé d'un coup de feu à la jambe droite, à la bataille d'Ettingen, en 1743 ; le fut encore considérablement à la poitrine au siége de Fribourg, en 1744, et eut le bras droit emporté d'un coup de canon à la bataille de Laufeldt, eu 1747.

2865. CARDAILLAC (François, *baron* de), chevalier de l'ordre du roy et gentilhomme ordinaire de sa chambre, mort le 11 mars 1622, des blessures qu'il reçut la veille dans un combat, en sortant de la ville de Fons, près de Figeac en Quercy.

2866. CARDAILLAC-LOMNÉ (Paul de), chevalier de Malte et capitaine de vaisseau, eut le bras droit fracassé par un boulet de canon, sur *l'Aquilon*, commandé par M. de Maureville, dans un combat qu'il livra en 1756, à un vaisseau anglois, devant la Rochelle, et il y dirigeoit alors le détachement des gardes de la marine ; il fut tué sur *l'Artésien*, qu'il commandoit, en abordant un vaisseau ennemi dans un combat que le bailli de Suffren livra aux Anglois, à la Praya, le 16 avril 1781.

2867. CARDAILLAC (Arnaud de), son frère, aussi chevalier de Malte et garde de la marine, fut tué sur la frégate *la Boudeuse*, vers la fin de l'année 1760.

2868. CARDAILLAC (le marquis de), capitaine au régiment de la Rochefoucault-Cavalerie, tué à la bataille de Minden, en 1759.

2869. CARDAILLAC (Corbeiran de), baron de Sarlabous, chevalier de l'ordre du roy, gentilhomme ordinaire de sa chambre, conseiller en son conseil privé, colonel général de l'infanterie françoise en Languedoc, mestre de camp d'un régiment d'infanterie, gouverneur du Havre-de-Grâce et chambellan du duc d'Alençon, fut blessé d'une arquebusade au bras, au siége de Rouen, en 1562.

2870. CARDON (le sʳ), lieutenant au régiment de Guyenne, tué à la bataille de Raucoux, gagnée par le maréchal de Saxe, en 1746.

2871. CARDON (François), chevalier de Saint-Louis, capitaine au régiment de Vaudray-Cavalerie, reçut plusieurs blessures sous Louis XV, entre autres une considérable à la cuisse, auprès d'Alcala, dans les environs de Madrid.

2872. CARERY (le sʳ), lieutenant au régiment de Rohan, blessé à la bataille de Rosbach, en 1757.

2873. CARETTE (François), chevalier de Saint-Louis, brigadier des chevau-légers de la garde, tué à la bataille de Ramillies, en 1706.

2874. CARGALINGNAN (Baudin de), chevalier, tué à la bataille de Poitiers, en 1356.

2875. CARGRAIN DE TRACY, capitaine de vaisseau du port de Dunkerque, tué sur *le Maure*, commandé par M. Barre, juin 1696.

2876. CARGREZ (le sʳ de), enseigne aux gardes françoises, tué au siége d'Étampes, en 1652.

2877. CARGROIS (le seigneur de), fut dangereusement blessé dans une affaire, en 1586.

2878. CARIGNAN (le sʳ de), brigadier des mousquetaires de la garde du roy, tué au siége de Candie, en 1669.

2879. CARIGNAN (le sieur de), lieutenant au régiment de Navarre, blessé au siége de Luxembourg, en 1684.

3

2880. CARIOTTE (le s^r), officier au régiment de Normandie, tué au siége de Turin, en 1706

2881. CARISSIMI (Louis de), blessé à la bataille de Marciano, en 1554. (de Thou).

2882. CARITAT DE CONDORCET (N... de), tué au siége d'Orange, en 1562.

2883 CARITAT DE CONDORCET (Gédéon de), capitaine au régiment de Sault-infanterie, tué au siége de Puicerda, en 1678.

La maison de Caritat, d'où sortoit le célèbre Condorcet (de la Convention), étoit originaire du Dauphiné.

2884. CARLAN (le s^r de), capitaine au régiment de Berry, puis dans celui d'Aquitaine, fut blessé en 1758, à l'affaire de Carillon, en Canada.

2885. CARLÉ (le s^r), enseigne au régiment de Waldnar-Suisse, tué à la bataille de Minden, en 1759.

2886. CARLES (Joseph-André), chevalier de Saint-Louis, d'abord sergent aux gardes françoises, et depuis lieutenant-colonel du régiment de Pondichéry, obtint en 1780 une pension de 400 francs en considération des blessures qu'il avoit reçues au siége de cette ville; ce fut lui qui fut chargé de la garde du régicide Damiens.

2887. CARLES (le s^r de), capitaine au régiment de Guyenne, tué en 1710, au siége d'Aire, soutenu par M. de Goesbriand.

2888. CARLES (le comte de), chevalier de Saint-Louis, colonel lieutenant du régiment de Conty, tué en 1744, à l'attaque de Pierrelongue.

2889. CARLES (François de), chef de bataillon au régiment de Bourbonnois, avec rang de major, puis dans celui de Fonz, et chevalier de Saint-Louis, fut blessé en 1747, à l'affaire d'Exiles, et en 1760, au combat de Warbourg; il quitta le service en 1783.

2890. Carles (Joseph de), chevalier de Saint-Louis et capitaine au régiment de Poitou, blessé à l'affaire de Grebenstein, le 24 août 1762, obtint en la même année une pension de retraite de 700 francs.

Les de Carles, originaires du Dauphiné, et dont les descendants subsistent, portent *écartelé d'argent et de sable*.

2891. Carles (Augustin), aussi officier suisse au service du roy, fut tué au siége de Dié, en 1575.

2892. Carli (le lieutenant Jean), de Soleure, officier suisse au service du roy, tué à la bataille de Dreux, en 1562.

2893. Carlier (le s^r), capitaine au régiment de la Marck, blessé à la bataille de Rosbach, en 1757.

2894. Carlier d'Herbies (Louis le), lieutenant d'infanterie, tué au siége de Nimègue.

2895. Carlier (Abel le), seigneur d'Herbies, lieutenant-colonel du régiment de Bissy-Cavalerie, reçut plusieurs blessures dans les guerres de Louis XIV.

2896. Carlot (le s^r), capitaine au régiment de Touraine, tué à la bataille de Minden, en 1759.

2897. Carloue (le capitaine), servant dans le parti du roy, mourut des blessures qu'il reçut au siége de Châtelleraut, en 1569.

2898. Carmain (le chevalier de), aide d'artillerie du port de Toulon, tué devant Barcelone, le 22 août 1714.

2899. Carmentrant (le s^r de), chevalier de Saint-Louis, lieutenant aux grenadiers de France, puis aide-major de Belfort, eut un bras emporté à la bataille de Minden, en 1759.

2900. Carmouchet (le s^r de), enseigne au régiment de Normandie, blessé au siége de Coni, en 1641.

2901. Carn (Joseph de), dit le *chevalier de la Mothe*, chevalier de Saint-Louis, lieutenant de vaisseau et gouverneur d'Oüessant, obtint en 1760, une pension de 200 francs, motivée sur les blessures qu'il avoit reçues.

2902. CARNÉ DE CARNAVALET (le s^r de), chevalier de Saint-Louis, major de vaisseaux, blessé au combat du comte d'Estaing, contre l'amiral Byron, près de la Grenade, le 6 juillet 1779.

Originaires de Bretagne, d'*or à deux fasces de gueules.*

2903. CARNESACCHI (Baptiste), gentilhomme florentin au service du roy, fut tué au siége de Mucidan, en 1569. (De Thou).

2904. CARNIN (Gilles Bonaventure de), marquis de Lillers, capitaine au régiment du roy infanterie, mort des blessures qu'il reçut à la bataille de Parme, en 1734.

2905. CAROL (le s^r), l'aîné, colonel du régiment de dragons à pied de la reine d'Angleterre, tué à la bataille de Staffarde, en Piémont, gagnée par Catinat sur le prince de Savoie, en 1690.

2906. CAROLLIER. (V. CATOLLIER.)

2907. CARON (Ancelin de), seigneur de Hes, chevalier tué à la bataille de Poitiers, en 1356.

2908. CARON (le s^r), lieutenant au régiment de Persan, tué en 1644, au siége de Fribourg.

Mercure de 1644.

2909. CARONDELET (Louis), tué à la bataille de Montlhéry, en 1465.

2901. CARONDELET (Antoine-Philippes de), capitaine au régiment de Piémont, tué d'un boulet de canon en 1689, au passage du roy Jacques en France.

2911. CARONDELET (François-Louis de), seigneur d'Hame, chevalier de Saint-Louis, capitaine de grenadiers au régiment de

Rochefort puis lieutenant-colonel de celui de Saint-Maurys, blessé d'un coup de fusil dans l'œil au siége du fort Saint-Philippe, en 1756, mourut en 1765, des suites de cette blessure.

2912. CARONDELET (François-Marie-Joseph, dit le *vicomte de*), officier au régiment d'Auxerrois, blessé à la prise de Saint-Christophle.

> Carondelet, grande famille de Bourgogne, dont il reste des descendants, et dont les armes sont : d'azur à la bande d'or, accompagné de six besans, de même.

2913. CAROVÉ (Antoine-Jean--Henry-Théodore de), chevalier de Saint-Louis, lieutenant colonel du régiment d'Esterhazy-Hussards, puis colonel lieutenant de celui de Saxe, et maréchal de camp en 1791, fut blessé dans une sortie du château de Waldeck, en 1760.

2914. CARRÉ (le sʳ), sous-lieutenant au régiment royal des vaisseaux, blessé au combat de Senef, en 1674.

2915. CARRÉ (le sʳ), maréchal des logis des carabiniers, blessé à la bataille d'Ettingen, en 1743.

2916. CARRELET (le sʳ), capitaine au régiment de Brissac, blessé à la bataille de Rosback, en 1757.

2917. CARRIÈRE (le sʳ de), chevau-légers de la garde du roy, tué à la bataille d'Ettingen, en 1743.

2918. CARRIÈRE (le sʳ de), lieutenant au régimént de Vatau, blessé à la cuisse à la bataille de Minden, en 1759.

2919. CARRIÈRE (le sʳ de), officier au régiment de Bourbonnois, blessé mortellement au siége de Philisbourg, en 1734.

2920. CARRIÈRE (Etienne-Félix de), chevalier de Saint-Louis, capitaine aux grenadiers de France, reçut plusieurs blessures au service, sous Louis XV.

2921. CARRIÈRE (Jean de), chevalier de Saint-Louis, capitaine au régiment de Béarn, devant d'Aumont, grièvement blessé à la bataille de Minden, en 1759, obtint une pension de retraite de 1,000 francs en 1777.

Les Carrière étoient originaires du Languedoc.

2922. CARRION (Henry de), seigneur de Nizas, capitaine au régiment de la marine, eut une jambe emportée d'une volée de canon au combat de la Porte-Saint-Antoine, en 1652.

2923. CARRION (Henry de), marquis de Nizas et de Murviel, vicomte de Paulin, baron des Etats et lieutenant de roy, blessé en Piémont d'un coup de fusil à la cheville du pied, à l'attaque du bourg de Canelli; le fut encore à la prise de Fribourg, d'un coup de canon qui lui emporta le gras de la jambe, en 1744; il fut aussi commandant dans le Montferrat.

Seroit-ce le même que le sr de *Nisas*, chevalier de Saint-Louis et capitaine de grenadiers au régiment de Navarre, qui fut blessé à la bataille de Prague en 1762 ? — Il reste des Carion de Nisas à Paulin, dans le Tarn.

2924. CARQUERANNES (de), capitaine de vaisseau du port de Toulon, mort à la Havanne, sur *le Henry*, M. de Franes, capitaine, le 7 juillet 1702.

2925. CARTES (le sr des), chevalier de Saint-Louis, capitaine de vaisseau, blessé d'un coup de sponton à travers le corps, à la prise du vaisseau anglois *Charles II*, sous Louis XIV.

2926. CARUEL (Nicolas de), capitaine d'une compagnie d'infanterie au régiment de Nimps, et chevalier de Saint-Louis, accueilli par le roy Louis XV, le 20 avril 1723, étant âgé pour lors de 111 ans et dix mois, reçut des blessures considérables dans les guerres de Louis XIV, et mourut le 6 février 1716, âgé de 114 ans.

2927. CARVOISIN (N... de), lieutenant de vaisseau, tué dans un combat naval, en 1762.

2928. CASAR (le sr de), capitaine au régiment de Picardie, tué à la bataille d'Oudenarde, en 1708.

2929. CASAU (le s^r), maréchal des logis de la compagnie des chevau-légers du cardinal Richelieu, fut tué au siége de Saint-Omer, en 1638.

Mercure de 1638.

2930. CASAU (le s^r de), maréchal de camp, sous-lieutenant de la 2e compagnie des mousquetaires, gouverneur de Bergues-Saint-Vinox, puis de Thionville, blessé à la main d'une grenade, au siége de Dunkerque, en 1658, eut un cheval tué sous lui à celui de Puicerda, en 1678, et il y fut encore blessé au-dessus de l'œil, d'un éclat de bombe ou de grenade.

2931. CASENAVE (le s^r de), lieutenant au régiment d'Auvergne, blessé à la bataille de Clostercamp, en 1760.

2932. CASLER (le s^r de), lieutenant au régiment de Bourbonnois, tué en 1763, à la retraite de Dokendorff.

2933. CASMILLE (le s^r), capitaine au régiment de Champagne, blessé à la bataille de Fleurus, en 1690.

2934 CASNOVE (Louis de), tué au siége de Rouen ; mais l'on ne sauroit dire si ce fut à celui de 1562 ou à celui de 1591.

2935. CASSABÉ (Jean-François de), chevalier de Saint-Louis, capitaine au régiment de Navarre, puis lieutenant-colonel de celui du maréchal de Turenne, blessé aux siéges de Furnes et de Fribourg-en-Brisgau, en 1744, le fut encore d'un coup de feu à la cuisse à la bataille d'Hastembeck, gagnée par le maréchal d'Estrées sur le duc de Cumberland, en 1757, et obtint sa retraite en 1784.

2936. CASSAC (le s^r de), capitaine au régiment de Normandie, blessé au combat de Chiari, en 1701.

2937. CASSAGNAC (le s^r de), capitaine au régiment du Piémont, blessé au siége de Philisbourg, grand duché de Bade, en 1688.

2938. CASSAGNAC (le s^r de), capitaine au régiment de Normandie, tué au siége de Grave, en 1674.

2939. CASSAGNET (Antoine de), seigneur de Cassagnet, de Tillades et de Causseny, chevalier de l'ordre du roy, gentilhomme ordinaire de sa chambre et gouverneur de Bordeaux, mort le 15 septembre 1569, d'une arquebusade qu'il reçut dans le ventre au siége du Mont-de-Marsan.

2940. CASSAGNET (Roget de), lieutenant d'une compagnie, tué sous les yeux du roy, en 1629, à l'attaque des barricades du Pas-de-Suze.

2941. CASSAGNET (François de), chevalier de Fimarcon, colonel d'un régiment de dragons, exempt des gardes du corps et brigadier des armées du roy, tué à la bataille de Saint-Denis, en 1678.

2942. CASSAGNET (Jean-Baptiste de), marquis de Tilladet et de Fimarcon, chevalier des ordres du roy, lieutenant général de ses armées, maître de sa garderobe, capitaine lieutenant des cent suisses de sa garde, gouverneur d'Arras et de Cognac, et lieutenant général au gouvernement d'Artois, mourut le 22 août 1692, d'un coup de mousquet qu'il reçut à la cuisse, le 3 du même mois, à la bataille de Steinkerque.

2943. CASSAGNET (Gaston-Paul de), dit *le marquis de Narbonne*, colonel de dragons de brigadier des armées du roy, mort à Mons, le 6 août 1692, des blessures qu'il reçut à la même bataille.

2944. CASSAGNET (Aimery de), marquis de Fimarcon, chevalier de Saint-Louis, lieutenant général des armées du roy en 1748, commandant à Hults et dans la Flandre hollandoise et précédemment colonel du régiment de Bourbon; dès 1719, fut blessé à la bataille de Parme, en 1734.

Les Cassagnet de Fimarcon (de l'île de France et d'Armagnac) portoient d'*azur à la bande d'or*.

2945. Cassal (le s^r), lieutenant au régiment d'Artois, blessé au combat du capitaine Thurot, dans les mers d'Irlande, le 28 février 1760.

2946. Cassard (Jacques), commandant de marine, né à Nantes en 1672, célèbre par ses nombreux exploits, capitaine de frégate et de vaisseau, blessé à vingt combats et dont la vie appartient au roman tant elle est agitée et traversée.

> C'est vers lui qu'un jour Duguay-Trouin, qui le voyoit attendre misérablement justice dans les couloirs du palais de Versailles, courut avec effusion, et dit aux courtisans qui s'étonnoient de ses témoignages d'estime : « Ne vous y trompez pas, c'est le plus grand homme de mer que la France ait à présent : c'est Cassard ! Je donnerois toutes les actions de ma vie pour une des siennes. » Cassard, méconnu du cardinal Fleury, mourut persécuté, prisonnier à Ham en 1740.

2947. Cassaux de Martigues (le s^r), tué à la bataille de Dreux, en 1562.

2948. Casse (N... du), chevalier de Saint-Louis et de la Toison d'Or, lieutenant général des armées navales, gouverneur de Saint-Domingue et de Carthagène, fut blessé en 1657, d'une mitraille à la cuisse, à la prise du fort de Baucachie.

2949. Casse (Paul du), chevalier de Saint-Louis, chef de bataillon au régiment de Touraine, blessé en 1749, à la bataille de Minden, quitta le service en 1782.

> Les Du Casse étoient originaires de Béarn.

2950. Cassin (le s^r de), sous-lieutenant de grenadiers au régiment de Navarre, tué au combat de Lahay (?).

2951. Castaignos (Jean de), chevalier de Saint-Louis, chef de bataillon au régiment d'Auvergne, depuis commandant à Malines, fut blessé dans plusieurs batailles, et très-grièvement à celle de Parme, en 1734.

2952. Castaignos (Fortagnier de), son neveu, seigneur de Mirando, chevalier de Saint-Louis, capitaine de grenadiers au même régiment, avec rang de major, obtint sa retraite en 1558, à raison de ses blessures.

Famille de Gascogne, d'*or au châtaignier de Sinople.*

2953. CASTAIN (le sr de), chevalier de Saint-Louis, enseigne des gardes du corps, mourut criblé de blessures qu'il reçut aux batailles de Leuze, de Steinkerque et de Nerwinde, en 1692 et 1693.

2954. CASTAIN DE CASTELAN, son fils, major des gardes françoises et brigadier des armées du roy, blessé au siége de Lille, en 1667 ; fut tué à celui de Candie, en 1669.

2955. CASTEBAGNE (Bernard, dit *le marquis de*), chevalier de Saint-Louis, capitaine de grenadiers au régiment d'Eu, tué au siége d'Ostende, en 1745.

2956. CASTEBAGNE (Louis de), son frère, capitaine au même régiment, tué par un parti de hussards, deux jours avant la bataille de Raucoux, en 1746.

2957. CASTELBERG (le sr), capitaine au régiment de Sales-Grison, tué à la bataille de Rosbach, en 1757.

2958. CASTELBERGER (le sr), enseigne au régiment de Diesbach-suisse, neveu de M. de Cabalzar, lieutenant-colonel de ce régiment, fut blessé à la bataille de Laufeldt, en 1747, d'un coup de feu à la tête, dont il mourut.

2959. CASTELBRUN (de), lieutenant de vaisseau du port de Port-Louis, mort sur *Prince de Frize*, commandé par... le 15 janvier 1698.

2960. CASTELBRUNIER (le sr), sous-brigadier des mousquetaires de la garde du roy, fut blessé au siége de Maëstricht, en 1673.

2961. CASTELET (du), volontaire de marine en avril 1687, enseigne de galères le 1er juillet 1687, tué devant Oneilles, sur *le Bourbon*, le 20 mai 1692.

2962. CASTELIER (le s'), capitaine au régiment de Piémont, blessé au siége de Woërden, en 1672.

2963. CASTELLANE-ADHÉMAR DE MONTEIL (Louis de), fils de Blanche de Monteil et de N. de Castellane, substitué au nom et armes d'Adhémar de Monteil, comte de Grignan, baron d'Entrecasteaux, chevalier des ordres du roy, gentilhomme ordinaire de sa chambre, capitaine de 50 hommes d'armes de ses ordonnances, chambellan du duc d'Anjou, depuis roy Henry III, gouverneur de Sisteron, lieutenant général au gouvernement de Provence, grand sénéchal de Valentinois et de Diois, fut blessé dans une action contre un parti de 500 protestants.

2964. CASTELLANE (N... de), baron d'Allemagne, reçut au siége d'Allemagne, par le baron de Vias, chef de la ligue en provence, un coup d'arquebuse à la tête, dont il mourut une heure après, en 1586.

2965. CASTELLANE (le seigneur de), brigadier, *brave homme et d'une grande autorité en Provence* (dit M. de Thou), s'étant trouvé au combat d'Ourg, en 1592, fut conduit au duc d'Épernon, qu'il ne haïssoit pas moins que la ligue et ce duc le fit massacrer inhumainement en sa présence, après l'avoir traité de la manière la plus outrageante.

2966. CASTELLANE-ADHÉMAR (Rostaing de), seigneur de Vénéja, mort à Toulon, des blessures qu'il reçut au siége de Montauban, en 1621.

2967. CASTELLANE ADHÉMAR DE MONTEIL (Philippe de), comte de Grignan, capitaine aux gardes françoises, et depuis lieutenant colonel du régiment de la marine, tué au siége de Mardick, en 1646.

2968. CASTELLANE-ADHÉMAR-D'ORNANO (Louis-Provence de), marquis de Grignan, maître de camp d'un régiment de cavalerie, blessé à la cuisse gauche, à la prise de Manheim, en 1688, mourut de la petite vérole, en 1704.

2969. CASTELLANE (Jean-Baptiste de), chevalier de Saint-Louis, maréchal de camp, fut dangereusement blessé à une jambe, dans une action sous Louis XV.

2970. CASTELLANE (Michel, dit *le marquis de*), chevalier de Saint-Louis, capitaine lieutenant des gendarmes anglois, blessé d'un coup de feu au visage à la bataille de Minden, en 1759.

2971. CASTELLANE MAJASTRE (de), enseigne de vaisseau du port de Toulon, tué sur *le Trident*, le 19 novembre 1709.

2972. CASTELLANE MONTPEZAT, enseigne de vaisseau du port de Toulon, mort à Barcelonne, le 14 février 1742.

> La maison des Castellane porte : de gueules au château d'or, sommé de trois tours de même, celle du milieu plus élevée que les deux autres.

2973. CASTELLAS (Etienne de), chevalier de Saint-Louis, lieutenant aux gardes suisses, avec rang de colonel et brigadier des armées du roy, blessé à la bataille de Fontenoy, en 1745, mort à Londres, le 14 novembre 1764.

2974. CASTELLAS (Jean-Antoine de), chevalier de Saint-Louis, lieutenant-colonel commandant le régiment des gardes suisses, et lieutenant général des armées du roy, reçut trois blessures très-dangereuses au combat d'Oudenarde, en 1708, et mourut à Paris, le 11 juin 1722.

2975. CASTELLAS (Rodolphe de), chevalier de Saint-Louis, colonel du régiment des gardes suisses, blessé au combat d'Eckeren, en 1703, mourut à Paris, le 28 février 1743, âgé de 65 ans.

> « Le baron d'Obdam, général hollandois commandant une partie de l'armée des alliés en Flandre, s'étoit, avec un corps de quinze mille hommes, fortifié dans un camp, entre Eckeren et Capelle, à deux lieues environ nord-est d'Anvers. Le maréchal de Boufflers, qui s'étoit déjà emparé de Hoeven, d'Orderen, de Capelle et d'autres postes qui pouvoient se prêter à la retraite de l'ennemi, fit marcher ses troupes, attaqua

le quartier général à Eckeren, dont il se rendit maître non sans une vigoureuse résistance... Le général hollandois, ne voyant plus de salut pour l'armée qu'il commandoit, prit la résolution de se sauver lui-même avec quelques-uns de ses principaux officiers. Comme ils parloient très-bien françois, ils passèrent au travers de l'armée royale, qui les prit pour des officiers françois, et ils réussirent à gagner Bréda. Cependant la belle défense que fit l'armée ennemie abandonnée de ses chefs rendit aux François la victoire coûteuse : cinq cents hommes tués et huit cent quarante blessés, telles furent les pertes de cette journée. Les ennemis, de leur côté, perdirent deux colonels, deux lieutenants-colonels, soixante et un officiers de divers rangs et neuf cents soldats, et plus de treize cents blessés, plus sept à huit cents prisonniers, six pièces de canon, deux gros mortiers, quarante petits, trois cents chariots d'artillerie et d'équipages, toutes leurs tentes, beaucoup de vaisselle et d'argent monnoyé. Au nombre des prisonniers figuroit la comtesse de Tilly, venue pour dîner avec son mari le jour même du combat. »

2976. CASTELLAS (Claude de), son fils, lieutenant au même régiment, à diverses reprises, et tué à la même bataille.

2977. CASTELLAS (Antoine de), chevalier de Saint-Louis, lieutenant-colonel du régiment de Pfiffer et brigadier des armées du roy, blessé à la bataille de Laufeldt, en 1747.

2978. CASTELLAS DE VILLARDIN (Jean-Antoine), chevalier de Saint-Louis, capitaine de grenadiers au régiment de Monsieur, puis lieutenant-colonel à celui de Rednig, avec rang de colonel et brigadier des armées du roy, en 1761, quitta le service en 1763, blessé à la bataille de Laufeldt, en 1747.

2979. CASTELLAS D'ORGEMONT (Claude de), chevalier de Saint-Louis, lieutenant aux gardes suisses, avec rang de colonel, fut blessé au combat de Reischewaux.

La maison de Castellas, ou Castelas, originaire d'Auvergne, est, croyons-nous, éteinte.

2980. CASTELLE (le s^r de la), tué au siége de Frontignan, en 1502 (de Thou).

2981. CASTELLON (le s^r de), officier au régiment de Champagne, blessé en 1627, à la descente des Anglois, dans l'île de Rhé.

La défense de l'île de Ré par Toiras, secondé principalement par les chevau-légers et le régiment de Champagne, fut considéré comme un des exploits les plus mémorables. L'attaque des chevau-légers fut impétueuse. Deux bataillons du régiment de Champagne arrivant en toute hâte, ils attaquèrent avec tant de vivacité qu'ils enfoncèrent les ennemis, les poursuivirent vers la plage, ayant de l'eau jusqu'au genou, et forcèrent une partie de leurs troupes à se rembarquer. Cependant le nombre étoit trop inférieur et le lieu du combat trop désavantageux. Les canons chargés à cartouches et le feu de mousqueterie des navires anglois faisoient d'effrayants ravages dans ces deux bataillons, dont les rangs se serroient et se réduisoient à vue d'œil, le plus grand nombre étoit frappé avant d'avoir pu joindre l'ennemi. Mais les blessés qui pouvoient encore porter les armes étoient eux-mêmes si obstinés au combat, ils bravoient avec tant d'intrépidité ces bordées inévitables que l'ennemi, les voyant s'avancer à la mort avec une ardeur que rien ne pouvoit affoiblir, croyoit qu'ils étoient fous... Mais la valeur seule ne pouvoit vaincre. Toiras fut obligé de se retirer. Rastenclières, un de ses frères, périt dans l'action : les capitaines Boissonnière et la Condamine, le baron de Chantal (père de madame de Sévigné) furent tués à la tête de leur compagnie : la plupart des officiers étoient blessés, le quart des bataillons étoit resté sur place : on ne pouvoit plus ramener les troupes à la charge, et Toiras se replia vers la citadelle. (*Histoire du régiment de Champagne.*)

2982. CASTELNAU (Vespasien), seigneur de Mauvissière, lieutenant de 50 lances des ordonnances du roy, tué au siége de Saint-Jean-d'Angely, en 1569.

Pierre de Castelnau, seigneur de la Rivière et de la Prinarie, qui s'attacha au service de Louis, duc d'Orléans, depuis Louis XII, eut, entre autres enfants, Louis de Castelnau, qui n'est point compris dans les mentions présentes et qui fut tué aux guerres d'Italie. Puis Jean de Castelnau, seigneur de Mauvissière, père de Pierre II de Castelnau, qui fut assassiné en 1583 près du duc d'Alençon, peu de jours après les massacres d'Anvers, — de Titus de Castelnau, capitaine des gardes suisses du même duc d'Alençon, pareillement assassiné à la cour de ce prince en 1573, — et de Vespasien, dont il vient d'être question.

2983. CASTELNAU (le chevalier de), lieutenant de grenadiers au régiment de Béarn, tué au siége d'Ostende, en 1745.

2984. CASTELNAU (le s^r de), capitaine au même régiment, blessé au siége de Maëstricht, en 1748, mourut en 1751.

2985. CASTELNAU (le s^r de), capitaine au régiment de Saruces, blessé à la bataille de Rosback, en 1757.

2986. CASTELNAU. (V. RICHARD DE CASTELNAU.)

2987. CASTELNAU (le s^r de), officier au régiment de Bourbonnois, fut blessé à l'affaire d'Exiles, en 1747.

2988. CASTELNAU (Urban de), seigneur de Mauvissière, tué au siége de Montauban, en 1621.

2989. CASTELNAU (Mathurin de), seigneur de Mauvissière, maître de camp d'un régiment d'infanterie, capitaine aux gardes françoises et gentilhomme ordinaire du roy, tué au siége de Montpellier, en 1622.

2990. CASTELNAU (Henry de), baron de Jonville, fut tué d'un coup de canon au siége de la Rochelle, en 1627, âgé de 17 ans.

2991. CASTELNAU (Jacques, marquis de), maréchal de France, chevalier des ordres du roy et gouverneur de Brest, fit ses première campagnes en Hollande, puis servit aux siéges et prises de Corbie en 1636, du Castelet en 1638, de Hesdin en 1639, d'Arras en 1640, et d'Aire en 1641 ; se signala au siége de Fribourg en 1644, et à la bataille de Nortlingue en 1645, où il servoit en qualité de maréchal de bataille et où il fut blessé de deux coups de mousquet : puis maréchal de camp, gouverneur de la Bassée en 1647 et de Brest en 1648, il se trouva à la prise de Dunkerque, de Noyon et d'Arras en 1654, servit à la prise de Landrecies, de Valenciennes en 1656. Il eut le commandement de l'aile gauche à la bataille des Dunes, près Dunkerque, le 14 juin 1658, et fut blessé deux jours après au siége de cette place, ce dont il mourut à Calais le 15 juillet suivant en la 38ᵉ année de son âge, honoré du bâton de maréchal de France le 24 juin précédent.

2992. CASTELNAU (Michel, marquis de), arrière petit-fils de Michel de Castelnau, l'auteur des *Mémoires* qui portent son nom, colonel du régiment de Bourbonnois et gouverneur de Brest, mourut à Utrecht, le 2 décembre 1672, d'une blessure qu'il reçut à l'attaque d'Ameyden.

La maison de Castelnau, illustrée, comme on le voit, surtout sous le nom de Mauvissière, se divisa en de nombreuses branches, dont il reste des rejetons, porte : d'azur au château ouvert d'argent, crénelé et maçonné de sable, formé de trois donjons girouettes du même.

2993. CASTELPERS (le baron de), tué au siége de Rouen, en 1562.

> Famille du Languedoc qui a figuré dans les guerres religieuses du Midi, porte : d'argent à un château de sable donjonné de trois tours du même.

2994. CASTELS (le sʳ de), gentilhomme d'Agenois, tué par les huguenots devant Lectoure, en 1562.

2995. CASTELVIEL. (le sʳ de), sous-brigadier des mousquetaires de la garde du roy, blessé au siége de Maëstricht, en 1673.

2996. CASTERAS (le sʳ de), co-seigneur de Villemartin, fit son testament à Fontarabie, lors de la blessure qu'il y reçut, en 1521, et ne mourut qu'en 1570.

2997. CASTERAS (le sʳ de), lieutenant au régiment de Piémont, eut la cuisse emportée au siége de Montauban, en 1621.

> « Le 17 d'août, le duc de Mayenne ayant fait donner une attaque aux barricades et aux retranchements, Piémont, commandé pour en être, y fit paroître un grand courage. Le capitaine Lesni y perdit la vie, aussi bien que M. du Breuil, premier capitaine du régiment, qui fut tué dans la première sortie : Lattigue, autre capitaine, eut le pied froissé d'une grenade dont il mourut. Casteras, brave officier, lieutenant de sa compagnie, eut aussi la cuisse emportée d'un boulet de canon qui le précipita au tombeau deux heures après. » (*Histoire du régiment de Piémont.*)

2998. CASTILLE (Royer de), mestre de camp d'un régiment de cavalerie, fut tué à la bataille d'Avein, en 1635, à l'âge de 23 ans.

2999. CASTILLE (François-Philippes de), marquis de Chenoise, maître de camp du régiment royal-cavalerie, tué au combat d'Altenheim, en 1675.

3000. CASTILLE (Jean-Baptiste de), dit *le chevalier de Chenoise*, guidon des gendarmes bourguignons, tué à la bataille d'Hochstett, en 1704, gagnée par le prince Eugène et Marlborough sur le maréchal de Tallart.

> Il existoit plusieurs familles de ce nom : les Castille de Chenoise, marquis en 1652, portoient de *gueules à une tour de Castille d'or*.

3001. CASTILLON (le capitaine), capitaine au régiment de Picardie, blessé au siége de Sancerre en 1573.

3002. CASTILLON (le sr de), capitaine au régiment de Navarre, blessé au combat de Senef en 1674, le fut encore à Cassel en 1677 et au siége de Luxembourg en 1684.

3003. CASTILLON (Jean de), seigneur de Mouchan, dit *le comte de Mouchan*, chevalier de Saint-Louis, colonel du régiment de Sillery, puis colonel réformé à la suite de celui de Bourbonnois, brigadier des armées du roy, aide-major général de l'armée d'Allemagne, puis major général d'infanterie en Espagne sous le duc d'Orléans, et l'un de six gentilshommes que Louis XIV attacha à la personne de Philippe V, lorsqu'il alla prendre possession de la couronne d'Espagne, le seul même que le roy, après son passage, retint auprès de lui; fut blessé au combat de Senef en 1666 et tué au siége de Tortose en 1708.

3004. CASTILLON (Jean-Armand de), officier au régiment de Bassigny; périt en mer sur le vaisseau la *Bourgogne*, sous Louis XV.

3005. CASTILLON (l'aisné), lieutenant de vaisseau du port de Toulon; noyé commandant la *Sibelle*, le 20 aoust 1742.

3006. CASTILLON (le cadet des jumeaux de), sous-lieutenant de galiote et d'artillerie du port de Toulon; noyé sur la *Sibelle*, le 27 aoust 1742.

3007. CASTILLON (François de), seigneur de Mouchan, chevalier de Saint-Louis, sous-brigadier de la première compagnie des mousquetaires, mort des blessures qu'il reçut à la bataille de Dettingen en 1743.

3008. CASTILLON (Joseph de), de Mouchan, baron de Mauvezin chevalier de Saint-Louis, capitaine de grenadiers, puis major du régiment d'Aunis et major de Besançon, fut grièvement blessé dans les guerres d'Hanovre , en 1762.

3009. Castillon (Joseph de), chevalier de Saint-Louis, aide-major, puis capitaine commandant au régiment des cuirassiers du roy, reçut plusieurs blessures à la bataille de Rosback en 1757, et quitta le service en 1787.

Plusieurs anciennes familles de ce nom se sont signalées par leurs services. — Les Castillon de *Gascogne*, qui portoient : d'or au château donjonné de trois tourelles de gueules surm., de trois têtes de more, les yeux bandés d'argent. — Les Castillon de Beyne de *Provence*, marquis en 1673 — de gueules à trois annelets d'argent — puis les Castillon de Mouchan, du *Condomois*, Ec. : au 1° et 4 de gueules, à trois tours d'argent, maçonnées de sable, aux 2 et 3 d'azur à un rocher d'argent mouv. de la partie de l'écu.

3010. Castres (le seigneur de), tué le 28 octobre 1552 à la défaite du duc d'Aumale, près Saint-Nicolas, en Lorraine.

3011. Castriotto d'Urbin (Etienne), *homme de main*, dit de Thou, et l'un des principaux officiers de l'armée, fut si dangereusement blessé au siége de la Rochelle en 1573, qu'on fut obligé de lui faire l'amputation de la cuisse.

3012. Cataigne (le capitaine Frédéric), tué à la bataille de Pavie en 1525.

3013. Catalan (le s^r de), lieutenant au régiment de Piémont, tué à la bataille de Malplaquet en 1709. (V. de Cathalan.)

3014. Catenville (le s^r de), gendarme de la garde du roy, tué au combat de Leuze en 1691.

3015. Cateux (le s^r de), mestre de camp d'un régiment de cavalerie et brigadier des armées du roy, tué au combat d'Altenheim en 1675.

3016. Cathalan (Pierre de), aide-major du régiment aujourd'hui Lyonnois, mort à Ath, en Hainaut, en 1677 des blessures qu'il y reçut. (V. de Catalan.)

3017. Catilly (le s^r de), capitaine au régiment de Champagne, tué au siége de Tarragone en 1644.

3018. Catinat (Charles-François), seigneur de Ditey, capitaine aux gardes-françoises, tué au siége de Lille en 1667.

3019. Catinat (Nicolas), son frère, seigneur de Saint-Gratien, maréchal de France, chevalier de Saint-Louis, gouverneur de Saint-Guilhain, de Longwy, de Condé, de Tournay et de Luxembourg et chevalier de l'ordre du Saint-Esprit qu'il refusa par modestie, fut blessé au combat de Senef en 1674 et au bras à celui de Staffarde en 1690 où il eut un cheval tué sous lui et reçut plusieurs balles dans son habit : et encore au combat de Chiari en 1701 ; il mourut le 23 février 1712.

3020. Catinat de Croissille (Guillaume), capitaine aux gardes-françoises, grièvement blessé au combat de Senef en 1674, mourut le 19 mars 1701.

> On vient de voir que l'illustre Catinat remercia le roi de l'honneur du cordon bleu, attendu qu'il ne se croyoit pas en état de faire ses preuves de noblesse. — Toutefois, les Catinat étoient d'une grande famille de robe, originaire du Perche, et le père des trois frères qui viennent d'être cités, étoit président au parlement de Paris.

3021. Catollier (le s^r), blessé en 1638 au siége de Poligny en Franche-Comté. (*Mercure* 1638.)

3022. Catrieux (le s^r de), sous-lieutenant aux gardes-françoises, blessé à la bataille de Minden en 1759.

3023. Caubios (N... de), baron d'Andirau, chevalier de Saint-Louis, lieutenant-colonel du régiment de Piémont, blessé à la bataille de Rosbach en 1757.

3024. Caucroy (de). V. d'Aubrunes.

3025. Cauderoque (le s^r de), aide de camp de M. de la Moussaye, au siége de Dunkerque en 1646 y fut blessé.

3026. Caverne (le s^r de), chevalier de Saint-Louis aide-major des gardes-françoises, blessé à la tête d'un coup de feu au combat du capitaine Thurot dans la mer d'Irlande, le 28 février 1760.

3027. Caujac (le s^r de), capitaine aux gardes-françoises, tué à la bataille de Nerwinde en 1693.

3028. Cavignon (le s^r de), capitaine au régiment de Navarre, blessé à la bataille de Fleurus en 1690.

3029. Caulaincourt (Charles de), page du roy Louis XIV, fut tué au siége de Maestrick, près la personne de ce monarque.

3030. Caulaincourt (Louis-Armand de), chevalier de Saint-Louis, capitaine au régiment de Picardie, blessé en 1734 aux batailles de Parme et de Guastalla.

3031. Caulaincourt (Marie-Louis, dit *le marquis de*), chevalier de Saint-Louis, colonel commandant du régiment de Rohan-Soubise, maréchal général des logis de l'armée et maréchal de camp en 1761, fut blessé d'un coup de bayonnette au visage à la bataille de Lutzelberg, en 1758, où il eut aussi un cheval tué sous lui ; il mourut en 1774.

Grande maison de Picardie qui, après s'être distinguée sous la monarchie, continua ses services et son illustration sous l'empire : — a encore ses représentants.

3032. Cauliere (de). V. des Forges de Caulière.

3033. Caumia (Armand de), fut blessé en 1640 et 1642 aux siéges de Turin et de Lérida où il se signala.

3034. Caumia (les s^{rs} de) frères, furent tués dans les guerres de Louis XIV, l'un au siége de Messine et l'autre à celui de Valence en Piémont.

3035. Caumia (François de), chevalier de Saint-Louis, capitaine de grenadiers au régiment de Briqueville, tué en 1766 à l'assaut de Bruxelles.

Originaire des Landes; porte : écartelé au 1 et 4 d'azur à la tour d'argent, maçonnée et ajournée de sable, aux 2 et 3 d'argent, à trois flammes de gueules rangées en fasce.

3036. CAUMONT (le s^r de), capitaine au régiment de Brissac, blessé à la bataille de Rosback en 1757.

3037. CAUMONT (le s^r de), lieutenant de grenadiers au régiment de Palau, tué à la bataille de Minden en 1759.

3038. CAUMONT (le seigneur de), lieutenant de la compagnie des gendarmes du seigneur de Linières, fut tué au siége de Chartres en 1568 et inhumé aux Jacobins.

3039. CAUMONT (Jacques de), seigneur de Masdarant, tué au siége de Juliers en 1610.

3040. CAUMONT (Jacques de), marquis de Boisse, tué au siége de la Motte, en Lorraine, en 1634.

3041. CAUMONT DE CASTELMORON (N... de), (3e fils du maréchal de la Force), reçut un coup de mousquet à la cuisse au même siége.

> Le marquis de la Force eut un cheval tué sous lui au siége de Fontenoy en 1638 (*Mercure* de 1638) et mourut des blessures qu'il reçut à la bataille de Paris, au temps de la Fronde.
> Les six mentions qui précèdent semblent bien insuffisantes pour le grand nom de Caumont. — Voir au *supplément*.

3042. CAUPENNE D'AMOU (Jean-Joseph de), chevalier de Saint-Louis, lieutenant et aide-major au régiment des gardes-françoises avec rang de colonel, blessé à la bataille d'Hastembeck en 1757.

3043. CAUPENNE (N... de), capitaine au régiment de Provence, blessé d'un coup de feu à la bataille d'Hastembeck en 1757.

3044. CAUSE (le baron de), blessé à la bataille de Montcontour en 1569. (V. de Causses.)

3045. CAUSON (Guillaume-Breton), périt à l'affaire de Sandouis (?) en 1458.

3046. CAUSONNIER (le sr), gendarme de la garde du roy, tué au combat de Leuze en 1691.

3047. CAUSSADE (Louis de), lieutenant-colonel du régiment de Bourbonnois, blessé à la défense de Maestrick en 1676.

3048. CAUSSADE (le sr de), blessé dans une action en 1638. (*Mercure* de 1638.)

3049. CAUSSES (le baron de), officier de cavalerie, tué en 1627 à la descente des Anglois dans l'isle de Rhé : il étoit resté (ainsy que s'exprime le *Mercure* de cette année) fils unique de sa maison, son aîné ayant été tué dans un combat contre M. de Soubise. (V. de Cause.)

3050. CAUTET (le sr), enseigne aux gardes-françoises, tué au siége de Saint-Guilain, en Hainaut en 1655.

3051. CAUVET (N. . . . . . .), lieutenant de frégate le 1er janvier 1697, capitaine de brulot, tué sur le *Profond*, commandé par M. d'Orvilliers, le 7 février 1712.

3052. CAUVICOURT (le sr de), capitaine au régiment de Champagne, blessé à la bataille de Parme en 1734.

3053. CAUZET (le sr de), capitaine au régiment de Saluces, blessé à la bataille de Rosback en 1757.

3054. CAYEU (le Begue de), chevalier, tué à la bataille d'Azincourt en 1415.

3055. CAYEU (Payen de), son frère, tué à la même bataille.

3056. CAYLAR (Henry de), seigneur de Puisserguier et de Cazillac, colonel d'un régiment d'infanterie et gouverneur de Béziers, reçut plusieurs blessures au siége de Leucate en 1637.

3057. CAYLAS (le marquis de), colonel du régiment, premier Languedoc-dragons, tué à Namur sous Louis XIV.

3058. Caylus (le chevalier de), chevalier de Saint-Louis, capitaine au camp royal d'artillerie et du génie avec rang de lieutenant-colonel, fut blessé à la bataille de Rosback en 1757.

3059. Caylus (Charles de Tubières de Grimoard, marquis de), chef d'escadre du port de Col, mort à la Martinique le 12 mai 1749.

3060. Cazabé (de). V. de Cassabé.

3061. Cazamajor (Jean de), dit *le chevalier de Gestas*, chevalier de Saint-Louis, major, puis lieutenant-colonel du régiment de la Marche, brigadier des armées du roy, blessé à la bataille de Minden en 1759.

3062. Cazas (le s^r), aide de camp, tué au siége de Tarragone en 1644. (*Mercure* de 1644.)

3063. Caze (François de la), chevalier de Saint-Louis, major de la citadelle de Strasbourg, obtint du roy en 1768 une pension de 1,000 fr. motivée sur ses services et ses blessures.

3064. Cazeau (le s^r), lieutenant au régiment de Touraine, blessé à la bataille de Minden en 1759.

3065. Ceberg (le s^r), major du régiment de Greder suisse, tué à la bataille de Cassel en 1677.

3066. Ceberg (le s^r de), lieutenant au régiment de haute-Suisse, blessé à la bataille de Rosback en 1757.

3067. Centurion (Jules), chevalier de l'ordre du Roy, gentilhomme ordinaire de sa chambre et capitaine de 50 hommes d'armes de ses ordonnances, fut grièvement blessé au siége de la Rochelle en 1573.

3068. CEPS (Jean-Baptiste de), capitaine de gens de pied, blessé dangereusement dans un combat donné sur les bords de l'Auvèze dans la principauté d'Orange, fut tué peu de temps après à la bataille livrée près de Vauréas, en 1562.

3069. CERCEY (le sʳ de), capitaine au régiment de Diesbach suisse, fut tué à la bataille de Laufeldt en 1747.

3070. CERF (le sʳ de), Genevois, sous-lieutenant au régiment de Diesbach suisse, fut tué à la bataille de Laufeldt, en 1747.

3071. CERF (le sʳ le), chevalier de Saint-Louis, capitaine au camp royal d'artillerie et du génie, blessé à la bataille de Rosback en 1757. (Seroit-ce lui qui fut lieutenant provincial à Mézières?)

3072. CERILLAC (le sʳ de), capitaine au régiment de Normandie, tué au siége de Grave en 1674.

3073. CERNY EN LAONNOIS (le seigneur de), tué à la bataille d'Azincourt en 1415.

3074. CERQUISY (le sʳ de), enseigne de la compagnie des gendarmes du maréchal de Guiche, tué en 1644 au siége de Philisbourg. (*Mercure* de 1644.)

3075. CÉSAR (le sʳ), lieutenant de la colonelle des vieilles bandes de Piémont portant le drapeau en l'absence de l'enseigne, fut tué sur la brèche au siége de Chatellerault en 1569.

3076. CESSAY (le sʳ de), lieutenant au régiment de Normandie, blessé en 1675 au siége de Philisbourg.

3077. CEYNAS (le sʳ), capitaine au régiment de Touraine, blessé à la bataille de Minden en 1769.

3078. CHAALUS (de). V. de Chalus.

3079. CHABAN (le sr de), lieutenant au régiment de royal-artillerie, blessé à mort au siége de Rosback en 1757.

3080. CHABANNES (Robert de), seigneur de Charlus, tué à la bataille d'Azincourt en 1415.

3081. CHABANNES (Étienne de), seigneur de Charlus, capitaine d'une compagnie de gendarmes, tué au combat de Crevant en 1422.

3082. CHABANNES (Jacques de) son frère, seigneur de la Palice, baron de Curton, chevalier grand maître de France, conseiller chambellan ordinaire du roy, capitaine de cent hommes d'armes de ses ordonnances, sénéchal de Toulouse et de Guienne, maréchal et sénéchal du Bourbonnois, gouverneur de Brie-Comte-Robert, de Corbeil et de Vincennes, mourut le 20 octobre 1453, de la blessure qu'il reçut au mois de juillet précédent à la bataille de Castillan.

3083. CHABANNES (François de), seigneur de Boislamy et de Nozerolles, périt à la bataille de Pavie en 1525.

3084. CHABANNES (Jacques de), seigneur de la Palice, grand maître et maréchal de France, conseiller chambellan ordinaire du roy, chevalier de son ordre, capitaine de cent lances de ses ordonnances, gouverneur du Milanois, d'Auvergne, de Forez, de Beaujolois, de Dombes, du Lyonnois et du Bourbonnois, fut blessé à la gorge à la prise de Gennes en 1507, et reçut un coup de pique au bras à la bataille d'Agnadel en 1509, où il eut un cheval tué sous lui. C'est encore lui dont sous le nom du vertueux capitaine la Palisse « parlent les *Mémoires du chevalier Bayard*, comme ayant été blessé à la teste, d'un esclat d'un coup de canon qu'on avoit tiré de la ville (Brescia) au château » — ce héros fut tué à la bataille de Pavie en 1525.

3085. CHABANNES (Jean de), seigneur de Vendenesse, mort

des blessures qu'il reçut à la retraite de Rebec en 1524.

3086. Chabannes (Charles de), chevalier, seigneur de la Palice, gentilhomme ordinaire de la chambre du roy, tué au siége de Metz en 1552.

3087. Chabannes (Jean de), seigneur de Curton, tué à la bataille de Renty en 1554.

3088. Chabannes (Christophe de), comte de Rochefort, marquis de Curton, blessé à la bataille d'Issoire en 1590.

3089. Chabannes (Gabriel de), seigneur de Chaumont, tué au siége de Bapaume en 1636.

3090. Chabannes (François de), seigneur de la Motte-Feuilly, tué au siége de Dole.

3091. Chabannes (Gilbert de), comte de Pionzac, vicomte de Savigny, lieutenant de la compagnie des gendarmes du roy, maréchal de camp et lieutenant général au gouvernement de Bourbonnois, tué au siége de Montron.

3092. Chabannes (Jean, chevalier de), enseigne de vaisseaux, tué au siége de Bethune en 1710.

3093. Chabannes (Gilbert-Gaspard de), comte d'Apchon, marquis de Pionzac, capitaine aux gardes-françoises, puis colonel du régiment de la reine-dragons, brigadier des armées du roy; inspecteur général de la cavalerie et des dragons, et maréchal général des logis des armées de France, d'Espagne et de Sardaigne en 1735, avoit été blessé aux batailles de Spire et d'Hochstet en 1703 et 1704; il mourut en 1748.

3094. Chabannes (N..... de), chevalier de Saint-Louis, capitaine de grenadiers au régiment de Bourbonnois, blessé en 1743 à la retraite de Dekendorff.

3095. CHABANNES (Jean-Baptiste de), marquis d'Apchon et de la Palice, comte de Pionzac et de Belarbre, premier baron d'Auvergne, chevalier de Saint-Louis, mestre de camp, sous-lieutenant de la 2ᵉ compagnie des mousquetaires, puis maréchal de camp; blessé à la jambe d'un coup de feu à la bataille de Dettingen en 1743, y eut aussi un cheval tué sous lui.

3096. CHABANES (Jaques-Louis, chevalier de), seigneur de Chamiane, mestre de camp d'infanterie, et aide maréchal des logis de l'armée, sous les ordres du prince de Conty, fut tué à la bataille de Coni en 1744.

3097. CHABANNES CURTON (le comte de), capitaine au régiment d'Apchon-dragons, fut tué à la bataille de Sundershausen en 1758.

Famille du Bourbonnois, qu'ont illustrée tant de grands capitaines au nombre desquels il faut surtout placer Jacques de Chabannes, seigneur de la Palice dont il est question plus haut, et auquel la chanson *Monsieur de la Palice est mort...* a donné une si bizarre réputation.

3098. CHABAUS (Armand, dit *le chevalier de*), capitaine au régiment de Poitou, tué à la bataille de Parme en 1734.

3099. CHABAUT-SAINT-PECUEIL (le sʳ de), capitaine au régiment de Tracy-cavalerie, blessé au siége de Fribourg en 1644. (*Mercure* de 1644.)

3100. CHABERT (le sʳ), lieutenant au même régiment de Tracy-cavalerie, blessé au même siége de Fribourg en 1644.

3101. CHABERT, sous-lieutenant de galères en 1664, tué au siége de Candie en 1669.

3102. CHABERT (Cyprien), capitaine de vaisseau du port de Brest, noyé près Ouessant sur le *Conquérant*, le... octobre 1679.

3103. CHABERT (Louis), seigneur de la Brosse, capitaine au régiment de la Fère, blessé au siége de Saint-Venant, sous Louis XIV.

3104. CHABERT (le s^r de), capitaine au régiment de Saint-Chamond, blessé à la bataille de Rosback en 1757.

3105. CHABERT (Joseph-Bernard, marquis de), chevalier, commandant de l'ordre royal et militaire de Saint-Louis et de l'ordre de Saint-Lazare, de la société militaire de Cincinnatus, chef d'escadre des armées navales et membre de plusieurs académies, fut blessé grièvement le 5 septembre 1781, devant la baye de Chesopeack, dans la rencontre du comte de Grasse et de l'amiral Howe, où il commandoit le vaisseau le *Saint-Esprit* : il mourut à Paris, le 11 janvier 1788, âgé de 80 ans.

Famille de Provence qui a encore ses représentants.

3106. CHABESTAN (N..... de), lieutenant au régiment de Piémont, tué au siége de Turin en 1706.

3107. CHABESTAN (Jean de), capitaine au régiment d'Auvergne, tué au siége de Fontarabie.

3108. CHABESTAN (le chevalier de) son frère, capitaine de grenadiers au régiment de Monconseil, tué au service.

3109. CHABESTAN (le chevalier de) autre frère, capitaine au régiment de Medoc, tué pareillement au service sous Louis XV.

3110. CHABEU (Marc-Antoine de), seigneur de Beccerel, enseigne au régiment de la Grange, mort au siége de Casal sous Louis XIII.

3111. CHABIEL (Claude), seigneur de la Motte-Bureau, capitaine au régiment de Boufflers, depuis Miroménil, blessé d'un éclat de bombe au siége de Namur en 1692, le fut encore à celui de Lérida en 1707, et fut tué à celui de Bethune en 1710 à la tête de la compagnie de grenadiers qu'il commandoit.

3112. CHABIEL (Hugues-Louis), capitaine au régiment de Lorraine, tué en 1760 à la bataille de Vandovachi, près Pondichéry.

3113. CHABOISSIÈRE ou CHABOSSIÈRE (le s^r de), capitaine aux gardes-françoises, tué à la bataille de Consarbrick en 1675.

3114. CHABO-LA-SERRE (Charles-Louis), dit *le comte de Chabo*, colonel du régiment de Chabo, puis de la légion-royale, lieutenant général des armées du roy et chevalier grand-croix de l'ordre royal et militaire de Saint-Louis, fut grièvement blessé à la bataille de Dettingen en 1743, il mourut en 1780.

3115. CHABOT (Thibaud), seigneur de la Grève, tué à la journée de Patai, dite des Harengs, en 1429.

3116. CHABOT (Louis), baron de Jarnac, tué au siége de Naples en 1528.

3117. CHABOT (Charles), seigneur de Sainte-Aulaye, dit *le comte de Chabot*, maréchal de camp, tué au siége de Lérida en 1646.

3118. CHABOT (Guy-Aldonce, dit *le chevalier de*) son frère, aussy maréchal de camp, blessé d'une mousquetade à la cuisse, au siége de Thionville en 1643, mourut des blessures qu'il reçut à celui de Dunkerque en octobre 1646.

3119. CHABOT DE SOUVILLE (Louis), capitaine au régiment des fusilliers, tué d'un coup de canon au siége de Koiserwert en 1702.

3120. CHABOT-ROHAN. V. Rohan-Chabot.

L'illustre maison de Chabot, alliée et fondue dans la maison Rohan-Chabot, en 1645, porte : d'or à trois Chabots de gueules.

3121. CHABONS (le chevalier de), enseigne de vaisseau et le 2 janvier 1691, capitaine de brûlot ; tué commandant le *Dangereux* (de Rochefort), le 3 juin 1703.

3122. Chabrié (N... de), chevalier de Saint-Louis et colonel commandant d'une brigade d'artillerie, fut tué à la bataille de Berghen en 1759.

3123. Chabrignac (le sᵣ), chevalier de Saint-Louis, capitaine de grenadiers au régiment Guyenne, blessé au siége de Fribourg en 1713.

3124. Chacenay (Erard de), tué au siége d'Acre en 1191.

3125. Chadeau de la Clocheterie (N...), tué dans le combat naval de M. de la Jonquière contre les Anglois en 1747.

3126. Chadeau de Clocheterie (N...), chevalier de Saint-Louis, capitaine de vaisseau, eut deux fortes contusions, une à la cuisse et une à la tête, au fameux combat de la *Belle-Poule* qu'il commandoit, contre la frégate angloise l'*Arethuse*, le 17 juin 1778 : tué dans le combat naval du 12 avril 1782 sur le vaisseau du roy l'*Hercule* qu'il commandoit.

3127. Chadigna (le sᵣ de), capitaine au régiment de Piémont, blessé au siége de Luxembourg en 1684.

3128. Chadigniac (le sᵣ de), aide-major du régiment d'Archiac-cavalerie, blessé à la bataille de Minden en 1759.

3129. Chadois (Pierre, dit *le chevalier* de), chevalier de Saint-Louis, capitaine au régiment de Médoc, blessé d'un coup de pierre à la jambe au siége du fort Saint-Philippes en 1756, obtint sa retraite en 1787.

3130. Chafa ou de Chaffa (le sᵣ de), du régiment de Navarre, blessé au siége de Prague en 1742, mourut d'une autre blessure qu'il reçut à la bataille de Dettingen en 1743.

3131. Chauffault de Besné (Louis-Charles, dit le comte du), chevalier grand-croix de l'ordre royal et militaire de Saint-Louis et lieutenant général des armées navales, fut blessé au visage dans le combat du marquis de l'Etendurie contre

les Anglois, le 27 octobre 1747, étant alors capitaine en second et le fut encore grièvement d'un coup de mitraille
à l'épaule au combat d'Ouessant en 1778.

3132. CHAFFAULT (le chevalier de), son fils, chevalier de
Saint-Louis et capitaine de vaisseau, eut la jambe cassée
dans ce dernier combat.

3133. CHAILLOT (Claude-Joseph de), capitaine au régiment
de Rouërgue, mort, à l'armée de Bavière en 1743.

3134. CHAILLOT (le sr de), lieutenant au régiment d'Aumont
à la bataille de Minden en 1759.

3135. CHAILLY (Jean de), chevalier, seigneur de Chambois,
tué au siége de Harfleur en 1440. Monstrelet en parle comme
d'un vaillant chevalier.

3136. CHAISE (Antoine), capitaine d'une compagnie de
cavalerie, mort d'un coup de feu qu'il reçut au combat de
Senef en 1674.

3137. CHAISE (le chevalier de la), exempt des gardes-du-
corps, mort des blessures qu'il reçut au combat de Leuze
en 1691.

3138. CHAISE (le sr de la), capitaine au régiment de Bourbonnois, blessé à la bataille de Steinkerque en 1692.

3139. CHAISE (le marquis de la), premier capitaine au régiment de Valois-cavalerie, fut tué au combat de Bleneau :
fort brave et honnête homme, dit Mademoiselle de Montpensier
dans ses *Mémoires.*

3140. CHAISE (Christophe de la), chevalier de Saint-Louis et
major de Cambray, fut blessé à la bataille de Nerwinde en 1693
d'un coup de fusil au bras droit ; un pareil coup lui traversa
le corps à celle de Fredelinghen en 1702, et il reçut deux

autres blessures à celle de Malplaquet en 1709, l'une au front et l'autre à la clavicule droite.

3141. CHAISE (le sʳ de la), capitaine au régiment de Mailly, blessé à la bataille de Rosback en 1757.

> La maison de la Chaise (ou Chaize) d'où sortoit le célèbre P. jésuite de ce nom, étoit originaire d'Aix en Provence.

3142. CHALAIS (le sʳ de), mousquetaire de la garde du roy, blessé au siége de Mons en 1691.

3143. CHALAS D'AGUEILLONNE (le sʳ de), capitaine au régiment de Leisler, tué au siége de Barcelone.

3144. CHALENCY (le seigneur de), au siége de Dourlens en 1595.

3145. CHALET (le sʳ de), sous-lieutenant aux gardes-françoises, tué au siége de Maestrick en 1673.

3146. CHALIDET (le sʳ de), mousquetaire de la garde du roy, tué au siége de Maestrick en 1673.

3147. CHALLARD (du), capitaine de vaisseau du port de Toulon, mort commandant le *Saint-Esprit*, le 1ᵉʳ may 1696.

3148. CHALLEMOUS (Anne-François), capitaine au régiment des volontaires étrangers, tué au combat de Saint-Cast en 1758.

3149. CHALLIER (le sʳ), mousquetaire de la garde du roy, grièvement blessé à la bataille de Dettingen en 1743.

3150. CHALMOT (Charles de), marquis de Saint-Ruth, lieutenant des gardes-du-corps du roy, lieutenant général de ses armées, commandant en Guyenne et gouverneur de Sommières, eut la jambe cassée d'un coup de mousquet au siége de Fauconnier en 1674, et fut tué d'un boulet de canon en Irlande en 1681, où il commandoit l'armée du roy d'Angleterre. (V. de Saint-Ruth.)

3151. CHALON (Guillaume de), comte d'Auxerre et de Tonnerre, tué à la bataille de Mons-en-Puelle en 1304.

3152. CHALON (Jean de), comte d'Auxerre et de Tonnerre, tué à la bataille de Crécy en 1346.

3153. CHALON (Jean de), seigneur de Ligny-le-Châtel, tué à la bataille d'Azincourt en 1415.

3154. CHALON (Louis de), comte d'Auxerre et de Tonnerre, tué à la bataille de Verneuil en 1424. (V. d'Auxerre.)

3155. CHALVET DE ROCHEMONTEIX (Antoine), seigneur de Rochemonteix, tué au siége d'Ambert en Auvergne, sous Henry IV.

3156. CHALVET DE ROCHEMONTEIX, dit *le cadet de Vernassal*, seigneur de Barlières, tué au siége du château de Luc, que l'on présume avoir eu lieu sous le même règne.

3157. CHALVET DE ROCHEMONTEIX (Guyot), tué au siége de Montpellier.

3158. CHALVET DE CHISSAC (Antoine), capitaine au régiment d'Enghien, tué à la bataille des Dunes en 1658.

3159. CHALVET DE ROCHEMONTEIX (Henry-Gilbert), dit le *comte de Vernassal*, chevalier de Saint-Louis, enseigne des gardes-du-corps et brigadier des armées du roy, tué au siége d'Oudenarde en 1745.

3160. CHALUET (le chevalier François de), capitaine et major du régiment de Guise, fut tué à l'affaire de Grébenstein.

3161. CHALUP (François de), capitaine et major du régiment de Guise, fut tué à l'affaire de l'Assiette en 1747.

3162. CHALUP (Jean-Marc de), dit *le chevalier*, chevalier de Saint-Louis, capitaine au régiment de Bassigny, puis major, ensuite lieutenant-colonel de celuy d'Austrasie, fut blessé en

1762 à l'affaire d'Amenebourg que commandoit le marquis de Castries.

3163. CHALUS (Robert de), chevalier, tué à la bataille de Poitiers en 1356.

3164. CHALUS (chevalier Robert de), tué à la bataille d'Azincourt 1415. Enguerrand de Monstrelet le nomme *Messire Robert de Challus* et il est appelé *Messire de Challus* par Alain Chartier. (ce Robert de Chalus ne seroit-il pas le même que *Robert Dauphin, seigneur de Chaalus* cité cy-après, qui en effet périt à cette bataille?)

3165. CHAMAILLON (le s^r), servant dans le parti royaliste, fut blessé au siége d'Issoire en 1577.

3166. CHAMANS OU DE CHAMANT (le seigneur de), *fort brave gentilhomme* (dit Monluc), reçut trois coups de pique aux deux cuisses dans une rencontre près de Tantavel, en 1542, et fut tué à la bataille de Cérisolles en 1544.

3167. CHAMARGOU (le chevalier de), capitaine au régiment de Normandie, blessé à la bataille de Fontenoy en 1745, fut tué au siége de Berg-op-Zoom en 1767.

3168. CHAMARROUS (le s^r de), page du roy François 1er, fut tué à la bataille de Pavie, en 1545, à côté de ce monarque.

3169. CHAMBARLHAC (Louis de), chevalier de Saint-Louis et capitaine au régiment d'Auvergne, puis major à Maubeuge, blessé à la bataille de Clostercamps en 1760, obtint en 1785 une pension de retraite de 1400 francs.

3170. CHAMBAUD (Louis de), lieutenant de roy à Thionville, tué au siége de Montmédi en 1657.

3171. CHAMBAULT (le s^r de), capitaine au régiment de Bourbonnois, tué à la bataille de Steinkerque en 1692.

3172. CHAMBAULT (le s^r de), capitaine au régiment de Beauvoisis, blessé à la bataille de Rosback en 1757.

3173. CHAMBEAU (le s^r de), cornette au régiment d'Archiac-cavalerie, blessé à la bataille de Minden en 1759.

3174. CHAMBELLAN (Pierre), seigneur du Genetoy, tué au siége de la Fère, en 1596.

3175. CHAMBELLAN GRATTON, lieutenant de frégate du port du Havre, mort au Cap, commandant l'*Aimable*, le 9 janvier 1714.

3176. CHAMBELLÉ (le s^r de), chevalier de Saint-Louis et lieutenant de vaisseau, blessé à la jambe dans un combat du comte de Guichen, près la Martinique, contre l'admiral Rodney, en 1780.

3177. CHAMBERT (Bertrand), seigneur de Bisanet, capitaine d'une compagnie, fut blessé de deux coups de pistolet et d'un coup d'arquebuse et mourut de ses blessures six jours après, d'après une attestation du vicomte de Joyeuse du 5 mars 155. (1556).

3178. CHAMBERTRAND (de), capitaine de vaisseau, noyé.

3179. CHAMBES (Jean de), seigneur de Vilhonneur, chevalier, *très-grand capitaine*, dit du Bouchet, fut tué à la bataille de Poitiers en 1356.

3180. CHAMBES (Charles de), comte de Montsoreau, baron de Poute, chevalier des ordres du roy, gentilhomme ordinaire de sa chambre, conseiller en son conseil privé, capitaine de 50 hommes d'armes de ses ordonnances, maréchal de ses camps et armées, gouverneur de Fontenoy-le-Comte chambellan du duc d'Alençon, fut blessé en 1587 à la bataille de Coutras où il fut même pendant quelque temps confondu avec les morts et mourut en 1621.

Tallemant des Réaux a consacré sa 394e *Historiette* à René de Chambes, comte de Montsoreau, fils de celui-ci. Nous y renvoyons le lecteur, nous contentant de rappeler que ce Charles de Chambes dont il est question ici est précisément celui qui tua Bussy d'Amboise, et qui donna lieu au célèbre roman d'Alexandre Dumas, *La Dame de Montsoreau*.

3181. Chambes (le sr de), porte-drapeau au régiment de Béarn, blessé dans une sortie, à Lintz, le 16 janvier 1742.

3182. Chamberant (N..... de), seigneur d'Armantis, capitaine au régiment de Beaujolois, tué à l'armée.

3183. Chambin (le sr de), enseigne au régiment d'Enghien, tué au siége de Fribourg en 1644. (*Mercure* de 1644.)

3184. Chamblain (le sr de), officier au régiment de Fleury, fut grièvement blessé à la bataille de Dettingen, en 1743.

3185. Chambly (Grismouton de), chevalier, tué à la bataille de Poitiers en 1356.

C'étoit probablement le sobriquet sous lequel il étoit connu dans les annales d'Aquitaine, imprimées à Paris en 1644 : il y est nommé *Messire Grismouton* de Chambly.

3186. Chambly (Pierre de), son frère, chevalier, tué à la même bataille (même sobriquet), même réflexion.

3187. Chambou (le sr de), chevalier de Saint-Louis, capitaineaux gardes-françoises, blessé à la bataille de Dettingen en 1743.

3188. Chambon (Joseph de), seigneur de Beaumont de Lisac et chevalier de Saint-Louis, major et commandant à la Fère, reçut trois blessures aux siéges de Namur et d'Ath et en resta estropié du bras droit : il mourut en 1744.

3189. Chambon (le sr de), lieutenant au régiment de Cambresis, blessé au siége de Savannah en 1779.

3190. Chambon-de-la Barthe (Julien de), chevalier de Saint-Louis, colonel-directeur et commandant général de l'artillerie aux îles du Vent, puis au Havre et maréchal de camp, reçut plusieurs blessures, une entre autres d'un boulet de canon, au siége de Bruxelles en 1746 : il mourut en 1789.

3191. CHAMBONNEAU (le s^r de), capitaine au régiment de Navarre, tué au siége de Pavie en 1525.

3192. CHAMBORANT (Imbert de), écuyer, tué à la bataille de Poitiers en 1356.

3193. CHAMBORANT (Jacques de), sieur de Chamblet, mort au siége de Corbie, en 1636, des blessures qu'il y reçut.

3194. CHAMBRE (Joseph de), déclare dans son testament du 16 juin 1594, que le *mardi précédent, étant en son devoir au fort des armes sous la charge de Monsieur le maréchal de Byron (Biron) de la compagnie duquel il étoit, il avoit été outrageusement blessé d'un coup d'arquebusade au travers du corps en une attaque que les ennemis firent sur l'armée du roy.*

3195. CHAMBRE (Mathieu de), capitaine au régiment de Gatinois, tué au service après l'an 1706, date d'un testament militaire qu'il fit.

3196. CHAMBRE (le s^r de la), lieutenant au régiment d'Escars, blessé à la bataille de Rosback en 1757.

3197. CHAMFOURT (le s^r de), gendarme de la garde du roy, blessé à la bataille de Dettingen en 1743.

3198. CHAMILLART (Guy), capitaine aux gardes-françoises, tué à l'attaque de Valcour en 1689.

3199. CHAMP-DE-LA-GENESTE (Raimond du), chevalier de Saint-Louis, lieutenant-colonel et sous-directeur de l'artillerie à Marseille, fut grièvement blessé d'un coup de feu à l'épaule gauche au siége de Prague en 1742.

3200. CHAMPAGNAC (le chevalier de), tué au siége d'Épinal en 1670.

3201. CHAMPAGNAC (Armand, chevalier de), chevalier de

Saint-Louis, capitaine au régiment de Boulonois, perdit un bras à l'affaire de Saint-Cast en 1758, quitta le service en 1769.

3202. CHAMPAGNE (Jean, sire de), seigneur de Parcé de Pescheseul, tué à la bataille de Cocherel en 1364.

3203. CHAMPAGNE (Thibaud de), son frère, tué à la même bataille.

3204. CHAMPAGNE (Jean, sire de), de Lonvoison, de Parcé de Pescheseul, mort à Angers le 27 janvier 1436, père des sept enfants ci-après.

3205. CHAMPAGNE (Jean, sire de), tué à la bataille de Cocherel.

3206. CHAMPAGNE (Baudoin de), tué à la même bataille.

3207. CHAMPAGNE (Brandelis de), tué à la même bataille.

3208. CHAMPAGNE (Hardouin de), tué à la même bataille.

3209. CHAMPAGNE (Thibaud de), tué à la même bataille.

3210. CHAMPAGNE (Mathieu de), tué à la même bataille.

3211. CHAMPAGNE (Louis de), chevalier, tué à la même bataille.

3212. CHAMPAGNE (Brandelis de), baron de la Suze, chevalier de l'ordre du Croissant, conseiller chambellan ordinaire du roy, capitaine de cent hommes d'armes de ses ordonnances, sous lieutenant général en Artois, gouverneur de Saumur, sénéchal du maire du Perche et de Laval, fut dangereusement blessé à la bataille de Saint-Aubin-du-Cormier en 1488.

3213. CHAMPAGNE (Guy de), de Ravault, de Bonnefontaine et de la Roche-Simon, colonel de 600 hommes de pied, mort des blessures qu'il reçut à la bataille de Pavie en 1525.

3214. CHAMPAGNE (Nicolas de), seigneur de Morsias, homme d'armes de la compagnie d'ordonnance du seigneur de Beauvois, fut tué à la bataille de Dreux en 1562.

3215. CHAMPAGNE (Louis de), comte de la Suze, chevalier des ordres du roy, conseiller en son conseil privé, capitaine de 10 lances de ses ordonnances, gentilhomme ordinaire de sa chambre, fut blessé en 1569 aux batailles de Jarnac et de Montcontour et fut tué à la bataille de Coutras, en 1587.

3216. CHAMPAGNE (Gaspard de), comte de la Suze, lieutenant général des armées du roy, commandant en Alsace, gouverneur de Delle, de Belfort, fut blessé en 1644 dans une action contre les Espagnols où il fut vainqueur et mourut en 1694.

3217. CHAMPAGNE (François-Marie de), marquis de Normandie, aide de camp de M. le Prince, tué à la bataille de Lens, en 1648.

3218. CHAMPAGNE (Louis de), son frère, marquis de Lussigny, tué à la même bataille, y servoit comme volontaire.

3219. CHAMPAGNE (Olivier de), capitaine au régiment de la Ferté-cavalerie, tué à la bataille de Rethel en 1650.

3220. CHAMPAGNE (le s^r de), ingénieur, fut blessé d'un coup de mousquet à la cuisse au siége de Thionville en 1643 : il est dit aussi capitaine au régiment de Picardie.

3221. CHAMPAGNE (René de), garde de la marine, tué au combat de Melogue en 1704.

3222. CHAMPAGNE (Charles de), son frère, seigneur de la Pommerague, chevalier de Saint-Louis, commandant l'artillerie dans les provinces de Bourgogne, de Gex, de Bugey, de Gex et de Valromey, puis à Aire, à Strasbourg, à Nancy, à Hagueneau et enfin à Auxone, blessé au siége de Chivas en 1705, mourut à Auxone le 25 janvier 1738.

3223. CHAMPAGNE (Isaac de), autre frère, tué en 1711, à la prise de Rio-Janeiro, au Brésil.

3224. CHAMPAGNE (René-François, dit le marquis de), vicomte de Perrière, chevalier de Saint-Louis, chef de brigade au corps royal d'artillerie, fut blessé à la tête, d'un coup de fusil, au siége de Berg-op-Zoom en 1747, et obtint en 1779 une pension de retraite de 1.500 francs.

> Nous ne savons distinguer dans tous ces guerriers du même nom, ceux qui se rattachent à l'ancienne maison des comtes de Champagne ; non plus ceux que M. le marquis de Champagne, encore existant aujourd'hui, peut revendiquer comme siens.

3225. CHAMPAGNOLS (le sr de), lieutenant au régiment de Champagne, tué au siége de Lérida en 1646.

3226. CHAMPEAUX (Andoche), capitaine au régiment de Nice, blessé au siége de Philisbourg, mourut le 26 septembre 1789.

3227. CHAMPEAUX (Joseph de), son frère, capitaine au même régiment, tué à la bataille de Laufeldt, en 1747.

3228. CHAMPEAUX (Jean-Baptiste de), chevalier de Saint-Louis, d'abord lieutenant au même régiment, puis premier capitaine dans celuy de roy-dragons, fut blessé à l'affaire de Zizomberg de dix coups de sabre et fut même pendant quelque temps confondu parmi les morts sur le champ de bataille : il quitta le service en 1784.

> Les Champeaux du Limousin portoient : d'argent à la bande de gueules, au chef de sable, chargé de trois losanges du champ — ceux de Champagne et Bourgogne; d'or à la bande de sable, chargée de trois besans du champ, et accompagnée de deux croix pattées de gueules.

3229. CHAMPELAIS (le sr de), capitaine au régiment de Normandie, blessé au siége de Grave en 1674.

3230. CHAMPFOURT (de). V. de Chamfourt.

3231. CHAMPIGNY (de), enseigne de vaisseau du port de Toulon, mort sur le *Solide*, commandé par M. de Champigny, le 13 avril 1687.

3232. CHAMPIGNY DE NOROY, frère de l'intendant, mort à Brest, commandeur.

> Il fut détaché sur une chaloupe pour aller brûler une batterie de 14 canons, vis-à-vis la porte de Malaga, il y fut blessé. M. de Tourville commandoit sur le *Juste* en 1693.

3233. CHAPIZEAUX, enseigne de vaisseau du port de Brest, périt commandant l'*Arcachon*, le 25 septembre 1745.

3234. CHAMPLAIS DE COURCELLES (Jacques-Marie de), capitaine au régiment de Boucleur, conseiller et chevalier de Saint-Louis, blessé à l'épaule gauche à la bataille de Rosback en 1757 : reçut encore trois blessures au corps et quatre coups de sabre sur la tête au combat de Warbourg en 1760; dans cet état il fut renversé et perdit connoissance et son cheval fut tué au même instant d'un coup de pistolet, à bout touchant.

3235. CHAMPMARTIER (le s^r de), chevalier de Saint-Louis et capitaine de vaisseau, blessé au combat du 15 septembre 1781 devant la baye de Chesopeach, entre le comte de Grasse et l'amiral de Howe : il eut une contusion au bras gauche sur le *Duc-de-Bourgogne*, au combat de ce même général contre l'amiral Rodney, au mois d'aout 1782.

3236. CHAMPRECOURT (le seigneur de), chevalier, tué à la bataille de Poitiers, en 1356.

3237. CHAMPRENARD (Joseph-Taxis de), chevalier de Saint-Louis, capitaine des grenadiers au régiment d'Auvergne, puis chef de bataillon dans ceux de Touraine et de Savoye-Carignan avec rang de major, fut blessé à la bataille de Cony, gagnée par le prince de Conti sur le roi de de Sardaigne, en 1744.

3238. Champs (le s^r de), officier au régiment du jeune Stuppa, suisse, tué à la bataille de Steinkerque en 1692.

3239. Champugné de la Guérinière, enseigne de vaisseau du port de Rochefort, mort à Rio-Janeiro sur l'*Aigle*, commandé par M. de la Marre de Caen, le 29 octobre 1711.

3240. Chanal (Jean), au régiment de la Grange, fut blessé d'une mousquetade au siége de l'Isle, sur la frontière du comté de Bourgogne, et mourut de ses blessures (*Histoire de Bresse*, par Guichenon, Lyon 1650).

3241. Chanal, frère consanguin du précédent auquel il fut substitué, blessé dans la même affaire.

3242. Chandleu de Villars (Samuel de), de Lauzanne, au canton de Berne, capitaine aux gardes-suisses, mourut à Paris en 1679 des suites d'une blessure qu'il reçut au siége de Saint-Guislain, au mois de décembre 1677.

3243. Chandenier (le seigneur de), que l'on présume être de la maison de Rochechouart, fut tué à la défaite des François, près de Cérignole en 1503.

3244. Chancel de la Grange (Anne-François), lieutenant de grenadiers au régiment de Chartres, blessé à la bataille de Guastalla en 1734, mourut le 1er juillet 1743 des blessures qu'il reçut à celle de Dettingen.

3245. Changy (le s^r de), officier au régiment de Normandie, blessé au siége de Grave en 1674.

3246. Chantecy (Jean, baron de), chevalier de l'ordre du roy, gentilhomme ordinaire de sa chambre, écuyer de son écurie, lieutenant de cent hommes d'armes de ses ordonnances, conseiller d'Etat d'épée, capitaine des gardes du duc d'Elbœuf et d'une compagnie de cent chevau-légers, gouverneur de la forteresse de Talan, sous Dijon, et d'Ascous-sur-

Loir, fut blessé d'un coup de pistolet à la défaite des reitres,
à Auneau en 1587 et mourut à Paris le 2 décembre 1636,
âgé de 85 ans.

3247. CHANNE DE VEZANNE (le s^r de), chevalier de Saint-
Louis, aide-major en chef des chevau-légers de la garde et
maréchal de camp en 1759, fut blessé à la bataille de Dettingen en 1743.

3248. CHANTECLER (le s^r de), prêtre et commandant quelques soldats du parti du roy à la prise de Luçon en 1568 par
les protestants, eut la main gauche emportée d'un coup de
canon, d'après « de Thou qui ajoute qu'il étoit si adroit de
l'autre main, qu'il ne manquoit jamais de tuer tous ceux
qu'il tiroit, pourvu qu'il put les voir. On le prit enfin, on
l'étrangla en ajoutant l'insulte à l'inhumanité, on le traita
très-ignominieusement devant et après sa mort. »

3249. CHANTELOUP DE TUYA (Jean-Baptiste de), chevalier de
Saint-Louis, officier au régiment de Berry-cavalerie, blessé
d'un coup de feu au bras gauche à la bataille de Fontenoy, en
1745.

3250. CHANTENOY (le s^r de), brigadier des gendarmes de la
garde, blessé au combat de Leuze en 1692.

3251. CHANTEPIE (Jean de), chevalier, fut tué devant la
ville de Caen à la poursuite des Anglois, d'après une attestation expédiée le 28 décembre 1472 par le duc d'Alençon,
portant de plus qu'il l'avoit choisi précédemment pour faire
quelqu'entreprise sur ceux qui tenoient en leur obéissance le
mont Saint-Michel.

3252. CHANTEPIE (Guillaume), tué à la bataille de Montcontour en 1569.

3253. CHANTEPIE (Hervé de), seigneur de la Fosserie de
Lescontondrie et capitaine au régiment royal des vaisseaux,

blessé au combat de Senef en 1674; le fut encore au siége de Namur.

3254. CHANTEPIE (N... de), lieutenant de grenadiers au régiment de Béarn, blessé au combat de Warbourg en 1760, le fut encore à la bataille de Johansberg en 1762.

3255. CHANTEPIE (Philippe de) son frère, capitaine au même régiment, puis capitaine aide-major de celui de Thorigny, tué au siége de Béthune en 1760.

Famille de Normandie.

3256. CHANTERELLES (le s^r de), officier au service du roy, blessé en 1586 dans une action contre les huguenots, mourut peu de temps après de ses blessures (de Thou).

3257. CHANTOIS (le s^r de), lieutenant aux gardes-françoises, tué au siége de Candie en 1669.

3258. CHANTOIS (le s^r de), chevalier de Saint-Louis, capitaine des grenadiers au régiment de Piémont, blessé à la bataille de Malplaquet en 1709, fut tué au siége de Ribourg en 1713.

3259. CHANTOIS (le s^r de), chevalier de Saint-Louis, capitaine de grenadiers au même régiment, tué à l'attaque des Trois-Fontaines, en investissant la ville de Bruxelles en 1746.

3260. CHANTRADEUX DE PRUGERS (François-Marie), chevalier de Saint-Louis, capitaine de grenadiers au régiment de Rohan depuis Béarn, blessé à la bataille de Dettingen en 1743 et au siége d'Hulst en 1747.

3261. CHANTRE (le s^r le), capitaine au régiment d'Aunis, mort à la guerre d'Italie en 1734.

3262. CHAPEL (Louis), tué au siége de Philisbourg en 1734.

3263. CHAPEL (Jaques), son frère, tué devant Casal.

3264. CHAPELLE (le s^r Fontaine de), lieutenant de frégate, tué sur la *Capricieuse* le 4 juillet 1780 en sortant de l'Orient dans un combat contre deux frégates angloises.

3265. CHAPELLE (René de la), seigneur de la Roche-Giffart, chevalier de l'ordre du roy, brave officier, dit de Thou, qui avoit toujours servy le roy avec beaucoup d'ardeur, et qui fut tué au siége de Fougères en 1595.

3266. CHAPELLE (le seigneur de la), tué au combat d'Aumale en 1592.

3267. CHAPELLE (le s^r de la), capitaine au régiment de Piémont, tué en 1622 à la prise de Bédarieux.

3268. CHAPELLE (Henry de la), marquis de la Roche-Giffart, chevalier de l'ordre du roy et mestre de camp d'un régiment d'infanterie, fut tué en 1622, à Paris, au combat de la porte Saint-Antoine.

3269. CHAPELLE (le s^r de la), blessé au siége de Bois-le-Duc en 1629. (*Mercure* de 1629.)

3270. CHAPELLE (le s^r de la), officier au régiment de Normandie, tué au siége de Grave en 1671.

3271. CHAPELLE (le s^r de la), mousquetaire de la garde du roy, tué au siége de Mons en 1694.

3272. CHAPELLE (le comte de la), mestre de camp du régiment de Bourbon, tué dans une escarmouche pendant le siége de Namur en 1692.

Plusieurs maisons de ce nom, et qui subsistent encore.

3273. CHAMPELLIÈRE (le s^r de la), exempt des gardes-du-corps, blessé au combat de Senef en 1674. (V. de Chappellier.)

3274. CHAPERON (Jacques), chevalier de Saint-Louis, lieutenant au régiment de la reine-cavalerie, reçut plusieurs blessures au service, sous Louis XV.

3275. CHAPIGNON (le s^r de), lieutenant au régiment de Piémont, blessé à Calcinato, le 19 avril 1706.

3276. CHAPONAY (Nicolas de), seigneur de l'isle Fiézins, de l'isle Méau et chevalier de l'ordre du roy, gentilhomme ordinaire de sa chambre, écuyer de sa grande écurie et lieutenant d'une compagnie de 300 hommes d'infanterie, fut blessé d'une arquebusade à la cuisse au siége de Mailly-la-Ville près d'Auxerre et mourut le 12 octobre 1615, âgé de 76 ans.

3277. CHAPONAY (François de), seigneur de Fiézins, tué en Allemagne servant sous M. de Turenne.

3278. CHAPOTON (le s^r de), lieutenant de grenadiers au régiment de Belsunce, blessé à la cuisse à la bataille d'Hastembeck en 1757.

3279. CHAPPELLIER (le s^r de), exempt des gardes-du-corps, blessé au siége de Maestrick en 1673. Voyez cy devant le nom de la Chapellière, qui pourroit être le même.

3280. CHAPPUIS (Pierre-Vital), capitaine au régiment d'Auvergne, blessé à la bataille de Parme en 1734, mourut en 1753.

3281. CHAPPUIS DE CLERIMBERT (le s^r), chevalier de Saint-Louis, lieutenant de vaisseau, fut blessé à la main droite sur *le Diadème*, dans le combat du comte de Grasse contre l'amiral Rodney, au mois d'avril 1782.

3282. CHAPT DE RASTIGNAC (Louis), seigneur de Siourac, homme d'armes des ordonnances du roy, tué au siége de Mucidan en 1569.

3283. CHAPT DE RASTIGNAC, (Antoine), seigneur de Brignac et de Laxion, aussy homme d'armes des ordonnances du roy, mort d'un coup d'arquebuse qu'il recut en 1579, commandant alors la noblesse du Périgord contre les religionnaires.

3284. Chapt de Rastignac (Raimond), seigneur de Messilac, chevalier des ordres du roy, gentilhomme ordinaire de sa chambre, conseiller en son conseil privé, capitaine de 50 hommes d'armes de ses ordonnances, gouverneur d'Aurillac, grand Bailly, gouverneur et lieutenant général de la Haute-Auvergne, fut tué d'un coup de fauconneau par une main ennemie le 25 janvier 1596, à la Fère, où il étoit allé pour traiter de quelques affaires avec le roy.

3285. Chapt (le chevalier de), blessé de deux coups de sabre dans l'armée du Haut-Rhin à l'attaque de Bernsfeldt, le 23 août 1732.

3286. Chapus (Joseph de), aide des camps et armées du roy et lieutenant-colonel du régiment de Créquy-cavalerie, reçut quatorze blessures et eut quatre chevaux tués sous lui dans les guerres de Louis XIV, d'après les attestations qui lui en furent délivrées.

3287. Charencey (le sr de), capitaine, tué à la bataille de Minden en 1759.

3288. Charbonnier de Longes (Guillaume-Anselme de), lieu-tenant-colonel du régiment de Chartres et inspecteur géné-ral d'infanterie, tué à la bataille de Nerwinde en 1693.

3289. Charbonnieres (le sr de), lieutenant au régiment de Navarre, tué à la bataille de Dettingen en 1743.

3290. Charcin (le sr de), officier au régiment de Picardie, fut dangereusement blessé à la bataille de Ramillies en 1706.

3291. Chardebeuf de Pradel (Jean-Louis, comte de), cheva-lier de Saint-Louis, lieutenant-colonel en 2e du corps des ca-rabiniers, puis lieutenant général des armées du roy, blessé à la bataille de Minden en 1759 d'un coup de feu au bras.

3292. Chardier (Jean-Pierre), chevalier de Saint-Louis, offi-

cier de grenadiers au régiment Bourbonnois, puis capitaine
dans celuy de Forez, blessé au combat de Warbourg en 1760,
obtint sa retraite en 1777.

3293. CHARDON (le s^r de), lieutenant du baron d'Assonville,
tué en 1587 dans une affaire contre les protestants (de Thou.)

3294. CHARDON (le s^r de), chevalier de Saint-Louis, capitaine aux gardes-françoises, mort des blessures qu'il reçut à
la bataille de Malplaquet en 1709.

3295. CHARDOUILLET (Cristophe), chevalier de Saint-Louis,
capitaine au régiment royal-Bavière, quitta le service en 1759
à raison de ses blessures.

3296. CHARENVILLE, enseigne de vaisseau, mort lieutenant
du roy à Cayenne le .... 1730.

3297. CHARGERES (Antoine-Joseph de), eut un bras emporté
à la bataille de Wurtemberg, sous Louis XV.

3298. CHARGERES (Jaques de), son frère, tué au service du
roy, dans l'Inde.

3299. CHARM (le s^r), lieutenant au régiment royal des vaisseaux, tué au siége de Maestrick en 1748.

3300. CHARITE (de), lieutenant de vaisseau du port de Rochefort, mort à Saint-Dominique le 1er avril 1698.

3301. CHARLES DE GERMAY (Louis-Léopold) lieutenant au régiment de Belsunce, blessé à la poitrine à la bataille de Lutzelberg en 1758.

3302. CHARLET (Etienne), capitaine au régiment de Navarre,
tué d'un coup de canon au siége d'Armentières en 1647.

3303. CHARLEVOIS (le s^r), blessé d'une mousquetade à la
cuisse, au siége de Rothwiel en 1643. (*Mercure* de 1643.)

3304. CHARLOGNE (le s^r de), lieutenant au régiment de Piémont, tué à la prise d'Yvrée en 1704 par M. de Vendôme.

3305. Charlot (le s^r), lieutenant au régiment de Touraine, tué à la bataille de Minden en 1759.

3306. Charlot (Benoit, dit *le chevalier*), chevalier de Saint-Louis, capitaine de dragons attaché à la légion de Lorraine, obtint une pension du roy en 1780, motivée sur la blessure qu'il avoit reçue au siége de Cracovie.

3307. Charlot de Grandvel, chef de brigade, enseigne de vaisseau du port de Brest, mort sur *l'Orox* le 1er février 1739.

3308. Charly (le chevalier), chevalier de Saint-Louis, ancien officier au régiment de la Rochefoucauld, depuis major de celui de Lorraine-dragons, fut blessé de deux coups de feu à la cuisse, à la bataille de Minden en 1759.

3309. Charmagnon (de). Voy. de Chamargnon.

3310. Charmant (le s^r de), brigadier des chevau-légers de la garde du roy, blessé à mort au siége de Mons en 1691.

3311. Charmes (le s^r de), lieutenant dans les chasseurs de Monet, blessé à la journée de Grebenstein, le 24 août 1762.

3312. Charmois (le s^r de), chevalier de Saint-Louis, ancien lieutenant au régiment d'Aquitaine, puis capitaine au régiment des chasseurs à cheval et ensuite dans celui des Ardennes, fut blessé le 24 août 1762 à la journée de Grebenstein.

3313. Charmolue (Antoine), capitaine au régiment d'Espagny, tué au siége de Montmédy en 1657.

3314. Charmolue (Jacques-Marie), son frère, capitaine au même régiment, tué au service, en 1664, en Hongrie et probablement au combat de Saint-Godard.

3315. Charmont (le s^r de), lieutenant au régiment de Vermandois, tué au siége du fort Saint-Philippe en 1756.

3316. CHARMONT (le s^r de), lieutenant au régiment de Berry, blessé à l'affaire du Carillon, en Canada, en 1758.

3317. CHARNACÉ (Hercules, baron de), chevalier de l'ordre du roy, gouverneur de Beaumont en Argonne, ambassadeur près des Provinces-Unies, en Suède et en plusieurs autres cours de l'Europe, tué au siége de Bréda en 1637, où il commandoit les troupes du roy.

3318. CHARNACÉ (le s^r de), lieutenant au régiment de Mailly, tué au siége de Mons en 1746.

Le nom de cette famille est GÉRARD DE CHARNACÉ. — Le *Cabinet historique* a donné, t. 4, p. 228, une notice sur le fameux Hercule, baron de Charnacé. Il semble qu'il existe encore plusieurs branches de cette maison. Saint-Allais en a donné la généalogie.

3319. CHARNIÈRE (le seigneur de la), tué dans une attaque en 1590.

3320. CHARNIÈRES (René de), seigneur de Charnières, chevalier de l'ordre du roy, blessé au siége de Marvèges en 1586 (de Thou).

3321. CHARNY (Geoffroy de), chevalier, seigneur de Pavoisy et de Lirey, porte-oriflamme de France, conseiller, chambellan ordinaire du roy, capitaine général des guerres en Picardie et sur les frontières de Normandie, fut tué à la bataille de Poitiers en 1356, et le roy, par honneur pour sa mémoire, lui fit faire de magnifiques obsèques dans l'église des Célestins de Paris.

3322. CHARPENTIER (le s^r), capitaine au régiment de Piémont, blessé à la bataille de Malplaquet en 1709 et à la défense de Douai en 1710.

3323. CHARPENTIER (le s^r), chevalier de Saint-Louis, capitaine aux gardes-françoises, tué à la bataille de Dettingen en 1743.

3324. CHARRIER (Jean), tué au siége de Paris en 1590.

3325. CHARRIER (Jean de), baron de Saudran, en Bresse, seigneur de la Borge, capitaine au régiment de Lorraine, ensuite prévôt des marchands à Lyon en 1671, avoit été blessé au siége de Lérida.

3326. CHARRIER (N..... de), dit *le chevalier de Rigaumont*, capitaine au régiment de Ganges, fut tué au même siége.

3327. CHARRIER (Jean de) son frère, dit *le chevalier de Dancourt*, capitaine au régiment de Fimarcon, tué au siége d'une petite ville en Italie.

3328. CHARRIER (le s^r de), tué à la bataille de Minden en 1759.

3329. CHARRIER-DU-MORTIER (Charles-Louis), chevalier de Saint-Louis, major du régiment de Normandie, brigadier des armées du roy et lieutenant de roy de Saint-Omer, fut dangereusement blessé de deux coups de feu à la bataille de Clostercamps en 1760, et mourut en 1784.

3330. CHARRIÈRE (Étienne), porte-drapeau au régiment de royal-vaisseau, reçut plusieurs blessures au service qu'il quitta en 1777.

3331. CHARRIN-DE-LA-DEVÈZE (Paul de), chevalier de Saint-Louis, ancien officier au régiment de Touraine, puis capitaine dans celui de Savoye-Carignan, fut blessé à la bataille de Minden en 1759.

3332. CHARRON-DU-PORTELIE (le s^r), officier auxiliaire, blessé à la jambe droite sur *le Languedoc* dans le combat du comte de Grasse contre l'amiral Rodney, au mois d'avril 1782.

3333. CHARRY (le seigneur de), fut tué en 1551, à l'entreprise de Zuerasque, en montant le premier à une échelle d'où il fut renversé.

3334. CHARRY (le capitaine) son frère, lieutenant de roy à

Albe, blessé au siége de Saint-Damien en 1552, le fut encore d'une arquebusade à la tête, à celuy de Sienne en 1554 où il donna des marques de la plus grande valeur; il avoit été Enseigne de M. de Monluc qui en parle dans ses mémoires comme d'un des *plus braves, plus sages et mieux advisés capitaines* de son siècle; et dans un autre endroit il ajoute *que cent ans y a ne mourut un plus brave et plus sage ni mieux advisé capitaine de son aage;* on le présume le même que le capitaine Charry qui, aussy d'après Monluc, fut blessé au siége du château de Pène en 1562 et que des bravades firent assassiner en 1563 sur le pont Saint-Michel, parce qu'il refusoit de reconnoître d'Andelot qui étoit colonel général de l'infanterie. Il se nommoit *Laurent de Charry,* mestre de camp des bandes françoises, gentilhomme ordinaire de la chambre du roy et premier capitaine du régiment des gardes; Brave officier, dit aussi de Thou, qui le nomme Jacques Prevot, seigneur de Charry: il ajoute que son meurtrier se nommoit Chasteliers-Portant dont il avoit tué le frère à la Mirandolle. — De Thou se trompe sur son nom de baptême qui étoit bien *Laurent* et non point Jacques.

3335. CHARRY (François de), garde du corps du roy, tué à la bataille d'Oudenarde en 1708.

3336. CHARRY (Pierre de) son frère, garde de la marine, tué au retour de Cadix le 9 janvier 1709.

3337. CHARSÉ (le sr de), chevalier de Saint-Louis, capitaine de grenadiers au régiment de Rohan, tué à la bataille de Dettingen en 1743.

3338. CHARTREIX (Georges de), chevalier de Saint-Louis, lieutenant-colonel du régiment de Piémont, lieutenant de roy de Charlemont, commandant à Givet, puis lieutenant de roy d'Arras et brigadier des armées du roy, blessé au combat de Luzara en 1702, mourut au mois d'août 1731.

3339. CHARTRES (Hector de) *le jeune*, chevalier, seigneur d'Ons-en-Bray, baron du Chêne-Doie, conseiller, maître d'hôtel ordinaire du roy, grand maître des eaux et forêts de Normandie et de Picardie, fut tué avec deux de ses frères à la bataille d'Azincourt en 1415.

3340. CHARTREUX (le sr le), lieutenant au régiment de Piémont, blessé à la bataille de Berghen en 1759.

3341. CHARTROU (le sr), lieutenant au régiment de Condé, tué à la bataille de Minden en 1759.

3342. CHARVILLAC (le sr de), lieutenant aux grenadiers de France, blessé le 24 août 1762 à l'affaire de Grebenstein.

3343. CHASSADE (le sr de la), officier au régiment de Normandie, fut dangereusement blessé à l'attaque de Chivas en 1705.

3344. CHASSAGNE (le sr de la), capitaine au régiment de Normandie, reçut une blessure mortelle au siége de Barcelonne en 1712.

3345. CHASSAGNE (le sr de la), mousquetaire de la garde du roy, blessé au siége de Maestrick en 1673.

3346. CHASSAGNE (Pierre de la), chevalier de Saint-Louis, lieutenant-colonel du régiment de Bretagne et brigadier des armées du roy, tué au combat de Chiari.

3347. CHASSAGNE (Pierre de la), capitaine au régiment de la Marche, blessé à la bataille de Minden en 1759.

3348. CHASSAIGNE (le sr de la), chevalier de Saint-Louis, capitaine de grenadiers au régiment de Normandie, blessé à la bataille de Fontenoy en 1745.

3349. CHASSE (le sr de la), cornette au régiment de Marcieu, tué à la bataille de Minden en 1759.

3350. CHASSEBRAS (Michel), seigneur de Nanteuil, chevalier de l'ordre du roy et capitaine au régiment de Picardie, mort en 1661 des blessures qu'il reçut aux siéges de Dunkerque et de Montmédy.

3351. CHASSENAY (le sr de), gendarme de la garde du roy, blessé au combat de Leuze en 1691.

3352. CHASSENAY (le sr de), capitaine au régiment royal des vaisseaux, blessé au siége de Namur en 1692.

3353. CHASSEPOT (Jean-François de), officier aux gardes-françoises et capitaine, chef du vol du héron de la grande fauconnerie de France, blessé à Oudenarde en 1708.

3354. CHASSEPOT (Jean-François de), baron de Chapelaines et d'Anglure, mousquetaire, puis cornette au régiment de Noailles, fut blessé à la bataille d'Hastembeck en 1757.

3355. CHASSEVILLE (le sr de), chevau-léger de la garde du roy, tué au siége de Mons en 1691.

3356. CHASSY (Guiot de), seigneur du Marais, gentilhomme ordinaire de la maison du roy, tué à la bataille de Montlhéry en 1465.

1357. CHASSY (Guiot de), seigneur du Marais, conseiller, maître d'hôtel ordinaire du roy, tué à la bataille de Fornoue en 1495.

3358. CHASSY (Philibert de), chevalier de Doys, chevalier de Saint-Louis, capitaine au régiment d'Enghien, blessé au bras à la bataille de Minden en 1759, obtint sa retraite en 1774.

> Famille de Berry, Nivernais et Champagne, dont on a la généalogie; — porte: d'azur à la fasce d'or, accompagnée de trois étoiles du même.

3359. CHASTEAUTIER (le sr de), enseigne au régiment d'Enghein, tué au siége de Fribourg en 1644. (*Mercure* de 1644.)

3360. CHASTEIN (le s^r de), mousquetaire de la garde du roy, blessé au siége de Maestrick en 1673.

3361. CHASTELLART (le baron de), tué à la bataille de Marignan en 1515.

3362. CHASTELET-PESSELIÈRE (du), enseigne de vaisseau du port de Brest, périt sur le *Magnanime* le 22 janvier 1712.

3363. CHASTELIER DE VAURÉAL, enseigne de vaisseau, mort à la Martinique, capitaine d'infanterie, le 19 aoust 1723.

3364. CHASTEUIL (le s^r de), capitaine au régiment de Champagne, blessé aux batailles de Fleurus et de Steinkerque en 1690 et 1692.

3365. CHASTREIT (le s^r de), capitaine au régiment de Piémont, blessé au siége de Luxembourg en 1684.

3366. CHARTRIER (le s^r de), capitaine au régiment de Champagne, blessé à la bataille de Fleurus en 1690.

3367. CHAT (Nicolas le), seigneur des Pavillons, premier capitaine au régiment de Champagne et sous-inspecteur [des troupes à Maubeuge, fut forcé de quitter le service pour les blessures très-graves qu'il avoit reçues dans les guerres de Louis XIV.

3368. CHATAIGNERAYE (de la). V. de la Chatesgneraye.

3369. CHATAL (le s^r), lieutenant de grenadiers au régiment royal, blessé d'un éclat de bombe au visage, au siége du fort Saint-Philippe en 1756.

3370. CHATAURIE (le s^r de la), lieutenant au corps royal d'artillerie et du génie, blessé à la bataille de Rosback en 1757.

3371. CHATEAU (le s^r du), lieutenant des grenadiers royaux de Narbonne, blessé d'un coup de canon au pied à la bataille de Minden en 1759.

3372. CHATEAU (du), enseigne de vaisseau du port de Toulon, mort sur *le Léopard*, le 23 mars 1741.

3373. CHATEAUBADEAU (Sébastien de), seigneur de Chaulx, chevalier de l'ordre du roy, gentilhomme ordinaire de sa chambre et lieutenant de 50 lances de ses ordonnances, tué au siége de Chartres en 1568 : ce doit être lui sous le nom de *capitaine de Chaux*, qui avoit été blessé d'une arquebusade à un bras, au siége de Boulogne en 1545.

3374. CHATEAUBOURG (le sr de), chevalier de Saint-Louis, lieutenant-colonel du régiment de Picardie, blessé au combat d'Oudenarde en 1708 et au siége de Bouchain en 1711.

3375. CHATEAUBRIANT (le seigneur de), tué en 1347, au combat de la Roche-de-Rien contre les Anglois.

3376. CHATEAUBRIANT (Philippe de), seigneur des Roches Baritant, comte de Grassay, chevalier de l'ordre du roy, capitaine de cent hommes d'armes de ses ordonnances et gouverneur de Fontenoy-le-Comte, fut blessé d'un coup d'arquebusade au-dessus de la cheville du pied au siége de Poitiers en 1569.

3377. CHATEAUBRIANT (Philippe de), comte des Roches-Baritant et de Grassay, mestre de camp d'un régiment de cavalerie, tué à la bataille de Lérida en 1642.

La généalogie de cette maison a été publiée par M. Raousset-Boullbon, 1841.

3378. CHATEAUBRUN (le seigneur de), tué à la journée des Harengs en 1429.

3379. CHATEAUBRUN (le sr de), lieutenant au régiment de Bourbonnois, blessé au siége de Mayence en 1689.

3380. CHATEAUGIRON (Patry de), chevalier, seigneur de Châteaugiron, tué à la journée du Mont-Saint-Michel, le 17 avril 1427.

3381. CHATEAUMORANS (le marquis de), du port de Pl..., capitaine de vaisseau, mort à la Havane, commandant *le Hazardeux*, le 20 juin 1702.

3382. CHATEAUNEUF (Hugues et Jean de), chevaliers, père et fils, moururent des blessures qu'ils reçurent au siége de Damiette en 1249.

3383. CHATEAUNEUF (le seigneur de), tué dans une attaque en Limousin en 1592.

3384. CHATEAUNEUF (Hugues de), tué au siége de Perpignan, probablement à celuy de 1642.

3385. CHATEAUNEUF (Charles de), marquis de Rochebrune, exempt des gardes du corps du roy, chevalier de Saint-Louis, depuis mestre de camp du régiment de la reine-cavalerie, tué en 1707 à la bataille de Malplaquet où il commandoit le régiment de Villeroy-cavalerie.

3386. CHATEAUNEUF (le s^r de), capitaine au régiment de Berry, blessé en 1758 à l'affaire de Corillon, en Canada.

3387. CHATEAUNEUF-DE-RANDON (Jean de), dit *le chevalier du Tournel*, capitaine au régiment de Conti, tué au combat de Senef en 1674.

Les Châteauneuf-de-Randon ont leur généalogie, *Paris*, 1760, in-4°.

3388. CHATEAUREGNAULT (le marquis de), du port de Toulon, capitaine de vaisseau, mort à Malaga de sa blessure sur *l'Oriflamme* qu'il commandoit, le 4 septembre 1704.

3389. CHATEAUREGNAULT (le chevalier de), enseigne de vaisseau du port de Brest, tué sur *l'Oriflamme*. Commandé par M. de Châteauregnault, le 24 août 1704.

3390. CHATEAURIVET (le s^r de), maréchal des logis des gendarmes de la reine, tué en 1744 à l'attaque des lignes de Wissembourg.

3391. CHATEAUROUX (le sr de), garde de la marine, blessé au combat du comte de Grasse en Amérique au mois de décembre 1781.

3392. CHATEAUVIEUX (Joachim de), baron de Verjou, comte de Confolens, chevalier des ordres du roy, gentilhomme ordinaire de sa chambre, conseiller en son conseil privé, capitaine de ses gardes du corps et de 50 hommes d'armes de ses ordonnances, chevalier d'honneur de la reine, gouverneur de la Bastille, bailly de Bresse et de Bugey : doit être le même que M. de *Chateauvieux* dont parle de Thou, comme ayant été blessé au siége de la Rochelle.

3393. CHATEAUVIEUX (le sr de), mousquetaire de la garde du roy, tué à la bataille de Dettingen en 1743.

Les Châteauvieux de Bretagne portoient : de gueules au château d'or.

3394. CHATEAUVILAIN (Jean de), sans doute issu des seigneurs de ce nom en Champagne, chevalier, tué à la bataille de Poitiers en 1356 *la Chronique de Flandres* le nomme *de Castiavillain*).

3395. CHATEIGNER (Jean), seigneur de la Roche-Posay, et baron de Preuilly, chevalier de l'ordre du roy, l'un de ses chambellans, gentilhomme ordinaire de sa chambre et grand maître des eaux et forêts du Bourbonnois, reçut en 1522 à l'attaque de Pavie, étant alors guidon de la compagnie des gendarmes du grand maître de France, un coup d'arquebuse à la jambe dont il resta boiteux toute sa vie : il mourut le 1er juin 1567.

De Thou cite un seigneur de la Roche-Posay qui fut tué au siége de Metz en 1552, cependant l'histoire de cette maison n'en fait point mention.

3396. CHATEIGNER DE LA ROCHE-POSAY (Roch), seigneur de Touffou, chambellan et gentilhomme ordinaire de la chambre du roy, écuyer de son écurie, capitaine de cent chevau-légers, gravement blessé luy et son cheval dans une sortie de la ville de la Mirandole en 1552, le fut encore à la jambe, dans une autre sortie et en demeura boiteux jusqu'à sa mort. A la bataille de Renty en 1554, il eut un cheval tué sous luy, étant au pont d'Asture ; il attaqua les ennemis si avant qu'il reçut à la cuisse gauche un coup d'arquebuse qui le mit en danger de mort; il fut aussi grièvement blessé dans un combat contre les Espagnols à Julia Nova : et ayant été envoyé ensuite à Ascoli pour défendre cette ville contre les forces du duc d'Albe, il y reçut encore trois blessures à la tête, à la main et à la cuisse : finalement il termina glorieusement sa vie au siége de Bourges en 1562, atteint d'une mousquetade dont il mourut, âgé seulement de trente-cinq ans.

3397. CHATEIGNER (Léon), servoit dans la compagnie du seigneur de Montpezat, lors qu'il fut tué en 1553 dans un combat près d'Amiens contre les impériaux.

3398. CHATEIGNER (Antoine), seigneur de l'isle Bapaume, enseigne de la compagnie des gendarmes du seigneur d'Essé, fut tué au siége de Térouenne en 1553, à l'âge de 22 ans, au moment où il enlevoit le drapeau d'un porte-enseigne qu'il avoit terrassé.

3399. CHATEIGNER (Louis), seigneur de Rouvre, blessé d'un coup de canon à la défense du château de Poitiers assiégé en 1569 par l'amiral Châtillon, mourut de cette blessure le 15 août de cette même année.

3400. CHATEIGNER (Jean), seigneur de la Gabilleve, blessé d'une arquebusade à une entreprise que le seigneur de Lancôme fit sur Saint-Jean-d'Angély, sous Charles IX : mourut peu de jours après des suites de sa blessure.

3401. CHATEIGNER (François), seigneur d'Andonville, tué d'une arquebusade au siége de la Rochelle en 1573.

3402. CHATEIGNER (Henry), baron de Malval, capitaine d'une compagnie de chevau-légers, ayant attaqué en 1591 une compagnie d'arquebusiers des ligueurs de Poitiers entre Chauvigny-le-Sec et Milly en Mirebalais, il reçut trois arquebusades dans la hanche dont il mourut sur-le-champ, à l'âge de 22 ans.

3403. CHATEIGNER (Jeannet), seigneur de Molante, tué dans un combat devant la Rochelle au mois de février 1626 pendant le blocus de cette ville.

3404. CHATEIGNER (Charles), seigneur d'Albain, marquis de la Roche-Posay, fut blessé de l'éclat d'un canon au combat de Veillane en 1630.

3405. CHATEIGNER (Henry), étant employé dans l'armée du roy au voyage de Lorraine en 1633, lors du siége de Nancy, se noya en passant la Meuse à cheval: il fut le seul de sa troupe qui périt de cette manière.

3406. CHATEIGNER (François), seigneur d'Argeville, capitaine au régiment du Languedoc, eut une jambe fracassée d'un coup de mousquet au siége de Salées en 1639.

3407. CHATEIGNER (Daniel), tué dans les guerres de Louis XIV.

3408. CHATEIGNER (François-Xavier), capitaine au régiment d'Auvergne, tué à la bataille de Clostercamps en 1760.

3409. CHATEIGNER (Armand du), prit le parti d'Henry IV, après avoir quitté celuy de la ligue, mais ayant été convoqué pour le service de l'arrière-ban, il allégua, pour en être exempt, les blessures dont il souffroit.

3410. CHATEIGNER (Claude du), capitaine au régiment de Bugey, fut tué au siége de Namur sous Louis XIV.

André du Chesne a publié une Histoire généalogique de cette grande grande maison.

3411. CHATEIGNERAY (le seigneur de la), tué au siége de Naples en 1528.

3412. CHATEL (Jacques, *alias* Guy du), évêque de Soissons, fut tué par les Turcs au voyage d'outre-mer. Voicy ce qu'on lit à son sujet dans l'histoire de Saint-Louis par Joinville : *Ung moult vaillant homme messire de Jaques du Chastel, évêque de Soissons voyant que chacun s'en vouloit revenir en France, se alla frapper lûi seul de dans les turcs comme s'il les eut voulu combattre tout seul ; mais tantost l'envoièrent à Dieu et le mirent en la compagnie des martyrs, car ils le tuèrent en peu d'eure.*

3413. CHATEL (le seigneur du), tué avec deux de ses frères dans un combat contre les Anglois, en 1402.

3414. CHATEL (Guillaume du), panetier du roy et écuyer du dauphin, mourut au siége de Pontoise en 1441 en présence du roy qui, par honneur pour sa mémoire, voulut qu'il fût enterré dans l'église de Saint-Denis, dont il avoit défendu la ville contre les Anglois.

3415. CHATEL (Tanneguy du), vicomte de la Bellière, baron de Bois-Raoul premier écuyer du roy, grand maître de son écurie, chevalier de son ordre, l'un de ses chambellans, capitaine de cent lances de ses ordonnances, gouverneur de Roussillon et de Cerdaigne, fut blessé d'un coup de coulevrine près la personne du roy, au siége de Bouchain en 1477 et mourut peu de temps après.

3416. CHATEL (Tanneguy du), seigneur de Châtel, tué au siége d'Ostende en 1602.

3417. CHATEL (le chevalier du), lieutenant au régiment de Bourbonnois, tué au combat de Warbourg en 1760.

La maison du Chatel, ou du Chastel, étoit originaire des environs de Brest.

3418. CHATEL-LION (le sr de la), capitaine au régiment de Champagne, blessé à la bataille de Steinkerque en 1692.

3419. CHATELET (Robert du), armé chevalier à la bataille d'Azincourt en 1415, fut blessé au pont de Montereau-Faut-Yonne en 1429.

3420. CHATELET (Christophe du), seigneur du Châtelet, de Cirey et gentilhomme de l'hôtel du roy, tué à la bataille de Pavie en 1525.

3421. CHATELET (Nicolas du), souverain de Vauvillars, seigneur de Mogneville, de Mangeville et de Montureux, chevalier, gentilhomme ordinaire de la chambre du roy et lieutenant de la compagnie de cent hommes d'armes du duc d'Aumale, tué à la bataille de Dreux en 1562.

3422. CHATELET (Jean, baron du), et de Thons, souverain de Vauvillars et de Châtillon en Vosges, marquis de Trichâteau, maréchal de Lorraine, chevalier des ordres du roy, gentilhomme ordinaire de sa chambre, conseiller en son conseil privé, gouverneur de Langres, chambellan et lieutenant de la compagnie de cent hommes d'armes du duc de Lorraine, blessé à la bataille de Dreux en 1562, mourut dans l'intervalle de 1588 à 1590.

3423. CHATELET (Claude du), baron de Deuilly, chevalier seigneur de Gerbevillers, gentilhomme ordinaire de la chambre du roy et cornette de la compagnie des gendarmes du duc de Lorraine, mort au siége de Dieppe le 21 septembre 1589.

3424. CHATELET (Florent du), dit *le comte de Lomont*, seigneur de Cirey et de Pierrefitte, chevalier commandeur de l'ordre royal et militaire de Saint-Louis, colonel du régiment de Ponthieu, grand bailly d'Auxois, depuis maréchal de camp, commandant au Havre, puis à Dunkerque, et gouverneur de Semur, reçut trois blessures considérables à l'attaque de Limbourg en 1675 où il commandoit la compagnie de grenadiers du régiment royal-infanterie : il mourut en 1732.

3425. CHATELET (Évrard, marquis du), fut tué en 1678, étant aide de camp du maréchal de Créquy.

3426. CHATELET (Antoine du) son frère, marquis d'Aubigny, tué au service en 1675.

3427. CHATELET (Armand-Jean du), cornette au régiment de Villepierre, tué à la bataille de la Marsaille en 1693.

3428. CHATELET (Florent-François du), chevalier de Malte, capitaine de gendarmerie et depuis lieutenant général des armées du roy, blessé en 1744 à l'attaque des lignes de Weissembourg.

3429. CHATELET (Marie-Louis-Florent, marquis, puis duc du) son neveu, seigneur de Cirey, en Champagne, chevalier des ordres du roy, lieutenant-colonel de son régiment, puis de celuy des gardes-françoises, lieutenant général des armées de S. M., ambassadeur extraordinaire à Vienne, cy-devant menin de monseigneur le dauphin, grand chambellan du roy Stanislas, gouverneur de Toul et du Toulois, de Pont-à-Mousson et de Semur, fut blessé d'un coup de feu au bas-ventre, à la bataille d'Hastembeck en 1757, étant alors colonel du régiment de Navarre : il fut décapité à Paris en 1793, lors de l'exécrable régime de la terreur.

La maison du Châtelet, étoit, comme on le sait, une des plus illustres de Lorraine. Le marquis du Châtelet, le complaisant époux de la célèbre marquise, étoit de la branche des Trichâteau-Bonney qui s'éteignit, comme on vient de le voir, sur l'échafaud révolutionnaire. Dom Calmet a donné la généalogie de la maison du Châtelet, branche puisnée de la maison de Lorraine, 1741, in-folio avec fig.

3430. CHATELIER (le s^r de), lieutenant au régiment royal des vaisseaux, blessé au combat de Senef en 1674.

3431. CHATELLARD (le s^r du), capitaine-lieutenant au régiment de Surbeck-Suisse, eut un bras fracassé en 1702 à l'attaque du fort de Kykuit, près de Hubt.

Voir d'Hozier, 5e registre de l'*Armorial général.*

3432. CHATELLERAUD (le vicomte de), tué au siége d'Acre en 1191.

3433. Chatellier (Michel du), chevalier, tué à la bataille d'Azincourt en 1415, ainsy que son frère Guillaume de Vaudripant.

3434. Chatellion (de la). (V. de la Châtel-Lion).

3435. Chatelnie (le s^r de la), chevau-léger de la garde du roy, blessé à la bataille de Dettingen en 1743.

3436. Chatelus (Antoine de), seigneur de Basarne, guidon des gendarmes du roy, fut tué au service sous le règne de Charles IX.

> Par respect pour le texte de l'auteur, nous laissons ce qui concerne cette maison en la place qu'elle occupe dans le manuscrit, bien que l'orthographe constante du nom soit *Chastellux* et non point *Chatelus*.

3437. Chatelus (Anne de), capitaine de chevau-légers, tué au service vers le règne de Henry IV.

3438. Chatelus (Auguste de), seigneur de Marigny-Laville, capitaine de cent hommes d'armes, tué au siége de Saint-Jean-d'Angely en 1621.

3439. Chatelus (le comte de), lieutenant-colonel, tué au siége de Fribourg en 1644 (*Mercure* de 1644).

> M. le comte H.-P.-C. de Chastellux, dans sa précieuse *Histoire généalogique de la maison de Chastellux*, ne donne point cette mention.

3440. Chatelus (César-Pierre, comte de), maréchal de bataille, tué d'un coup de canon à la bataille de Nordlingue en 1645.

3441. Chatelus (César-Achille, comte de) son frère, tué le 22 décembre 1644 devant Collioure, en Catalogne.

3442. Chatelus (François de), brigadier des armées du roy et mestre de camp d'un régiment de cavalerie, tué à la bataille de Sintzheim en 1674 (on le croit le même que M. de Coulanges, mestre de camp du régiment du Mans, qui en effet périt à cette bataille, gagnée par Turenne sur les impériaux.

3443. Chatelus (Roger de) son frère, seigneur de Coulanges, capitaine au régiment de Navarre, tué au service sous Louis XIII vers 1640.

3444. Chatelus (Louis de), autre frère, capitaine d'une compagnie de chevau-légers, tué aussy dans les guerres de Louis XIV.

3445. Chatelus (Henry de), capitaine au régiment de Normandie, mort le 17 septembre 1698, à Strasbourg, des suites de ses blessures reçues dans la dernière campagne d'Allemagne.

3446. Chatelus (Philibert-Paul, comte de) son frère, dit *le marquis de Châtelus*, colonel réformé à la suite du régiment de Normandie, tué au combat de Chiari en 1701, à l'âge de 34 ans.

3447. Chatelus (Paul-Antoine, dit *le vicomte de*), garde de la marine, tué dans un combat naval le 25 octobre 1747.

Grande maison de Bourgogne dont le nom patronymique est de Béauvoir, et qui fournit un amiral de France en 1420, un maréchal en 1418 et plusieurs autres grands officiers. La terre de Chastellux fut érigée en comté en 1621. — Armes: d'azur à la bande d'or accostée de sept billetes de même : celles en chef 2; et 2 celles en pointe dans le sens de l'orle.

3448. Chatenot (de), de Saint-Ruth. *Voy.* de Chalmot.

3449. Chatenay (le sr de), capitaine au régiment de Béarn, blessé au siége de Mons en 1746.

3450. Chatenay (de) ou *de Châtenet*, capitaine aux gardes-françoises, tué à la bataille de Nerwinde, en 1693.

3451. Chatenay (le sr du), lieutenant au régiment de Mailly, tué à la bataille de Rosback en 1757.

Les Chatenay ou plutôt Chastenay de Lanty, maison de Bourgogne et Champagne ont fait leurs preuves le 5 janvier 1770. (*Arch. nat.* MM 810, t. 1er p. 545.)

3452. Chatenet (le sr de), commandant le régiment de

Crussol, tué à l'attaque de Belvedère près de Cattalabiana, sous Louis XIV en 1676 (V. de Chatenay).

3453. CHATENET (Josse de), seigneur de Campregui, capitaine, tué à Lectoure où il avoit du commandement (il fut père de deux enfants tués aussi en combattant, mais l'on ne sauroit indiquer la nature de leurs services ni l'époque de leur existence).

3454. CHATENET DE PUYSEGUR (Joseph de), seigneur de la Grange, capitaine au régiment de Piémont, blessé au siége de Spire en 1635, le fut encore en 1639 en Picardie, et fut tué en la même année dans une attaque devant Saint-Omer, sous le nom de *la Grange*. Cinq officiers de ce nom et tous cinq capitaines au même régiment de Piémont et qui pourroient appartenir à cette maison de Châtenet de Puységur.

3455. CHATENET (Jean-Pierre de), lieutenant au régiment de Normandie, tué à l'assaut de l'Afrique en Rouërgue, sous Louis XIII.

3456. CHATENET (N..... de), seigneur de Puységur, capitaine aide-major au régiment du roy, mort de plusieurs blessures qu'il reçut à la bataille de Steinkerque en 1692.

3457. CHATENET (Jacques de), marquis de Puységur, comte de Chessy, vicomte de Busancy, maréchal de France, chevalier des ordres du roy, gouverneur de Condé, de Berg, commandant en Hainaut, en Flandres et en Artois, blessé au siége de Philisbourg en 1688 et aux batailles de Steinkerque et de Nerwinde en 1692 et 1693, mourut en 1743.

3458. CHATENET (Barthélemy-Hercules-Athanase de), dit *le vicomte de Puységur*, chevalier de Saint-Louis, d'abord capitaine aide-major au régiment de Vexin, depuis aide-maréchal des logis de l'armée, colonel du régiment de Vivarais, et maréchal de camp en 1780, fut blessé à la bataille de Fontenoy en 1755 et au siége de Mons en 1746.

3459. CHATENET (Jaques-François-Maxime de), marquis de Puységur, chevalier-croix de l'ordre royal et militaire de Saint-Louis, ancien colonel du régiment de Vexin, et depuis lieutenant général des armées du roy, fut blessé d'un coup de fusil à la tête, à la bataille de Sundershausen en 1758, il mourut en 1782.

Les Chastenet ou Chatenet, marquis de Puységur, originaires d'Armagnac, établis dans le Soissonnois, en Touraine et dans le Bordelois.

3460. CHATESGNERAYE (le sr de la), officier au régiment de Navarre, blessé à la bataille de Cassel en 1677.

Peut-être faut-il lire *Chataigneraye*. Voyez aussi plus haut *Chateigneray*.

3461. CHATILLON (Gaucher de), seigneur de Châtillon, ayant accompagné le roy Louis le Jeune au voyage de la Terre sainte et passant par les montagnes de Laodicée mineure, fut tué par les Sarrazins, le 19 janvier 1147, au grand regret de l'armée des chrétiens.

3462. CHATILLON (Guy de), seigneur de Montjay, tué au siége d'Aire en 1191.

3463. CHATILLON (Guy de), seigneur de Monjay, comte de Saint-Paul, tué d'un coup de pierre au siége d'Avignon en 1225.

3464. CHATILLON (Gaucher de), chevalier, que le sire de Joinville qualifie *Monseigneur* dans son *Histoire de Saint-Louis* et commandoit l'arrière-garde de l'armée de ce monarque, fut tué en 1250 en défendant seul l'entrée d'une rue étroite par où l'on arrivoit à la maison que le roy occupoit, après avoir essuyé une quantité de flèches dont son bouclier se trouvoit à tout moment si couvert qu'il étoit obligé de les arracher successivement, ne pouvant en soutenir le poids. Voicy comment Joinville rapporte sa mort: *Je trouvay* dit-il, *ung chevalier qui... me dit que quant on l'emmenoit vri-*

sonnier, il vit ung Turc qui étoit monté sur le cheval du messire Gaultier de [Chastillon, et que le cheval avoit la cullière toute sanglante et qu'il luy demanda qu'étoit devenu le chevalier à quy étoit le cheval? et le Turc luy dit qu'il luy avoit coupé la gorge, étant dessus son cheval; et que le cheval étoit aussy ensanglanté de son sang.

3465. Chastillon (Jacques de), seigneur de Luze, gouverneur de Flandres, tué à la bataille de Courtray en 1302.

3466. Chatillon (Louis de), comte de Blois et de Dunois seigneur d'Avènes, tué à la bataille de Crécy en 1346.

3467. Chatillon (Gaucher de), chevalier, tué à la bataille de Poitiers en 1356.

3468. Chatillon (Robert de), seigneur de Douy, chevalier, chambellan du roy, tué à la bataille de d'Azincourt en 1415.

3469. Chatillon (Jaques de), sire de Dampierre, chevalier, amiral, chambellan du roy, tué à la même bataille.

3470. Chatillon (Charles de), seigneur de Sourvilliers, chambellan du roy, tué à la même bataille.

3471. Chatillon (Jean de), seigneur de [Châtillon et de la Ferté en Ponthieu, gouverneur d'Epernay, mort glorieusement dans la guerre contre les Anglois, en Normandie, le 29 octobre 1443.

3472. Chatillon (Jacques de), seigneur de Marigny, guidon de la compagnie des gendarmes du seigneur des Chenets, mort à la bataille de Dreux en 1562.

3473. Chatillon (Alexis-Madelène-Rosalie, duc de), pair de France, chevalier des ordres du roy, lieutenant général de ses armées, gouverneur de Monseigneur le dauphin, lieutenant général de ses armées, gouverneur d'Haguenau, fut blessé d'un coup de feu à la jambe à la bataille de Guastalla en 1734.

3474. Chatillon (Francois de), chevalier de Saint-Louis, lieutenant colonel du régiment de Champagne et brigadier des armées du roy, blessé au siége de Philisbourg en 1688, le fut encore en 1707 sur la chaussée de Dourlach où il étoit de garde avec la compagnie de grenadiers et mourut à Montmédy en 1732.

3475. Chatillon (le sʳ de), capitaine au régiment de Rohan, blessé à la bataille de Rosback en 1757.

La maison de Chatillon-sur-Marne, l'une des plus anciennes et des plus illustres de France, s'est éteinte en 1762 par la mort de Louis Gautier de Chatillon qui ne laissa que deux filles. — Portoit : de gueules à trois pals de vair, au chef d'or.

3476. Chatre (Gaspard de la), seigneur de Nançay, chevalier de l'ordre du roy, l'un de ses chambellans, gentilhomme ordinaire de sa chambre et capitaine des gardes du corps, mort le 20 novembre 1576 des suites de blessures reçues au siége de Rouen où il avoit été dangereusement atteint à la cuisse, et à celuy de Dreux en 1562.

3477. Chatre (Jacques de la), seigneur de Lillac, capitaine des gardes du duc d'Anjou, fut tué à la rencontre de Messignac en 1568 : mort qui, d'après de Thou, fut regardée comme un grand malheur : ce jeune homme (ajoute-il), qui avoit un esprit cultivé par les lettres et une valeur héréditaire à sa maison, se trouva à ce combat à la tête de quelques-uns de ses gardes, les ennemis commençant à plier il les chargea avec trop d'ardeur et comme ils s'étoient couverts d'une haye, il la fit franchir à son cheval; mais n'étant suivi de personne, et son cheval ayant été tué sous luy il reçut un coup de lance au travers du corps dont il mourut : il fut regretté de tous.

3478. Chatre (Edme marquis de la), comte de Nançay, colonel général des Suisses et Grisons et maître de la garde-robe du roy, mourut le 3 septembre 1645 des blessures qu'il reçut à la bataille de Nordlingue.

3479. CHATRE (Louis, marquis de la), son fils, comte de Nançay, mestre de camp d'un régiment de cavalerie et gouverneur de Bapaume, tué en 1664 près de Gigeri, en Afrique.

3480. CHATRE (Charles de la), tué à la bataille de Rethel où il commandoit le régiment de mestre de camp général.

3481. CHATRE (Louis de la), mousquetaire du roy de la 2ᵉ compagnie, mort le neuf décembre 1711 des blessures qu'il reçut à la bataille de Malplaquet en 1709.

3482. CHATRE (Louis-Charles de la), comte de Nançay, chevalier de Saint-Louis, colonel du régiment de Béarn, brigadier des armées du roy et gouverneur du fort de Peccais en Languedoc, tué à la bataille de Parme en 1734.

3483. CHATRE (Charles-Louis, marquis de la), comte de Nançay, chevalier de Saint-Louis, lieutenant général des armées du roy et gouverneur de Peccais, blessé à l'affaire de Plauen en Bohême, le fut encore à une jambe au combat de Saint-Cast en 1758.

3484. CHATRE (N.... de la), capitaine au régiment de Normandie, blessé au siége de Berg-op-Zoom), en 1747 (V. de *Nancy*.

La maison de la Châtre originaire du Berry, occupe une très-grande place dans l'histoire. Subsiste encore et porte : de gueules, à la croix ancrée de vair.

3485. CHAVAILLE (le sʳ de), major du régiment de Picardie, tué à la bataille de Ramillies (Belgique), en 1706.

3486. CHAVANET (le sʳ de), capitaine au régiment de Picardie, tué au siége de Saint-Sébastien en 1719.

3487. CHAVIGNY (le sʳ de), chevalier de Saint-Louis, capitaine au régiment de Trainel, puis lieutenant-colonel de celui de Lamballe, blessé au siége du fort Saint-Philippe en 1746, fut tué le 5 août 1758 à l'affaire de Meher.

3488. CHAVIGNY-DE-COURBOIS (Claude-Esprit-Juvénal de), chevalier de Saint-Louis, capitaine au régiment de Durfort, obtint du roy une pension de 2000 fr. motivée sur les blessures qu'il avoit reçues à la même affaire du Pont-de-Meher, et qui nécessitèrent l'amputation du bras.

3489. CHAVIGNY (le sr de), sous-lieutenant au gardes-françoises, mort des blessures qu'il reçut à la bataille de Dettingen en 1743.

3490. CHAVIGNY (le sr de), tué à la bataille de Fontenoy en 1745.

> Les Chavigny ou Chauvigny, maison du Soissonnois, portent d'argent à la croix alésée de gueules, bordée endentée de sable, surmontée d'un lambel de même.

3491. CHAUDET (Philippe de), seigneur de Luzenny, lieutenant de roy de Calais en pays reconquis, tué au siége de Montauban en 1621.

3492. CHAULE (Jean de), tué à la bataille d'Azincourt en 1415.

3493. CHAULIEU (le chevalier de), lieutenant de vaisseau du port de Toulon, tué sur *le Ferme*, à la descente de Gennes, le 24 may 1684.

3494. CHAULIEU-DE-BEAUREGARD, lieutenant de vaisseau du port de Toulon, périt sur *le Vaillant* le 22 décembre 1697.

3495. CHAULNES (le sr de), capitaine au régiment de Vaubecourt depuis Guienne, blessé aux siéges de Luxembourg et de Philisbourg en 1684 et 1688.

> *Voy.* ALBERT de Luynes duc de Chevreuse et de Chaulnes.

3496. CHAUME (le sr de la), lieutenant au régiment royal des vaisseaux, blessé à l'affaire de Saint-Cast, en 1758.

3497. CHAUME (le sr de la), cornette au régiment de Marcieu, tué à la bataille de Minden en 1759.

3498. Chaumejan (Blaise de), marquis de Fourilles, capitaine aux gardes-françoises et maréchal de camp, tué au siége de Montauban en 1621.

3499. Chaumejan (René de) son autre fils, capitaine aux gardes-françoises, grand maréchal des logis de la maison du roy, conseiller d'État d'épée, et commandant en Touraine, reçut un coup de mousquet au bras au siége de Privas en 1629.

3500. Chaumejan (Michel de) son fils, marquis de Fourilles, chevalier de l'ordre du roy, lieutenant général de ses armées, grand maréchal des logis de sa maison, conseiller d'État d'épée, lieutenant-colonel des gardes françoises, commandant du vieux palais de Rouen, des ville et château d'Angers et dans la province de Touraine, fut blessé grièvement d'une mousquetade au bras gauche au siége de Montauban en 1621 : mourut en 1667.

3501. Chaumejan (N... de), marquis de Fourilles, capitaine aux gardes-françoises, tué au siége de Dôle en 1668.

3502. Chaumejan (Jean-Jacques de), chevalier de Fourilles, chevalier de Malte, lieutenant général des armées du roy, et capitaine lieutenant des gendarmes bourguignons, blessé à la bataille de Fleurus, le fut encore si grièvement à la bataille de Senef en 1674, qu'il en mourut peu de temps après.

3503. Chaumejan (Michel-Denis de), marquis de Fourilles, eut les reins cassés à la bataille de Senef en 1674.

3504. Chaumejan (Henry de), marquis de Fourilles, son frère, chevalier, commandant de l'ordre royal et militaire de Saint-Louis, capitaine aux gardes-françoises et brigadier des armées du roy, blessé aux batailles de Senef et de Cassel en 1674 et 1677, eut le pouce emporté d'un coup de feu à celle de Saint-Denis en 1678, et fut encore blessé aux batailles de Fleurus, de Steinkerque et de Nervinde en 1690 et 1693, mais surtout très-grièvement dans cette dernière : il mourut le 29 février 1718.

3505. CHAUMEJAN (Blaise de), marquis de Fourilles, lieutenant aux gardes-françoises, mort à Spire le 13 juillet 1734, d'une blessure qu'il reçut au siége de Philisbourg.

Les Chaumejean, marquis de Fourilles, de Touraine, portoient : d'or à la croix ancrée de gueules.

3506. CHAUMEILH (de). V. de Caillac.

3507. CHAUMIGNY (le sr de), lieutenant au régiment de Picardie, tué au siége de Maestrick en 1748.

3508. CHAUMONT (Charles de), seigneur de Chaumont, fut tué à la bataille de Verneuil en 1424 (c'est évidemment le seigneur de Quitry que Monstrelet dit avoir été tué à cette bataille contre les Anglois).

3509. CHAUMONT (Louis de), seigneur d'Athieules, guidon de la compagnie des gendarmes du baron de Damoille, fut tué à la bataille de Saint-Denis en 1567.

3510. CHAUMONT (Antoine de), seigneur de Boisgarnier, mort au siége de Verneuil sous Henry IV.

3511. CHAUMONT (Philippe de), seigneur de Quitry, maréchal de camp et conseiller d'État d'épée, mort des blessures qu'il reçut au combat de Poligny en Franche-Comté en 1638.

3512. CHAUMONT (Guy de), marquis de Quitry, grand maître de la garde-robe du roy, fut tué au passage du Rhin en 1672.

3513. CHAUMONT (Alexandre-Charles de), seigneur de Saint-Jean-la-Forêt, chevalier de Saint-Louis, capitaine aux gardes-françoises et brigadier des armées du roy, reçut au siége de Philisbourg en 1734, une blessure au bras, qui nécessita l'amputation.

3514. CHAUMONT-CHALANDÍE (le seigneur de), fut dangereusement blessé au siége de Ham en 1494 (de Thou).

Plusieurs familles du nom de Chaumont. — Les Chaumont-Quitry qui ont encore des représentants, originaires du Vexin, habitués de Champagne, portent : fascé d'argent et de gueules, de huit pièces.

3515. CHAUNES (le s^r de), chevalier de Saint-Louis, aide-major de brigade des chevau-légers de la garde, blessé à la bataille de Dettingen en 1743.

3516. CHAUSSAIN (le s^r de), lieutenant au régiment de Picardie, tué au combat de Senef en 1674.

3517. CHAUSSAYE (le s^r de la), exempt des gardes du corps, blessé au combat de Senef en 1674, doit être le même que le sieur de la Chaussé, aussi exempt des gardes, blessé au siége de Maestrick en 1673.

3518. CHAUSSECOURT (le s^r de), capitaine au régiment de Normandie, blessé en 1701 au combat de Chiari, le fut encore et dangereusement à l'attaque de Chivas en 1705.

3519. CHAUSSÉE (de la). V. de la Chaussaye.

3520. CHAUSSÉE (Charles de la), lieutenant général des armées du roy et lieutenant de roy de l'isle Dauphine, mourut des blessures qu'il reçut dans un combat sous Louis XIV.

3521. CHAUSSÉE (Charles de la), chevalier de Saint-Louis, capitaine de grenadiers au régiment de Chabrillan, et major de Montreuil-sur-Mer, blessé au siége de Tournay.

3522. CHAUSSÉE (René de la), capitaine au régiment de Normandie, tué en montant à la tranchée au siége de Berg-op-zoom.

3523. CHAUSSÉE (Jacques-Gabriel de la), seigneur de la Terraudière, lieutenant au régiment d'Orléans, blessé dans la guerre d'Espagne.

3524. CHAUSSÉE-d'EU (Guillaume de la), tué à la bataille de Nicopolis en 1396 (*Nobil. de Picardie*, Paris, 1699, p. 106).

3525. CHAUSSEPIED (le s^r), lieutenant des grenadiers au régiment d'Agenois, blessé au siége de Savannah en 1779.

3526. CHAUSSIE (de la), lieutenant de vaisseau, du port de Toulon, mort sur *le Ferme* le 10 septembre 1683.

3527. CHAUTAN (le s^r de), chevalier de Saint-Louis, capitaine de grenadiers au régiment de Picardie, blessé aux batailles de Parme et de Guastalla en 1734, et à l'affaire de Dengel-singen en 1743.

3528. CHAUVANCE (le s^r de), mestre de camp du régiment du Maine, tué à la bataille de Fleurus en 1670.

3529. CHAUVEAU (Renaud), évêque de Châlons-sur-Marne, tué à la bataille de Poitiers en 1356.

Voir la préface de l'auteur, p. xviii.

3530. CHAUVEL DE JONVAL, capitaine de flute, port du Havre, tué commandant *l'Amitié*, prise flessingoise, le 13 juin 1711.

3531. CHAUVELIN (Sébastien), seigneur de Garencières, lieu-tenant de la ..... mestre de camp de la cavallerie légère en 1621, tué en Picardie en 1630.

3532. CHAUVELIN (Christophe), seigneur de Pruneloy, lieu-tenant aux gardes-françoises, tué au siége de la Mothe en Lorraine, en 1645.

3533. CHAUVELIN (François), seigneur de Garancières dit *le marquis de Garancières*, capitaine de cavallerie, tué à la guerre de Paris en 1650.

3534. CHAUVELIN (Charles), seigneur de Richemont, capi-taine au régiment de Turenne, tué d'une volée de canon au siége de Dunkerque en 1658.

3535. Chauvelin (Jean) son frère, seigneur de Richemont, capitaine au régiment royal des cuirassiers, fut grièvement blessé de trois coups de feu dans l'affaire contre les Turcs en Hongrie où il se signala en 1664.

3536. Chauvelin (Gabriel), garde de la marine, tué en 1685 au siége de l'Isle Saint-Augustin.

3537. Chauvelin (Augustin), son frère, chevalier de l'ordre de Saint-Lazare, lieutenant au régiment de Piémont, mort des blessures qu'il reçut au siége de Philisbourg en 1688.

3538. Chauvelin (Philippe), son fils, dit aussy *le marquis de Garencières*, chevalier commandeur de l'ordre de Saint-Lazare et lieutenant-colonel du régiment de Merinvilla-cavallerie, tué à la bataille de Fleurus en 1690.

3539. Chauvelin de Beauregard (François-Marie), son frère, capitaine au régiment de Bourgogne, tué au siége de Louisbourg en 1758.

3540. Chauvelin de Beauséjour (Claude-François), dit *le marquis de Chauvelin*, noble Genois, chevalier grand-croix de l'ordre royal et militaire de Saint-Louis, lieutenant général des armées du roy, maître de sa garde-robe et ambassadeur à Turin, fut blessé d'un coup de feu à la jambe à la bataille de Parme en 1734; d'un coup de fusil au pied, à celle de Coni en 1744 et d'un pareil coup à la joue dans la guerre de Gennes en 1747 où il eut aussy un cheval tué sous luy : il mourut subitement à Versailles en jouant avec le roy, au mois d'octobre 1772.

3541. Chauvelin de Beauregard (Jacques), capitaine à la suite du corps des Grassins et commandant à Enghien, blessé d'un coup de sabre à la poitrine dans une affaire.

MM. de Chauvelin dont le nom s'éteignit dans la démocratie, portoient d'argent au chou pommé et arraché de Sinople, la tige accolée d'un serpent d'or.

3542. CHAUVET (le s^r), aide-major du régiment de Saluces, blessé à la bataille de Rosback en 1757.

3543. CHAUVIGNY (André de), chevalier, tué à la bataille de Poitiers en 1356 : il est nommé dans les *Annales d'Aquitaine*, M. André de Chauvigné, vicomte (c'étoit vraisemblablement vicomte de Brosse).

3544. CHAUVIGNY (Philippe de), tué au siége de Carthage en 1390.

3545. CHAUVINCOURT (le s^r de), capitaine au régiment royal des vaisseaux, blessé au combat de Senef en 1674.

3546. CHAUX (de). V. de Châteaubadeux.

3547. CHAUX (de la), V. Lachaux.

3548. CHAUX (le chevalier de la). enseigne de vaisseau du port de Toulon, mort à la Martinique sur *le Gaetan* le 15 juin 1750.

3549. CHAVAGNAC (le marquis de), aide-major, lieutenant de vaisseau du port de Rochefort, mort aux isles, commandant *la Fée* le 16 octobre 1740.

3550. CHAZAL DE LESPINAS (N..., de), chevalier de Saint-Louis, maréchal des logis des mousquetaires, tué à la bataille de Dettingen en 1743.

3551. CHAZAL DE MONTROND (François de), chevalier de Saint-Louis, lieutenant-colonel du régiment Dauphin-dragons, maréchal de camp en 1780, lieutenant de roy de la citadelle de Libourne, Perpignan et commandant à Libourne, blessé à la bataille de Plaisance en 1746.

3552. CHAZEL (le s^r de), capitaine au régiment de Normandie, blessé à la bataille de Clostercamp où le maréchal de Castries battit les Hanovriens, en 1760.

3553. CHAZERAC (N... de), seigneur de Grandeffe, tué à la bataille de Pavie en 1525.

3554. Chebrou (le s^r), maréchal général des logis de l'armée sous le duc de la Vieuville en 1673, avoit été blessé en 1652 au combat de la porte Saint-Antoine.

3555. Chefdebien de d'Armissan (le sieur de), chevalier de Saint-Louis, capitaine de grenadiers au régiment de Piémont, mort à la suite d'une blessure qu'il reçut au siége de Castiglione en 1702.

3556. Chefdebien de d'Armissan (le s^r de), chevalier de Saint-Louis, aussi capitaine de grenadiers au même régiment, fut tué ou mourut de blessures reçues à la bataille de Rosback en 1757.

MM. de Chefdebien, originaires de Languedoc et de Poitou, aujourd'hui dans l'Aude.

3557. Cheffontaine (Jean-Maurice de), chevalier de Saint-Louis, chef de bataillon au régiment de Béarn, blessé à la bataille de Laufeldt en 1747.

3558. Cheffontaine (le s^r de), enseigne de vaisseau, tué dans le combat du comte de Guichen, près de la Martinique, contre l'amiral Rodney en 1780.

Originaires de Bretagne, portent: Burelé de dix pièces d'or et d'argent.

3559. Cheilus (Alexandre de), chevalier de Saint-Louis, chef d'escadre des armées navales, avoit été nommé lieutenant de vaisseau dès l'an 1704 par brevet motivé sur les services signalés qu'il avoit rendus dans une affaire contre les habitants des Cévennes et sur les blessures qu'il y avoit reçues : il mourut à Toulon le 1er novembre 1744.

3560. Chekassem (le s^r), colonel des cavaliers cipayes, blessé au siége de Pondichéry en 1748.

3561. Chemans. V. de Chamons *ou* de Chamant.

3562. Chemin (Nicolas-Luc du), seigneur de Saint-Luc,

lieutenant au régiment de Picardie, fut estropié d'une blessure qu'il reçut au combat de Senef en 1674 et obligé même de quitter le service.

3563. Chemin (François du), son frère, seigneur de la Tour, lieutenant au régiment du roy-infanterie, atteint d'un coup de fusil à la tête au même combat, mourut des suites de cette blessure, le 31 juillet 1700.

3564. Chemin (Pierre du), chevalier de Saint-Louis, major du corps des volontaires royaume, depuis légion de Flandres, ensuite lieutenant-colonel de la légion royale et maréchal de camp en 1780, blessé dans la campagne de Bohême en 1742, mourut en 1789.

3565. Cheminades de Lormet (Claude-Dominique), officier au régiment d'Orléans-infanterie, quitta le service en raison des blessures qu'il avoit reçues au siége de Barcelone.

3566. Cheminades de Lormet (Louis-Philibert de), chevalier de Saint-Louis, capitaine et major au régiment d'Orléans-infanterie, depuis lieutenant-colonel de celuy de Chartres et brigadier des armées du roy en 1780, blessé à la bataille de Dettingen en 1743, le fut encore le 16 juillet 1757.

3567. Cheminades (N... de), garde de pavillon, tué au combat de la Goce en 1759, servant sur le vaisseau du chevalier de la Clie.

3568. Chenard de Gast (Pierre de), chevalier de Saint-Louis, chef de bataillon au régiment de Champagne, obtint en 1764 une pension du roy en considération de la distinction, avec laquelle il s'étoit comporté à l'affaire du 16 juillet où il avoit été grièvement blessé : ce fut en effet à la bataille de Feilinghausen qu'il reçut plusieurs blessures.

3569. Chênaye (le sr de la), capitaine au régiment de Navarre, blessé à la prise de Saluces en 1630, fut tué au siége de Mardick en 1646.

3570. Chênaye (le s^r de), sous-lieutenant au régiment de Picardie, blessé au combat de Senef en 1674.

3571. Chêne (le s^r), chevalier de Saint-Louis, premier lieutenant au régiment d'Armagnac, fut grièvement blessé à la joue sur le *jeune Dauphin* à la prise du Démémari sur les Anglois, le 30 janvier 1782.

3572. Chêne (le s^r du), lieutenant au régiment de Champagne, tué au siége de Lérida en 1646.

3573. Chêne (Jacques du), capitaine au régiment de Louvygny-infanterie, depuis major de Philippeville et commandant à Bouillon, mourut estropié des nombreuses blessures qu'il avoit reçues dans les guerres de Louis XIV.

3574. Chêne (Antoine du), son frère, capitaine au régiment de la marine, fut aussi blessé dangereusement sous le même règne.

Nota. — Ces services sont constatés par des lettres patentes du roy du mois d'avril 1771.

3575. Chêne (le s^r du), lieutenant au régiment de Bourbonnois, tué au combat de Warbourg en 1760.

Plusieurs familles portent encore ce nom.

3576. Chênes (le s^r des), lieutenant au régiment de Béarn, blessé à la bataille de Laufeldt en 1747.

3577. Chennevières (le s^r de), chevalier de Saint-Louis, commandant de bataillon au régiment de Champagne, depuis lieutenant de roy à Hagueneau, commandant à Bitche et lieutenant de roy à Saint-Venant, reçut un coup de feu qui lui fracassa la mâchoire et un autre coup dans l'épaule en 1683 en défendant avec la plus grande valeur la petite ville de Grevenmacheren, à quatre lieues de Luxembourg, ce qui lui mérita du roy une pension de 600 fr.; il fut encore blessé aux batailles de Fleurus et de Steinkerque en 1690 et 1692.

Famille originaire du Perche.

3578. Chenu (Gaspard de), seigneur du Souchet [et de Prunier, chevalier de Saint-Louis et capitaine au régiment royal des vaisseaux, blessé d'un coup de feu au siége de Philisbourg, le fut encore à l'épaule d'un pareil coup en Autriche et à la bataille de Fontenoy en 1745.

Nota. — Deux autres frères de cette famille furent tués au service, l'un en Corse, servant dans le régiment d'Ouroy, et l'autre en Bohême en 1742.

3579. Chepoy (Louis de), seigneur de Chepoy, tué à la bataille de d'Azincourt en 1415 (c'est de lui que parle Monstrelet le désignant sous le nom de *seigneur de Chyppon.*)

Il y a encore une famille de ce nom dans le Beauvoisis.

3580. Cher (Joseph du), tué d'un coup de canon à la tranchée au siége de Saint-Omer. *Histoire de Berry* par la Thaumassière.

3581. Cher (Charles du), son frère, mort aussi à l'armée. *Même source.*

3582. Cher (François du), autre frère, mort pareillement au service du roy et avant l'an 1675. *Même source.*

3583. Cherchemont (Gilles de), chevalier, tué à la bataille de Poitiers en 1356.

3584. Chermont (le sr de), officier au régiment de Navarre, blessé à la bataille de Maplaquet en 1709.

3585. Chermont (Alexandre de), chevalier de Saint-Louis, ingénieur et brigadier des armées du roy, reçut une blessure au visage, au siége de Landau, en 1713 et mourut en 1721.

3586. Chermont (le s^r de), capitaine au régiment de Navarre et chevalier de Saint-Louis, blessé au siége de Fribourg en 1744.

3587. Chermont (le s^r de), chevalier de Saint-Louis et major des ingénieurs, tué en 1761 dans l'armée du duc de Broglie.

3588. Chermont (le s^r de), chevalier de Saint-Louis et capitaine de chasseurs, blessé à la défense de Cassel en 1761.

3589. Chertemps d'Evry, enseigne de vaisseau du port de Rochefort, mort dans la campagne de Cepet le ..... 1672.

3590. Chertemps de Rochefort, capitaine de vaisseau, du port de Rochefort, mort commandant *le Fourgon*, le 3 aoust 1685.

Les Chertemps, famille de Champagne, qui paroît éteinte.

3591. Cherues *ou* de Cherves (Clerin de), chevalier, tué à la bataille de Poitiers en 1356.

3592. Chervil (Henry de), seigneur de Chervil, gentilhomme ordinaire de la chambre du roy, tué au siége de Montpellier en 1622.

3593. Chesnard (de). V. de Chenard.

3594. Chesnaye (le s^r du), aide-major du régiment de Picardie, blessé à la bataille de Malplaquet en 1709.

3595. Chesneau (le chevalier du), enseigne de vaisseau du port de Rochefort, mort à la coste Saint-Domingue sur *le Téméraire*, commandé par M. Rollan, le 13 aoust 1694.

3596. Chesnel des Coyeux l'aîné, enseigne de vaisseau, mort à Saint-Dommingue le ..... 1697.

3597. Chevagnal (le s^r de), capitaine au régiment de Normandie, tué au siége de Turin en 1706.

3598. Chevaleau de Boisragon (Jean), chevalier de Saint-Louis, premier capitaine au régiment d'Orléans-infanterie, blessé au bras gauche à la bataille de Raucoux en 1746.

3599. Chevalier (le sieur), enseigne aux gardes-françoises, tué au siége de Montmédi en 1657.

3600. Chevalier, lieutenant de frégate et flûte du port de Toulon, noyé près le détroit sur *le Sage*, commandé par M. de la Guiche, le 19 avril 1692.

3601. Chevalier (Joachim), seigneur de Saint-Hilaire, lieutenant de carabiniers, perdit une jambe au service, et fut tué à la bataille de Nerwinde en 1693.

3602. Chevalier (Nicolas-Léonard), seigneur de Saint-Hilaire, chevalier de Saint-Louis et capitaine aux gardes-françoises, eut le bras fracassé d'un coup de canon au siége de Quênoy, et mourut peu de jours après, au camp, le 15 ou le 30 septembre 1712.

3603. Chevalier, lieutenant de frégate du port de Brest, tué à Rio-Janeiro sur *l'Achille*, commandé par M. Duguay-Trouin, le 16 septembre 1711.

3604. Chevalier (le s^r .....), ingénieur en chef, grièvement blessé à l'attaque d'une redoute sous les ordres du duc de Gramont, campagne de Flandres, le 23 juin 1744.

3605. Chevalier (le s^r), lieutenant au régiment suisse de Bettens, blessé au siége de Hulst en 1747.

3606. Chevalier (le s^r), capitaine au régiment de Saluces, blessé à la bataille de Rosback en 1757.

3607. Chevalier (le s^r), capitaine au régiment de Poitou, blessé à la même bataille de Rosback.

3608. Chevalier (François-Michel-Vilatelle), chevalier de

Saint-Louis, capitaine ayde-major du régiment d'Aunis, blessé dans les guerres de 1744 et 1762.

3609. Chevalier (Martial), chevalier de Saint-Louis, d'abord lieutenant dans la légion corse et dans le régiment de Beauce, et depuis quartier-maître trésorier des chasseurs de Champagne, fut blessé d'un coup de fusil en Corse, sous Louis XV.

Chevalier, nom porté par un trop grand nombre de familles pour que nous ne laissions pas aux intéressés le soin de l'attribution.

3610. Chevaux (le sr de), lieutenant au régiment de la Tour du Pin, blessé à la bataille de Clostercamp en 1760.

3611. Chevenon (Guillaume de), chevalier, seigneur de Chezeaux, conseiller, chambellan ordinaire du roy, tué à la bataille d'Azincourt en 1415.

3612. Cheverue (de), enseigne de vaisseau du port de Rochefort, mort sur *le Téméraire*, le 31 may 1690 ou sur *l'Excellent*, le 17 juillet 1690.

3613. Chevers (le sr de), maréchal général des logis de la cavalerie légère, blessé au bras au siége de Thionville en 1643, fut tué le 3 septembre de cette année par une irruption de Croates sur les fourrageurs de l'armée françoise. Ce fut lui qui porta au roy la nouvelle du gain de la bataille de Rocroy.

3614. Chevigny ou Chevigné (le chevalier de), lieutenant de vaisseau du port de Toulon, mort devant Alger de ses blessures sur la chaloupe *la Fulminante*, le 28 juillet 1683.

3615. Chevreux (Anseau ou Anselme), chevalier, seigneur de Chevreux, grand-queux et porte-oriflamme de France, tué à la bataille de Mons en Puelle en 1304.

3616. Chevrier (Humbert de), seigneur de la Maison-Forte, mestre de camp d'un régiment de cavalerie et maréchal de camp, tué au combat de Senef en 1674.

3617. Chevriers (Henry de), seigneur de Saint-Mauris, chevalier de l'ordre de l'Étoile, fut grièvement blessé à la bataille de Poitiers en 1356.

3618. Chevriers (le jeune, comte de), guidon de gendarmerie, tué à la bataille de Fontenoy en 1765.

Les Chevriers étoient originaires du Maconnais.

3619. Cheylar (Jacques, dit *le chevalier du*), chevalier de Saint-Louis, capitaine ayde-major au régiment du roy-dragons, depuis lieutenant général de ses armées et lieutenant de roy du fort Saint-André de Salias, fut grièvement blessé à l'affaire d'Hallemberg en 1760.

3620. Cheylas (Barthélemy de), seigneur de Bartore, baron de Lubertas, chevalier de Saint-Louis, capitaine de grenadiers au régiment d'Esgrigny, tué au siége de Toulon en 1707.

3621. Cheylas (de). V. de Cheilus.

3622. Chese (le cadet du baron de la), fut blessé au combat de Castelnaudari en 1632.

3623. Chie (Aimery du), seigneur de Roquaing, homme d'armes de la compagnie d'ordonnances, comte de Négrepelisse, blessé en 1570 au siége de Navareins d'une arquebuse à la jambe, son cheval y ayant reçu aussi huit à neuf coups de feu.

3624. Chicle (le sr de), colonel du régiment-prince Lubomursky au camp des Saxons, blessé à la bataille de Minden en 1759.

3625. Chicot (le sr), bouffon du roy Henry IV, gentilhomme gascon, homme considéré d'ailleurs pour sa grande valeur, fut grièvement blessé en 1592 au combat de Bures, par le comte de Chaligny, beau-frère de la reine Louise de

Lorraine, qu'il avait fait prisonnier. Outré de se voir pris par un homme de cette sorte, Chaligny lui donna un coup d'épée dont il mourut : et se plaignant au Roi de sa destinée d'avoir été arrêté par un vil bouffon : Ne vous y trompez point, lui dit le roi, Chicot, tout bouffon qu'il soit, est brave et homme de cour. « Brantome, d'Aubigné, de Thou en parlent comme d'un soldat déterminé. » Le Chicot (dit d'Aubigné), bouffon quand il vouloit, avoit le continuel dessein de mourir ou de tuer le duc de Mayenne, pour avoir été battu par lui, et en cherchant cette occasion avoit eu cinq chevaux tués sous lui. Il mourut au Pont-de-l'Arche, des suites du coup d'épée de Chaligny. Il étoit frère du capitaine Raimond, tué à la Rochelle, et qui lui-même avoit massacré le comte de la Rochefoucault à la journée de la Saint-Barthélemy (V. l'*Histoire de France* du P. Daniel).

3626. Chievres (Montobert Alexandre de), chevalier de Saint-Louis, capitaine de grenadiers au régiment royal, blessé grièvement d'un éclat de bombe à la tête au siége du fort Saint-Philippe en 1756, obtint sa retraite en 1771 après 36 ans de service (V. de Montobert au cas de rapport avec cette famille).

3627. Chieusse de Combaud (Barthélemy de), lieutenant colonel du régiment de Sommerg-dragons en 1712, fut tué à la tête d'un détachement qu'il commandoit du régiment de de Hautefort dont il étoit capitaine, dans les montagnes du Gragen en Dauphiné.

3628. Chieusse de Combaud (Marc-Antoine de), capitaine au régiment de Bourbon-infanterie, tué à la bataille de Guastalla en 1734.

Famille de Provence qui a ses représentants.

3629. Chilleau (Marie-Claude, dit *le chevalier du*), seigneur de la Charière, capitaine au régiment de Normandie, blessé à la bataille de Clostercamp en 1760.

3630. CLAUDE-MARIE (dit *le comte de Chilleau*), chevalier de Saint-Louis, ancien major du régiment de la Sarre, depuis mestre de camp commandant le régiment de Beauvoisis et brigadier des armées du roy, obtint en 1783 une pension de 3000 fr. et en 1785 une autre de 1000 fr., toutes deux motivées sur ses services et ses blessures.

3631. CHILLEAU (Charles-Louis du), chevalier de Saint-Louis, capitaine de vaisseau, chef de division des armées navales, fut très-dangereusement blessé dans le combat naval du bailly de Suffren aux Indes, contre sir Edward Hugues près de Négapatam, le 6 juillet 1782.

3632. CHIN (le seigneur de), tué à la bataille d'Azincourt en 1415.

3433. CHINOT DE CHAILLY (Jean-Baptiste-Claude-François-Joseph), chevalier de Saint-Louis, capitaine au régiment de Picardie, depuis colonel des troupes boulonnoises, blessé à la bataille de Parme en 1734.

3634. CHITRE (N... de), seigneur de Rademont, chevalier, tué à la bataille de Poitiers en 1356.

3635. CHIVRÉ (N..... de), seigneur de Plessis de Chivré, blessé en 1644 au siége de Gravelines. (*Mercure* de 1644.)

3636. CHOCQUARD DE SAINT (ETIENNE-Pierre), lieutenant au régiment de Picardie, tué au siége de Montmur.

3637. CHOCQUARD DE SAINT-ETIENNE (Etienne), son fils, capitaine au régiment de Pardaillan, puis dans celui de Plessis-Pralin, reçut un coup de mousquet au genou droit, à la prise de Spire, étant alors enseigne au régiment de Rambures, et à la bataille de Villelongue en 1642, près de Taragone, il eut deux chevaux tués sous luy et le bras cassé d'une mousquetade, sous le règne suivant : et dès 1743 il reçut un coup de mousquet à travers le corps à la bataille de Fourches près Lerida, eut un cheval tué sous luy en 1744 à celle de Collye, aussi dans les environs de Lérida ; fut encore blessé d'un coup de mousquet à travers le corps au siége de cette ville en 1647, d'un pareil coup au nez en 1648, à Pontacoulon; en Italie : de trois coups de pistolet à la prise du faubourg de Saint-Surin de Bordeaux en 1650, où il eut un cheval tué sous luy, et le fut encore de cinq coups de pistolet à la prise de Rethel en la même année.

3638. CHOIGNON (le sr de), capitaine au régiment de la Marche-privée, blessé à la bataille de Minden en 1759.

3639. CHOISEUL (Edme de), baron de la Ferté, capitaine de cent chevau-légers, fut blessé d'une arquebusade à une escarmouche devant Thionville, le 13 juillet 1558.

3640. CHOISEUL (Ferry de), seigneur de Praslin, baron de Chitry et de Villion, chevalier de l'ordre du roy, gentilhomme ordinaire de sa chambre et capitaine de cinquante hommes d'armes de ses ordonnances, mourut en 1569 des blessures qu'il reçut à la bataille de Jarnac.

3641. CHOISEUL (Hardy de), chevalier de Malte en 1559, fut tué au siége de Sainte-Foy.

3642. CHOISEUL (Louis de), son frère, seigneur de Doncourt, tué au siége de Vezelay en 1569.

3643. CHOISEUL (Ferry de), comte du Plessis-Praslin, baron de Chitry, chevalier de l'ordre du roy, gentilhomme ordinaire de sa chambre, capitaine de cinquante lances de ses ordonnances, et colonel général de la cavalerie légère de France en 1593, doit être le s^r *de Praslin* du parti du rcy qui, d'après l'*Histoire de France* du père Daniel, fut blessé en 1592 au bourg de Bures dans un combat des troupes royales et des ligueurs.

3614. Choiseul (Chrétien de), baron de Beaupré, mort le 3 may 1593 en défendant le château de Monteclair pour le roy contre ceux de la ligue.

3645. Choiseul (Edme de), dit *de Traves*, chevalier de Malte, tué au siége de Montauban en 1621.

3646. Choiseul (Claude-Alexandre de), baron d'Esguilly, capitaine au régiment de Navarre, gouverneur de Châtillon-sur-Seine et lieutenant de la compagnie des gendarmes du seigneur de Praslin, fut tué en 1622 au siége de Negrepelisse près Montauban.

3647. Choiseul (Charles de), marquis de Praslin, comte de Chavignon, maréchal de France, chevalier des ordres du roy, capitaine des gardes du corps et de 50 hommes d'armes de ses ordonnances, lieutenant général au gouvernement de Champagne, gouverneur de Saintonge, du pays d'Aunis et de la ville de Troyes, se trouva à cinquante-trois siéges, à vingt-sept combats ou batailles, et reçut vingt-deux blessures : il mourut le 1er fév. 1626.

3648. Choiseul (Maximilien de), cornette de cavalerie, tué au siége de Spire en 1644.

3649. Choiseul (Chrétien de), son frère, enseigne-colonel du régiment de Batelly, tué au service du roy en Allemagne.

3650. Choiseul (Gilles, dit *le comte de*), vicomte d'Hostel, maréchal de camp et lieutenant-colonel de la cavalerie légère de France, tué au siége de Saint-Ya, en Piémont, en 1644.

3651. Choiseul-Beaupré (Antoine de), seigneur d'Aillecourt, capitaine et major commandant le régiment de cavalerie de Monsieur le duc d'Orléans, mort des blessures qu'il reçut à la bataille de Lens en 1648.

3652. Choiseul (César de), chevalier de Malte, abbé de Saint-Sauveur de Rhedon, et lieutenant-colonel de la cavalerie légère de France, tué à la bataille de Cremone en 1648.

3653. Choiseul (Charles de) son frère, comte de Plessis, maréchal de camp, tué à la bataille de Rethel en 1650.

3654. Choiseul (N... de), son autre frère, tué d'un coup de pierre au siége de la citadelle d'Ast en 1644.. (*Mercure de 1644.*)

3655. Choiseul (Alexandre de), son autre frère, comte du Plessis-Prâlin, maréchal de camp, mestre de camp d'un régiment de cavalerie et premier gentilhomme de la chambre de Monsieur le duc d'Orléans, fut tué d'un coup de canon à la prise d'Arnheim en 1072.

3656. Choiseul (Charles de), capitaine de cavalerie, tué à la bataille de Cassel en 1677.

3657. Choiseul (François de), tué au siége de Candie en 1668.

3658. Choiseul (Adrien de), dit *de Traves*, seigneur de Vauteau, de la Vezur et de Blanzy, tué au siége de Condé.

3659. Choiseul (Jean-Baptiste-Gaston de), comte d'Hostel, marquis de Praslin, lieutenant général des armées du roy et au gouvernement de Champagne et de Brie, gouverneur de Troyes et commandant les troupes de France et d'Espagne dans le duché de Mantoue, fut blessé dangereusement à la tête au siége d'Ipres en 1678, et eut une main fracassée d'un coup de fusil à la bataille de Cassano en 1705, ce qui ne l'empêcha pas de combattre avec avantage jusqu'au moment où il reçut un coup de fusil à travers le corps, dont il mourut dans le palais de Milan le 23 octobre, après avoir souffert soixante jours des douleurs inouïes supportées avec une fermeté héroïque.

3660. Choiseul (Claude-Bernard de), tué au service du roy en Allemagne en 1679.

3661. Choiseul (Pierre de), enseigne de vaisseau, tué au bombardement d'Alger en 1683.

3662. Choiseul (César-Auguste, duc de), comte du Plessis-Praslin, pair de France, premier gentilhomme de la chambre de Monsieur le duc d'Orléans, blessé mortellement d'un éclat de bombe à la tête au siége de Luxembourg en 1684 : il n'était âgé que de vingt ans.

3663. Choiseul (François-Joseph de), chevalier de Malte, capitaine au régiment des cuirassiers, tué à la bataille de Nerwinde en 1693.

3664. Choiseul (Cleriadus de), marquis de Lanques, baron de la Ferté et de Fonvens, mestre de camp du régiment de Bourbon-cavalerie, tué en 169... à la tête de ce régiment.

3665. Choiseul (N..... de), chevalier de Malte, capitaine au régiment du roy-infanterie, tué à la bataille de Spire en 1703.

3666. Choiseul (Charles de), marquis de Meuze, mestre de camp d'un régiment de cavalerie, tué aussy à la même bataille.

3667. Choiseul (François-Joseph de), baron de Beaupré, dit *le comte de Choiseul*, capitaine de vaisseau et gouverneur de Saint-Domingue, tué en 1711 après un combat opiniâtre contre un vaisseau ennemi en revenant en France sur un bâtiment de transport.

3668. CHOISEUL (Henri-Louis de), comte de Sorcy, dit *le marquis de Meuze*, chevalier des ordres du roy, lieutenant général de ses armées, gouverneur de Ribemont et de Saint-Mâlo, et précédemment colonel du régiment de son nom, fut blessé dangereusement à l'affaire de Denain en 1712, il mourut en 1754.

3669. CHOISEUL-D'AMBOUVILLE (de), enseigne de vaisseau du port de Toulon, tué devant Alger le 27 juin 1683.

3670. CHOISEUL-BEAUPRÉ (le comte de), capitaine de vaisseau du port de Rochefort, tué sur *le Thétis*, et le commandant M. Hennequin, capitaine, le 18 may 1711.

3671. CHOISEUL-MEUZE (François-Louis, dit *le comte de*), chevalier de Saint-Louis, colonel du régiment dauphin et brigadier des armées du roy, tué près d'Anvers le 31 may 1746.

3672. CHOISEUL-BEAUPRÉ (Marc-Gabriel-Florent-Christophe dit *le comte de*), chevalier de Saint-Louis, colonel du régiment de Navarre, blessé d'un coup de feu à la cuisse à la bataille de Laufeldt en 1747, mourut à Strasbourg le 6 août 1753.

3673. CHOISEUL-SAVIGNY (le comte de), enseigne des gendarmes d'Orléans, blessé à la bataille de Minden en 1759.

3674. CHOISEUL-BEAUPRÉ (Claude-Antoine-Cleriadus de), dit *le comte de Choiseul la Baume*, chevalier, grand'croix de l'ordre royal et militaire de Saint-Louis, lieutenant général des armées du roy et des provinces de Champagne et de Brie, commandant en Lorraine et gouverneur de Verdun, inspecteur général de cavalerie, cy-devant officier supérieur de gendarmerie, capitaine des gardes du corps et premier gentilhomme de la chambre du roy Stanislas, fut blessé de deux coups de sabre à la bataille de Johansberg en 1762, et fut l'une des malheureuses victimes de l'affreux régime de la terreur en 1793.

Peu de maisons en France ont, comme on vient de le voir, payé plus largement l'impôt du sang que l'illustre famille de Choiseul. On sait qu'elle tire son nom de la terre de Choiseul en Bassigny (Haute-Marne), et qu'elle a formé un grand nombre de branches: Les barons de Clermont, les barons et marquis de Lanques : la branche des seigneurs d'Aigremot ; celle des Chéry d'Isché et Saint-Germain : les barons de Beaupré ducs de Choiseul : les seigneurs de Sommeville : les seigneurs de Francières : la branche des comtes d'Esguilly : les seigneurs de Bussiers : Les marquis de Praslin : les comtes du Plessis ducs de Choiseul. Les comtes d'Hostel et les seigneurs de Traves. Les Choiseul Stainville. Les Choiseul Gouffier et les Choiseul d'Aillecourt. — *Armes* d'azur à la croix d'or, cantonnée de dix-huit billettes du même, cinq posées en sautoir dans chaque canton du chef, quatre posées en carré dans chaque canton de la pointe. On ne leur connaît ni cimier ni devise.

3675. Choisière (de la), lieutenant de frégate du port de Rochefort, mort aux isles sur *le Faucon* anglois en 1694.

3676. Choisy (le sʳ de), blessé en 1629 au siége de Bois-le-Duc. (*Mercure* de 1629.)

3677. Choisy (le sʳ), lieutenant au régiment royal des vaisseaux, blessé au combat de Senef en 1674.

3678. Choisy (Claude-Gabriel de), chevalier, commandant de l'ordre royal et militaire de Saint-Louis, et lieutenant général du roy, cy-devant major de la légion de Hainaut, puis lieutenant-colonel de celle de Lorraine et lieutenant-colonel du régiment de Condé-dragons, blessé à la bataille de Fontenoy en 1745 et dans un détachement pendant le siége de Bruxelles en 1746, à l'affaire de Malte en 1747.

3679. Cholet (le sʳ de), lieutenant au régiment de Piémont, blessé à la bataille de Malplaquet en 1511.

3680. Cholot (le sʳ de), blessé en 1629 au siége de Bois-le-Duc. (*Mercure* de 1629.)

3681. Chomel (Jean-François, dit *lé marquis de*), chevalier de Saint-Louis, capitaine au régiment de Lévis, puis dans celuy d'Henrichemont, fut si grièvement blessé d'un coup de sabre sur le poignet droit, à la bataille de Minden en 1759, qu'il en resta estropié.

3682. Chovigny (Gilbert de), comte de Blot, chevalier de Saint-Louis, capitaine au régiment royal-Normandie, puis guidon de gendarmerie, colonel du régiment d'Orléans, capitaine de ses gardes et lieutenant général des armées du roy, blessé le 29 septembre 1758 à l'attaque de Borck, mourut en 1785.

3683. Chouppes (François-Charles, chevalier de), chevalier de Saint-Louis, major du régiment de Beauvilliers, puis lieutenant-colonel de celui de commissaire général cavalerie, blessé à la bataille de Rosback en 1757, quitta le service en 1781.

3684. Chouppes, enseigne de vaisseau du port de Rochefort, mort à la Havanne sur *l'Espérance*, commandée par M. de la Galissonnière, le 6 juin 1702.

Ancienne maison du Poitou qui a produit le marquis de Chouppes, dont on a les *Mémoires*.

3685. Chourses (Gabriel de), capitaine au régiment de Picardie, tué au siége de Mons, sous Louis XV.

3686. Chourses (le vicomte de), chevau-léger de la garde du roy, mort des blessures reçues à Dettingen en 1743.

3687. Chourses (Godefroy-François de), capitaine au régiment de Caranau-dragons, tué au siége de Berg-op-Zoom.

3688. Chrestien-des-Noyers (Jean), reçut plusieurs blessures en 1759, au siége de Mosulipatan, à la tête d'un détachement de 63 hommes qu'il conduisit à l'assaùt d'un bastion dont l'ennemy s'étoit emparé : de tous les siens il fut le seul qui survécut.

3689. CHRESTIEN (Sébastien-Joseph), chevalier de Saint-Louis, capitaine de grenadiers au régiment de Lonnebéry-suisse, avec rang de lieutenant-colonel : ce doit être lui qui est cité sous le nom de *Chritin*, lieutenant au régiment de Planta, parmi ceux qui furent blessés à la bataille de Rosback en 1757.

3690. CILLART-DE-SUVILLE (Armand-François-Marie de), chevalier de Saint-Louis, chef d'escadre des armées navales, blessé au combat du comte d'Estaing contre l'amiral Byron, près de la Grenade, le 6 juillet 1779, le fut encore : au combat du baron de Suffren aux Indes, près de Provedierne, contre l'amiral Hugues, le 12 avril 1782.

Famille de Bretagne ; porte : d'hermine à trois chevrons de gueules.

3691. CIRCEY (de). V. de Cercey.

3692. CIRIER (Louis le), seigneur de Neuchelles, lieutenant des gardes du corps, maréchal de camp et gouverneur de Saint-Menehould, fut tué au combat de Leuze en 1690.

3693. CIRIER DE NEUFCHELLE, lieutenant de la mestre de camp, fut dangereusement blessé au siége de Valenciennes en 1656.

3694. CIRIER DE NEUFCHELLE, capitaine au régiment de Piémont, blessé au siége de Wœiden en 1672.

3695. CIRMON (le sr de), mousquetaire de la garde du roy, blessé à la bataille de Dettingen en 1743.

3696. CIRON (de). V. de Siron.

3697. CISTERNAY DU FAY (N... de), chevalier de Saint-Louis, capitaine aux gardes-françoises, eut une jambe emportée d'un coup de canon au bombardement de Bruxelles en 1695, et reçut nombre d'autres blessures.

3698. CLABAUT (Ferry), tué au siége de Pont-Audemer en 1449. (*Nobiliaire de Picardie*, Paris, 1693, p. 40.)

3699. CLAIRAUD (le s^r de), lieutenant au régiment d'Auxerrois, tué dans le combat du comte d'Estaing contre l'amiral Byron, près de la Grenade, le 6 juillet 1779.

3700. CLAIREFONTAINE, enseigne de vaisseau du port de Rochefort, tué à l'expédition de Languille, aux Isles, le 2 juin 1745.

3701. CLAIRVAUT (le s^r de), capitaine au régiment de Piémont, tué à la bataille de Rocroy 1643.

3702. CLAMORGAN DE CARMENIL, enseigne de vaisseau du port de Rochefort, tué sur *l'Indien*, commandé par M. de Joncoux le 21 octobre 1709.

3703. CLAMORGAN, enseigne de vaisseau du port de Brest, tué devant Gibraltar sur *le Foudroyant* le 5 novembre 1704.

3704. CLAMOUSSE (le s^r de), blessé en 1763 dans l'armée de Soubise.

3705. CLANLEU (le s^r de), capitaine de cavallerie, tué le 3 septembre 1643 dans une irruption de Croates sur les fourrageurs de l'armée françoise. (*Mercure* de 1643.)

3706. CLANLEU (le marquis de), commandant à Charenton, y fut tué dans une attaque en 1649.

3707. CLAPIERS (Antoine de), marquis de Vauvenargues, capitaine au régiment de Flandres, tué dans l'isle de Corse en 1741.

3708. CLAPIERS (Charles-Athanase de), chevalier de Saint-

Louis, premier capitaine au régiment de Monsieur-infanterie avec rang de lieutenant-colonel, fut blessé d'un coup de fusil au côté gauche à la bataille de Rosback en 1757, étant alors lieutenant au régiment de Provence.

On voit que cette famille, originaire de Provence, n'avait pas attendu pour se signaler, l'éclat que jeta sur elle l'écrivain moraliste si célèbre sous le nom de Vauvenargues. Elle a encore ses représentants.

3709. CLARIS (Jean-Pierre de), dit *le chevalier de Saint-Angel*, chevalier de Saint-Louis, major du régiment de la Reine-cavalerie et puis mestre de camp de cavalerie et brigadier des armées du roy, blessé à la bataille de Rosback en 1757.

3710. CLARIS (David de), seigneur de Saint-Martin et de Perdignier, chevalier de Saint-Louis, directeur général des fortifications d'Alsace, ingénieur en chef et brigadier des armées du roy, reçut à la défense de Béthune une grave blessure à la cuisse, et fut tué au siége de Prague en 1742.

Maison de Provence : d'azur à la bande d'or, acc. de deux étoiles du même.

3711. CLARY (Lancelot de), chevalier, tué à la bataille d'Azincourt en 1415.

3712. CLAUSE (le s^r de la), mousquetaire de la garde du roy, tué au siége de Maestrick en 1673.

3713. CLAUSÉ (le s^r de), capitaine de grenadiers au régiment de Champagne, blessé au combat de Valcour en 1689.

3714. CLAUSER (le s^r de), capitaine au régiment de Bourbonnois, blessé au combat de Dunkerque en 1692.

3715. CLAUX (le chevalier du), officier au régiment de Bourbonnois, blessé à l'affaire d'Exiles en 1707.

3716. CLAVEL (le s^r), major du régiment des gardes-suisses, tué au combat de Saint-Denis en 1678.

3717. CLAVERIE (le sᵣ de), lieutenant au régiment de Normandie, blessé au siége de Verceil en 1704.

3718. CLAVIER (le sᵣ du), chevalier de Saint-Louis, capitaine au régiment de Normandie, puis dans celui de Neustrie, blessé à la bataille de Clostercamp en 1760.

3719. CLAVIÈRES (le chevalier des), chevau-léger de la garde du roy, tué à la bataille de Detlingen en 1743.

3720. CLAYS (le baron de), enseigne de vaisseau du port de Brest, mort près l'isle de Cuba le 15 may 1702.

3721. CLÉDAT (le chevalier de), chevalier de Saint-Louis, major des grenadiers royaux de Guyenne, blessé d'un coup de feu au côté à l'affaire des Salines, près de Fribourg, sous les ordres du prince de Condé.

3722. CLÉMENS (Louis de), chevalier de Malte et capitaine de vaisseau, tué dans un combat naval sous Louis XVI.

3723. CLÉMENT (le sᵣ), capitaine de grenadiers au régiment de Champagne, tué à la bataille de Fleurus en 1690.

3724. CLÉMENT (Albéric), maréchal de France, tué au siége d'Acre en 1191. (*Nobil. de Picardie*, Paris, 1493, p. 112 et 113.)

3725. CLÉMENT (Robert), tué à la bataille de Cassel en 1328. *Même source.*

3726. CLÉMENT (Gilles), seigneur de Vermont, tué à la bataille d'Azincourt en 1415. *Même source.*

3727. (CLÉMENT (Pierre), seigneur des Prez et de Vermont, tué au siége d'Orléans en 1428. *Même source.*

3728. CLÉMENT (François), seigneur des Prez, tué à la bataille de Nancy en 1477. *Même source.*

3729. CLÉMENT (René), tué à la bataille de Ravenne en 1512. *Même source.*

3730. CLÉMENT (Nicolas), seigneur de Villiers et de Gancourt, fut dangereusement blessé à la bataille de Coutras en 1587.

3731. CLÉMENT (Nicolas et Philippe), frères, officiers de cavalerie, tués à la bataille de Rhinffeld en 1638.

Il y avait plusieurs familles de ce nom : en Bretagne, en Languedoc, en Champagne et dans le Dauphiné.

3732. CLÉMENTZ (le sr), capitaine lieutenant au régiment de Suibeck suisse, fut dangereusement blessé au siége de Landau en 1703.

3733. CLÉRACQ (de), lieutenant de vaisseau du port de Brest, tué à la Horgue sur *le Soleil-royal* le 29 may 1692.

3734. CLÈRE (du), originaire de la Guadeloupe, capitaine de brûlot le 24 juin 1609 du port de Rochefort, assassiné par les Portugois à la baye de Tous-les-Saints, au Brésil, le 29 juin 1724.

3735. CLERNE (le sr de), volontaire aux grenadiers dans le régiment de Navarre, tué en 1761 à la défense de Cassel.

3736. CLÉRAN (le sr du), capitaine aux grenadiers dans le régiment de Navarre, tué en 1761 à la défense de Cassel.

3737. CLÉRAN (le sr du), capitaine au régiment de Picardie, tué au combat de Senef en 1674.

3738. CLERC (Louis le), marquis des Aubrières, chevalier de Saint-Louis, cornette de la compagnie des mousquetaires, tué à la bataille d'Hochstets, en 1704.

3739. CLERC (Claude-François le), seigneur de Sabaros,

chevalier de Saint-Louis, capitaine des ingénieurs et capitaine à la suite du régiment de Bourbon-infanterie, mourut des suites de ses blessures au siége de..... en 1705.

3740. CLERC (Tesmery le), seigneur des Roches, gouverneur du château de Sablé et enseigne des gardes du corps du roy Charles VIII, fut blessé d'une mousquetade à la bataille de Marignan en 1515.

3741. CLERC (Jean le), baron de la Forêt-le-Roy, homme d'armes, de la compagnie d'ordonnance du comte d'Enghien, tué à la bataille de Saint-Quentin en 1557.

3742. CLERC (le s^r le), sous-lieutenant de grenadiers au régiment de Béarn, tué au siége d'Hulst en 1747.

3743. CLERC (Antoine-Didier le), chevalier de Saint-Louis, capitaine au régiment de Touraine, blessé grièvement dans les guerres de Louis XV, mourut le 2 septembre 1784.

3744. CLERC (Antoine le), chevalier de Saint-Louis, lieutenant et depuis quartier-maître au régiment de Champagne, blessé à la bataille de Raucoux en 1746.

3745. CLERC DE JUIGNÉ (René le), tué au siége de la Rochelle, sous Louis XIII.

3746. CLERC DE JUIGNÉ (Henry le), enseigne au régiment de Schomberg, tué à Messine en 1678.

3747. CLERC DE JUIGNÉ (Urbain le), maréchal de camp, tué en 1645 en Catalogne, où il commandoit un corps de 10,000 hommes et où il fit des prodiges de valeur.

3748. CLERC (Samuel-Jacques le), marquis de Juigné, baron de Champagne et de la Lande, colonel du régiment d'Orléans-infanterie, tué à la bataille de Guastalla en 1734.

3749. CLERC DE LA MOTTE (Jean-François le), chevalier de Saint-Louis, capitaine de grenadiers au régiment de Hainaut, mort en Espagne des blessures qu'il reçut au siége de Lérida en 1707.

3750. CLERC DE LA MOTTE (Pierre-François-Denis le), chevalier de Saint-Louis, officier au régiment d'Orléans-infanterie, reçut plusieurs blessures au service et mourut à Rosoy en Brie le 17 août 1770.

3751. CLERCY (le sʳ de), capitaine aux grenadiers de France, tué à la bataille de Minden en 1759.

3752. CLERC (Jean de), baron de la Croix Saint-Leuffroy, panetier du roy, tué à la bataille d'Azincourt en 1415.

3753. CLERC (Jacques, baron de), tué au siége d'Amiens, sous Henry IV.

3754. CLERC (le marquis de), guidon des gendarmes rennois, tué à la bataille d'Hochstedt en 1704.

Les familles du nom de le Clerc ont été nombreuses et distinctes. Il en subsiste encore en Picardie, dans le Lyonnais, au moins en Bretagne et dans le Nivernois.

3755. CLEREL (Georges-René de), seigneur de Tocqueville, capitaine au régiment de Chabrillan-cavalerie, tué à la bataille de Creveldt en 1758.

3756. CLÉREMBAULT (Philippe de), comte de Palluau, chevalier de Saint-Louis, lieutenant général des armées du roy, se noya à la bataille d'Hochstedt le 13 août en 1704, et suivant l'historien de l'ordre de Saint-Louis qui le nomme à tort *Philippe de Palluau, marquis de Clérembault*, il y fut tué.

Philippe étoit fils du célèbre maréchal de France de ce nom, mort en 1665.

3757. CLÉRI (Pétermann de), chevalier du canton de Fribourg, colonel d'un régiment suisse, mourut des blessures qu'il reçut à la bataille de Moncontour en 1569, généralement regretté à cause de ses grandes qualités.

3758. Cléri (Charles de), seigneur de Fremainville, gardes du corps du roy, tué à la bataille de Malplaquet en 1709.

3759. Cléri (le sʳ de), lieutenant au régiment de Normandie, blessé à la bataille de Clostercamp en 1760.

3760. Clermont (le seigneur de), tué à la bataille de Marciano en 1554.

3761. (Clermont (Andrieu de), tué à la bataille de Verneuil en 14:4.

3762. Clermont (Raoul, *comte* de), connétable de France, tué au siége d'Acre en 1191.

3763. Clermont de Nesle (N... de), seigneur de Breteuil et d'Offemont, maréchal de France, tué à la bataille de Courtray en 1302.

3764. Clermont (Raoul de), seigneur d'Ally et de Nesle, grand chambellan et connétable de France en 1302, tué aussi à la même bataille.

3765. Clermont (Jean de), seigneur de Chantilly, chevalier, maréchal de France, conseiller, chambellan ordinaire du roy, lieutenant général au gouvernement de Poitou, de Saintonge, d'Angoumois, de Périgord, de Limousin et d'Auvergne, tué à la bataille de Poitiers en 1356.

3766. Clermont (Hubert de), seigneur de Moigneville (puîné de la maison de Bussy-d'Amboise), doit être le même que M. de *Magneville*, que de Thou dit effectivement de la maison d'Amboise et qui avoit été comme enseveli sous les ruines d'Hesdin, en 1553 : il fut tué au siége d'Issoire en 1577.

3767. Clermont-d'Amboise (Louis de), baron de Bussy et de Saxefontaine, marquis de Reynel, chevalier de l'ordre du roy, gentilhomme ordinaire de sa chambre, capitaine de 50 hommes d'armes de ses ordonnances, gouverneur d'Anjou et grand chambellan du duc d'Alençon, grièvement blessé au siége de la Rochelle en 1573, tué par Montsoreau, en 1579.

3768. Clermont-d'Amboise (Jacques de), baron de Bussy et de Saxefontaine, marquis de Reynel, maréchal héréditaire du comté pairie de Châlons, chevalier de l'ordre du roy, capitaine de 50 hommes d'armes de ses ordonnances, chambellan, premier gentilhomme de la chambre et surintendant de la maison des affaires et des finances du duc d'Anjou, gouverneur d'Anjou, de Touraine, de Berry et d'Alençon, fut blessé en 1574 à la prise de Fontenoy-le-Comte et au siége de Lusignan.

3769. Clermont-de-Bussy-d'Amboise (Jacques de), *le jeune*, tué au siége d'Issoire en 1577.

3770. Clermont-d'Amboise (Louis de), marquis de Reynel, gouverneur de Vitry, bailly et gouverneur de Chaumont en Bassigny, tué le 3 novembre 1615 dans un combat près d'Arcis-sur-Aube contre les troupes de M. le Prince : ce doit être le même Louis qui avoit été dangereusement blessé au siége de la Peyre en 1586.

3771. Clermont-Monglat (François-Paul de), marquis de Saint-Georges, chevalier des ordres du roy, grand maître de sa garde-robe et colonel du régiment de Navarre, blessé au siége de la Bassée en 1641, mourut en 1674.

3772. Clermont (Jacques de), tué à la bataille de Nordlingue en 1645.

3773. CLERMONT-D'AMBOISE (Bernard de), marquis de Reynel, capitaine de cavalerie au régiment de Magelotti, tué au siége de la Mothe en Lorraine en 1645.

3774. CLERMONT-D'AMBOISE (Clériadus de), son frère, marquis de Reynel, mestre de camp d'un régiment de cavalerie, maréchal de camp, gouverneur et bailly de Chaumont, tué au siége de Valenciennes où il commandoit la cavalerie sous le maréchal de la Ferté.

3775. CLERMONT-D'AMBOISE (Jean de), autre frère, capitaine d'infanterie, tué au siége de Chauny.

3776. CLERMONT-D'AMBOISE (Louis de), autre frère, marquis de Reynel, lieutenant général des armées du roy, mestre de camp, général de la cavalerie légère, bailly et gouverneur de Chaumont, fut emporté d'un coup de canon au siége de Cambray en 1677.

3777. CLERMONT (le chevalier de), lieutenant de galères le 1er janvier 1685, tué sur *le Pompeux* au combat de la Manche le 10 juillet 1690.

3778. CLERMONT-D'AMBOISE (Just de), autre frère, dit *le chevalier de Reynel*, colonel d'un régiment d'infanterie, brigadier des armées du roy et commandant l'arrière-garde de l'armée de Turenne en 1675, étant allé en 1674 après la bataille de Senef, à la tête d'un détachement, attaquer les ennemis sur les hauteurs, il y eut un cheval tué sous lui, et fut blessé dangereusement au genou : il mourut le 16 février 1702.

3779. CLERMONT (Georges-Henry de), dit *le comte de Clermont-d'Amboise*, mestre de camp d'un régiment de cavalerie et maréchal de camp, mort à Mantoüe au mois d'avril

1702 d'une blessure reçue dans une sortie pendant le blocus de cette place.

3780. Clermont-d'Amboise (Georges-Jacques de), marquis de Gallerande, chevalier de Saint-Louis, colonel du régiment d'Auvergne, inspecteur d'infanterie et brigadier des armées du roy, mort le 6 juin 1734 de ses blessures reçues à l'attaque de Colomo.

3781. Clermont (le marquis de), colonel du même régiment, tué au siége de Prague en 1742.

3782. Clermont-Talart (Laurent de), tué à la bataille de Cérisolles en 1544.

3783. Clermont (Claude, comte), baron de Talart, chevalier de l'ordre du roy et capitaine de 50 lances de ses ordonnances, blessé à la bataille de Jarnac en 1569, mourut d'autres blessures reçues en la même année à celle de Moncontour.

3784. Clermont (Henry *ou* Henry-Antoine, *comte* de) et de Tonnerre, vicomte de Talart, premier baron, grand maître et connétable, héréditaire de Dauphiné, nommé duc et pair de France, chevalier de l'ordre du roy, gentilhomme ordinaire de sa chambre, capitaine de 50 hommes de ses ordonnances, colonel de l'infanterie de Piémont, gouverneur d'Auvergne et de Bourbonnois, blessé à la bataille de Jarnac en 1569, mourut d'autres blessures reçues au siége de la Rochelle en 1573.

3785. Clermont de Chaste (Guillaume de), seigneur de la Brosse, tué aussi au siége de la Rochelle en 1573.

3786. Clermont (Henry de), chevalier de Malte, tué au siége de Joinville ou de Jonville.

3787. Clermont (François de), baron de Châte, chevalier de l'ordre du roy, gentilhomme ordinaire de sa chambre, capitaine de 50 hommes d'armes de ses ordonnances et commandant en Gévaudan dans le Velay et le Vivarais, fut tué en 1594 devant la ville du Puy qu'il assiégeoit : ce doit être lui encore sous le nom de *Chaste*, enseigne de la compagnie du seigneur de Saint-Vidal qui, d'après l'*Histoire de Languedoc*, avoit été blessé au siége de l'Agrève en 1580.

3788. Clermont (François-Antoine de), seigneur et baron de la Roche-Bodin ou de la Roche-Montoison, gentilhomme ordinaire de la chambre du roy et mestre de camp d'un régiment d'infanterie, mourut à Lisbonne le 31 may 1586 d'un coup de carabine qu'il reçut dans la tranchée.

3789. Clermont (Antoine-François de), marquis de Montoison, baron de la Roche-Baudin, colonel du régiment de Forez et lieutenant des gardes du duc d'Orléans, blessé au siége de Valence en 1635, le fut encore d'un coup de mousquet à la bataille de la vallée d'Espin où il prit aux ennemis six pièces de canon.

3790. Clermont de Chate (Gaspard-François de), chevalier de Malte et capitaine au régiment de la Reine-cavalerie, tué au siége de Mardick en 1646.

3791. Clermont (Charles-Henry, *comte* de), tué au siége de la Bassée en 1647.

3792. Clermont (Louis-Claude de), chevalier de Malte et capitaine de galères, tué sur *le Pompeux* dans le combat naval du 10 juillet 1690 entre l'escadre de France et les flottes angloise et hollandoise.

3793. Clermont de Chate (René de), chevalier de Malte,

exempt des gardes du corps, mort à Tournay des blessures qu'il reçut au combat de Leuze en 1691.

3794. CLERMONT DE CHASTE (Louis de), dit *le marquis de Châte*, chevalier de Saint-Louis, maréchal de camp, grand sénéchal et bailly du Velay, mourut en 1734 des blessures qu'il reçut à la bataille de Guastalla.

3795. CLERMONT-TONNERRE (le marquis de), mort des blessures qu'il reçut à l'attaque de Colomo en 1734, étant à la tête des grenadiers du régiment de Picardie.

3796. CLERMONT-LODÈVE ET DE CASTELNAU (Guy, *baron* de), vicomte de Nebouzan, chevalier de l'ordre du roy, conseiller en son conseil privé, capitaine de 50 hommes d'armes de ses ordonnances, gentilhomme ordinaire de sa chambre, gouverneur et sénéchal de Toulouse et d'Albigeois, doit être le seigneur de *Clermont* qui, d'après le père Daniel, fut blessé d'une arquebusade à la main au siége de Metz en 1552, et c'est d'autant plus vraisemblable qu'il est prouvé en effet que le baron de Clermont-Lodève se trouva à ce siége.

3797. CLERMONT DE PILLES (le seigneur de), colonel d'un régiment, ayant reçu plusieurs blessures à la tête au siége de Rouen en 1592, fut transporté à Louviers où il mourut.

3798. CLERMONT DE PILLES (le seigneur de), *cadet*, tué aussy au même siége (de Thou).

Plusieurs illustres maisons françoises, elles-mêmes ayant donné naissance à diverses branches, ont porté ce grand nom de Clermont, entre autres : les Clermont du Beauvoisis qui ont fourni les seigneurs de d'Ailli et de Melle : les seigneurs d'Offemont et de Melle : les seigneurs de Saint-Venant et du Souchoi : les seigneurs de Thorigni, de Montgobert, de Paillart et de Tartigné, et les seigneurs de Chantilly vicomtes d'Aunoy. Ceux-ci portoient : de gueules à la tour d'or maçonnée de sable au chef cousu d'azur, semés de fleurs de lis d'or.

La maison de Clermont en Anjou, seigneurs de Gallerande qui a produit les branches de Loudon et Gallerande. Celle des Clermont d'Amboise, barons de Bussi : des seigneurs de Saint-Georges, des marquis de Revel : d'azur à trois chevrons d'or, le premier brisé.

La maison de Clermont du Dauphiné, dans le Viennois, vicomtes de Tallard, a fourni les barons, puis comte de Clermont-Thouri, les marquis de Cruse, les seigneurs et comtes de Tonnerre ; — de gueules à deux clés d'argent passées en sautoir, surm. d'un écusson d'azur chargé d'une fleur de lis d'or.

Les seigneurs de Montoison. Châtre la Bretonnière, Mont-Saint-Jean en Savoie.

Nous laissons tous ces vaillants Clermont dans l'ordre que leur a donné l'auteur, laissant aux intéressés le soin de distinguer les uns des autres.

3799. Cléron de Querdin, capitaine de frégate du port de Toulon, tué dans le golfe de Venise commandant *la Gentille* le 3 avril 1702.

3800. Clèves (François de), duc de Nevers, pair de France, comte d'Eu, d'Auxerre et de Rethel, seigneur d'Orval, chevalier de l'ordre du roy, conseiller en son conseil privé, gouverneur de Champagne et de Brie, blessé le jour de la bataille de Dreux d'un coup de pistolet à la cuisse, le 10 janvier suivant 1562 (1563), meurt des suites de sa blessure que l'ardeur du combat lui avait fait négliger.

3801. Clinchamp (Vigor de), seigneur des Méserets et de la Chapelle, tué à la bataille d'Azincourt en 1415.

3802. Clinchamp (le baron de), général d'un grand mérite, fut blessé à mort au combat de la porte Saint-Antoine en 165?, il avoit déjà reçu précédemment d'autres blessures.

3803. Clinchamp (Louis, *chevalier* de), chevalier de Saint-Louis, capitaine au régiment de Bouzois depuis Guyenne, blessé au siége de Fribourg en 1744, obtint sa retraite en 1761.

Famille de Normandie et du Maine, la première porté : d'argent au gonfanon de gueules : La seconde, celle du Maine : d'argent à la bande ondée de gueules, accompagnée de six merlettes du même, rangées en Orle.

3804. Clisson (Amaury de), seigneur de l'isle d'Aurelli et

de la Blandinage, fut tué au combat de la Roche-de-Rien contre les Anglois en 1367.

3805. (CLISSON (le sr de), enseigne colonel au régiment de Trassy-cavalerie, tué en 1644 au siége de Fribourg, après avoir planté son drapeau sur le haut de l'un des forts. (*Mercure de* 1644.)

3806. CLISSON (le sr de), capitaine au régiment de Champagne, blessé à la bataille de Steinkerque en 169', le fut encore en 1703 au siége du fort de Kell.

3807. CLISSON DU MENÉ (le chevalier de), enseigne de vaisseau du port de Brest, mort sur *l'Amazone*, armé par M. de Vienne *le* 12 octobre 1722.

3808. CLOCHETERIE (de la), lieutenant de vaisseau du port de Rochefort, tué sur *le Sérieux* le 14 may 1747.

La maison de Clisson de Bretagne, à laquelle appartenoit le connétable de Clisson, mort en 1407, portoit : de gueules au lion d'argent armé lampassé et couronné d'or. Devise : *Pour ce qu'il me plaist.*

3809. CLOCHETERIE (de la), capitaine de vaisseau, blessé vers le même temps.

3810. CLOQUETTE (le sr), lieutenant au régiment de Normandie, tué au siége de Saint-Sébastien.

3811. CLOS (du). V. du Claux.

3812. CLOS (le sr du), capitaine au régiment de Soubise, blessé au service, en 1761, dans l'armée du maréchal de ce nom.

3813. CLOS (le sr du), sous-lieutenant dans les chasseurs volontaires, blessé au siége de Savannah en 1779.

3814. CLOS DE FONTENOBLE (Jaques du), seigneur de l'Etoile et de Martillac, baron de la Tour Fromentolet, capitaine au régiment de Chambray-infanterie, blessé d'un coup de mousquet à la jambe dans l'armée d'Italie en 1637, mourut le 18 mars 1644.

3815. Clos de l'Etoile (Armand du), seigneur de Villotte, capitaine au régiment de la Roqueville-cavalerie, mort à Fribourg d'une blessure qu'il reçut en Sicile où il commandoit une compagnie de chevau-légers en 1677.

3816. Clos de l'Etoile (Aymé du), seigneur de l'Etoille, baron de la Tour Fromentolet, lieutenant-colonel du régiment de Lyonnois et commandoit à Maubeuge, mort à Aire le 4 may 1677 des blessures qu'il reçut à la bataille de Cassel.

3817. Clos de l'Etoille (Camille du), seigneur de l'Etoille et de Chabanes, baron de la Tour Fromentolet, capitaine de cavalerie et maréchal des logis de la compagnie des gendarmes de la reine, reçut un coup de feu au bras droit à la bataille de la Marsaille en 1693 et fut encore grièvement blessé en plusieurs autres occasions; il mourut le 25 avril 1722.

3818. Clos de l'Etoille (Charles-Antoine-Marie du), capitaine au régiment du Roy-infanterie, tué à la bataille de Parme en 1734.

Famille d'Auvergne et de Bourgogne.

3819. Clozier (Jean de), chevalier de Saint-Louis, lieutenant-colonel du régiment de Piémont, blessé en 1719 aux batailles de Berghen et de Minden, quitta le service en 1763.

3820. Clugny (Antoine de), seigneur de Colombier, mestre de camp d'un régiment d'infanterie, gouverneur de Saint-Quentin et conseiller d'Etat d'épée, fut blessé au siége de Saint-Antoine, et le roy Louis XIII lui fit l'honneur de le visiter dans sa tente.

3821. Clugny (Antoine de), seigneur de Villargeot, tué au siége de Roses en 1645.

3822. CLUGNY (Maximilien de), son frère, baron de Brouil-
ard, capitaine de cavalerie, mourut à Châlons-sur-Marne au
nois de décembre 1654 d'une blessure qu'il avait recue
'année précédente au siége de Sainte-Menehould.

Famille de Bourgogne qui porte : d'azur à deux clés adossées d'or.

3823. CLUGNY (Hélie de), lieutenant au régiment de Furez,
fut tué au siége de Toulon en 1707.

3824. CLUYS (Jean de), chevalier, tué à la bataille de Poitiers en 1356.

3825. CLUYS (de Séguin de), chevalier, tué à la même bataille.

3826. COAISNON (Jean de), seigneur de la Roche-Coaisnon,
chevalier de l'ordre du roy et lieutenant de cinquante lances
de ses ordonnances, fut blessé d'après une montre du 9 avril
1570, mais il n'y est point dit à quelle bataille.

3827. COATELET (le sr de), capitaine aux gardes-françoises
reçu en 1706 et chevalier de Saint-Louis, quitta le service en
1714 en raison de ses blessures.

3828. COAQUIN (le seigneur de), tué à la bataille d'Azincourt en 1415.

Un marquis de Coaquin épousoit en juin 1721 une demoiselle de Nico-
laï. — Nous ne savons si cette famille n'est pas éteinte.

3829. COCHARD (le sr), écuyer de la grande écurie du duc de
Guise, tué à la bataille de Dreux en 1562.

3830. COCHARD, lieutenant de frégate, capitaine de brûlot le
1er janvier, tué commandant *la Driade, du Havre*, le 2 octobre
1709.

Il y avoit une famille en Bretagne du nom de Cochard de la Cochar-
dière, qui portoit de gueules à trois fasces d'or.

3831. COCHE (le sr de la), chevau-léger de la garde du roy,
tué au siége de Mons en 1692.

3832. Cocherie (le sʳ de la), capitaine au régiment de la marine, tué à la bataille d'Hastembeck en 1757.

3833. Coche (le sʳ), chevalier de Saint-Louis, capitaine de grenadiers au régiment de Crillon depuis Béarn, tué à l'affaire de Mêle en 1745.

3834. Codoin ou Codoni (le sʳ de), lieutenant aux gardes-françoises, tué au siége de Lille en 1667.

3835. Coeffier (Gilbert), seigneur de la Bussière, de Chazelles et d'Effiat, chevalier de l'ordre du roy et maréchal de ses camps et armées, tué à la bataille de Moncontour en 1569.

3836. Coeffier (N... de), cornette au régiment, mestre de camp général, tué à la bataille de Minden en 1759.

3837. Coeffier (Louis de), seigneur du Breuil, chevalier de Saint-Louis et capitaine de vaisseau du roy en 1786, avoit été blessé au combat d'Ouessant en 1778.

> La maison Coëffier longtemps connue sous le nom de Ruzé quelle avoit rendu célèbre déjà par ses services dans les conseils du roi — s'est surtout signalée sous ceux d'Effiat et de Cinq-Mars : subsiste encore et porte : de gueules au chevron ondé d'argent et d'azur de six pièces, accompagné de trois lionceaux d'or.

3838. Coesennes (Jean de), baron de Lucé et de Bonnestable, chevalier de l'ordre du roy, gentilhomme ordinaire de sa chambre et colonel de quinze enseignes de gens de pied de ses ordonnances, tué au siége de Luzignan en 1574.

3 39. Coetivi (Alain de), seigneur de Coëtivi, ayant le commandement des troupes sous le connétable de Richemont, fut tué au siége de Saint-James de Beuvron en 1425.

3840. Coetivi (Prégent de), seigneur de Taillebourg, chevalier, amiral de France, conseiller, chambellan ordinaire du roy, gouverneur de la Rochelle, de Saintes et d'Yenville en Beauce, l'un des cinquante hommes les plus célèbres de son siècle, fut tué d'une volée de canon au siége de Cherbourg en 1450.

3842. COETIVI (le sʳ de), lieutenant de vaisseau, tué dans le combat du comte de Guichen, près la Martinique, contre l'amiral Rodney en 1780.
Ancienne et l'une des plus illustres familles de Bretagne.

3843. COETLOGON (Jacques-Florimond de), vicomte de Mejusseaume, vice-amiral de France, chevalier de Saint-Louis, mourut d'une blessure qu'il reçut à l'épaule au siége de Carthagène, dans l'Amérique du Sud, où il commandoit un vaisseau ainsi que l'artillerie en 1697.

3844. COETLOGON (le vicomte de), capitaine de vaisseau du port de Brest, mort de ses blessures à Carthagène commandant le fort, le 25 may 1697. — (*Paroit être le même*).

3845. COETLOGON (César-Madeleine, marquis de), vicomte de Mejusseaume, baron de Pleugriffet, mestre de camp, se signala en 1698 aux siéges de Fontarabie et Saint-Sébastien, où il fut blessé.

3846. COETLOGON (le chevalier de), lieutenant de vaisseau du port de Brest, mort sur le Dauphin-Royal le 13 novembre 1740.

3847. COETLOGON (le marquis de), enseigne des mousquetaires de la garde du roy, tué à la bataille de Dettingen en 1743.

3848. COETLOGON (Louis-Emmanuel, comte de), chevalier, grand-croix de l'ordre royal et militaire de Saint-Louis, lieutenant-colonel du régiment de Toulouse et depuis lieutenant-général des armées du roy, fut blessé à la même bataille.

La maison de Coëtlogon, originaire de Bretagne, que ses nombreux services ont illustrée, subsiste encore, et porte : de gueules à trois écussons d'hermine.

3849. Coetlurick (de), enseigne de vaisseau du port de Brest, mort sur *l'Atlas* le 7 octobre 1739.

3850. Coetmain (le s[r] de), colonel d'un régiment de dragons de son nom, tué à l'attaque d'un camp ennemi, près de Douay en 1711.

3851. Coetmen (le sire de), tué à la bataille d'Auray en 1364.

3852. Coetnempen de Kersaint (de). V. de Kersaint.

3853. Coetquen (Louis, marquis de), comte de Combourg, vicomte d'Uzel et de Rougé, baron du Vaurufier, chevalier de l'ordre du roy, conseiller d'Etat d'épée, mestre de camp d'un régiment, gouverneur de Saint-Malo et de la Tour de Solidar, tué au siége de la Rochelle en 1628. (V. de Coatquin.)

Grande famille de Bretagne alliée aux Chabot, aux Noailles. Porte : bandé d'argent et de gueules : Devise : *Quo mon supplice est doux* !

3854. Coeur (le s[r] de), chevau-léger de la garde du roy, tué au siége de Mons en 1691.

3855. Coeur-de-Chêne (le s[r]), chevalier de Saint-Louis, capitaine de grenadiers au régiment de Navarre et depuis lieutenant-colonel de celui de Normandie, blessé au siége de Philisbourg en 1688.

3856. Cognet (Jacques), seigneur de Marclop, chevalier de l'ordre du roy et l'un de ses maîtres d'hôtel ordinaires, reçut une mousquetade au ventre à la prise de Constantin, en Catalogne, en 1644.

3857. Cohars (le s[r] de), chevalier de Saint-Louis et capitaine de vaisseau, blessé d'un coup de mitraille à la jambe dans le combat du comte de Guichen, près de la Martinique, en 1780 contre l'amiral Rodney.

3858. Cohorn (Joseph de), capitaine de vaisseau, il se signala à l'expédition de Gigeri, en 1675, et mourut criblé de blessures.

3859. Cohorn (Jean-Charles-Thomas), dit le *chevalier de Cohorn*, lieutenant au régiment de Quercy, blessé d'un coup de feu aux jambes à la bataille de Guastalla en 1734.

3860. Coigneux (Gabriel-Joseph, dit le *comte de*), baron de la Roche-Turpin, cornette des chevau-légers de la garde du roy, tué à la bataille de Dettingen en 1745.

3861. Coignon (sire Tristan), tué à la bataille de Verneuil en 1424.

3862. Coin (le sr du), capitaine au régiment royal-Roussillon, tué en 1758 à l'affaire de Carillon en Canada.

3863. Cointe (Jean de), tué à la bataille d'Azincourt en 1415.

3864. Cointe (Pierre le), capitaine au régiment de Rouergue, tué au service en 1735.

3865. Cointerie (le sr de la), blessé en 1644 dans la guerre contre les Bavarois. (*Mercure* de 1644.)

3866. Coiran (de), enseigne de vaisseau du port de Brest, mort à Siam sur ..... le 27 aoust 1690.

3867. Coladon (le sr), enseigne au régiment de Suibeck suisse, blessé en 1713 au siége de Landau.

3868. Colangis (le sr de), lieutenant au régiment de Picardie, blessé à la bataille de Parme en 1734.

3868 *bis*. COLAS DE LA BARONNAIS. V. Baronnais.

3869. COLBERT DU TERRON (le s^r), capitaine au régiment de Navarre, tué en 1653 à l'affaire de la Roquette.

> Les deux frères, Jean et Remy Colbert, capitaines au même régiment, furent tués à une année d'intervalle. Colbert alors intendant du cardinal Mazarin écrivoit à ce dernier : Monseigneur, l'année passée votre Excellence eut la bonté de donner la compagnie au régiment de Navarre, d'un de mes cousins (Jean Colbert), qui fut tué au combat donné par M. le Mareschal de Grancey en Piémont, à son frère, son lieutenant et présent au même combat. A présent ce second vient encore d'être tué dans le même pays... (P. CLÉMENT, let. de Colbert, t. 1er, p. 226, 14 aoust 1654.

3870. COLBERT (Edouard-François), comte de Maulevrier, chevalier des ordres du roy, lieutenant général des armées, capitaine lieutenant de la 2e compagnie des mousquetaires, gouverneur de Philisbourg, puis de Tournay ; étant capitaine au régiment de Navarre, il reçut au siége de Chaté, en Lorraine, dit autrement le *Catelet*, en 1651, huit coups de mousquet, et même, le croyant tué, on le laissa longtemps étendu sur un tas de corps morts; il fut encore grièvement blessé au siége de Lille en 1665, et à la tête à celui de Candie, en 1669; il mourut le 31 may 1693.

3871. COLBERT (Jean-Baptiste), son fils aîné, comte de Maulevrier, colonel du régiment de Maulevrier, tué au siége de Namur en 1695.

3872. COLBERT (Edouard), marquis de Villacerf, capitaine au régiment de Tilladet-cavalerie, tué à la bataille de Cassel en 1677.

3873. COLBERT (François-Michel), marquis de Villacerf, mestre de camp au régiment de Berry-cavalerie, tué au siége de Furnes en 1693.

3874. COLBERT (Antoine-Martin, dit le *Bailly*), chevalier commandant de l'ordre de Malte, grand-croix et général des galères de son ordre, colonel du régiment de Champagne et brigadier des armées du roy, eut deux chevaux tués sous lui à la bataille de Saint-Denis en 1678, et fut blessé au combat de Valcour en 1689, d'un coup de pierre dont il mourut le 2 septembre de cette année.

3875. COLBERT (Charles-Edouard), son frère, comte de Sceaux, colonel du régiment de Champagne, mort d'un coup de feu qu'il reçut à la bataille de Fleurus en 1690.

3876. COLBERT (Jules-Armand), autre frère, marquis de Blainville, chevalier de Saint-Louis, colonel du régiment de Champagne, gouverneur d'Ulm, grand maître des cérémonies de France, surintendant général des bâtiments, et enfin lieutenant général des armées du roy, grièvement blessé au combat de Steinkerque en 1692, et légèrement à la défense de Keiserwart en 1702, mourut à Ulm en 1704 des blessures qu'il reçut à la bataille d'Hochstett où il commandoit l'infanterie et où il fit des prodiges de valeur.

3877. COLBERT (Joseph-Edme-François-de-Sales), comte de Poligny, périt sur *le Thesé* qui coula à fond au combat du mois de novembre 1759 donné à la hauteur de Bellisle, entre le maréchal de Conflans et l'amiral Hawk.

3878. COLET (le s^r), enseigne de la compagnie de Soulas, tué au siége de l'Ursave, près Montbéliard en 1637. (*Mercure* de 1637.)

3879. COLIGNON (le s^r), aide-major des grenadiers volontaires, blessé au siége de Savannah en 1779. (V. Collignon.)

3880. COLIGNY (Jean de), seigneur de Cressia et de Beaupont, tué à la bataille de Nicopolis en 1396.

3881. COLIGNY (Jacques de), chevalier, seigneur de Coligny et de Châtillon-sur-Loing, conseiller, chambellan ordinaire du roy, capitaine de cent hommes d'armes de ses ordonnances, et prévôt de Paris, blessé d'une arquebusade à la cuisse à la bataille de Ravennes en 1512, mourut le 25 may de cette année.

3882. COLIGNY (Benjamin de), seigneur de Sailly et de Courcelles, tué en 1586 au combat de Montbraquet.

3883. COLIGNY (Claude de), *dit* de Saligny, seigneur du Rousset et de Cressia, tué à la bataille de Pavie en 1525.

3884. COLIGNY (François de), sire de Rieux, mort aussi d'une blessure qu'il reçut dans la même affaire.

3885. COLIGNY (François de), seigneur de Châtillon-sur-Loing, colonel général de l'infanterie françoise, blessé à la tête au siége de Chartres en 1591, mourut quelques jours après de cette blessure.

3886. COLIGNY (Henry, comte de), seigneur de Châtillon-sur-Loing, amiral de Guyenne, gouverneur de Montpellier, capitaine de cinquante hommes d'armes des ordonnances du roy et colonel général de pied françois entretenus en Hollande, fut tué d'une mousquetade au siége d'Ostende le 10 septembre 1605.

3887. COLIGNY (Joachim de), mort au siége de la Rochelle sous Louis XIII.

3888. CHATILLON (N..., fils naturel du maréchal de), enseigne au régiment de ...., tué au siége de Bois-le-Duc en 1629. (*Mercure* de 1617.)

3889. COLIGNY (Charles de), marquis d'Andelot, maréchal de camp, fut blessé d'un coup de pistolet et d'un coup d'épée au siége de Thionville en 1643. (*Mercure* de 1643.)

3890. COLIGNY (Gaspard, comte de), duc de Châtillon, lieutenant général des armées du roy, fut blessé à l'entreprise du fort Routzau, ayant été repoussé et jeté dans le fossé d'un coup de hallebarde en voulant tenter l'escalade : et étant revenu ensuite à la charge pour la troisième fois, il força les ennemis à luy abandonner leur conquête, nonobstant qu'il eut été blessé à l'épaule d'une mousquetade et de deux coups d'épée qu'il reçut en combattant seul à seul avec un officier espagnol qu'il tua : il mourut au château de Vincennes le 9 janvier 1649 d'un coup de canon qu'il reçut à l'attaque de Charenton.

3891. COLIGNY (le s^r de), sous-lieutenant au régiment de Picardie, blessé en 1742 devant le château d'Epersberg.

> Coligny d'où sont sortis MM. de Chastillon, qu'il ne faut pas confondre avec les Chastillon-sur-Marne, donnèrent leur nom où le prirent de Coligny, village près de Bourg-en-Bresse. Du Bouchet a publié une *table généalogique de l'illustre maison de Colligny*, 1640, aujourd'hui fort rare. Le nom s'écrivoit primitivement *Colligny*, et c'est ainsi que l'orthographioit l'amiral dans les lettres qu'il signoit pas *Chastillon*.

3892. COLIN (Pierre-Marie-Auguste), seigneur de la Riochaye, chevalier de Saint-Louis, chef d'escadre des armées navales, reçut plusieurs blessures en différents combats sous Louis XV.

3893. COLIN (le s^r), porte-drapeau au régiment de Picardie, blessé au siége de Fribourg en 1744.

3894. COLIN (Claude-Joseph), cornette au régiment du Rey-dragons, tué à l'affaire de l'Assiette en 1747.

3895. COLIN (Julien et Amaury) frères, lieutenants de cavalerie, furent tués dans les guerres d'Allemagne.

3896. COLIN (François), seigneur du Jaret, gentilhomme ordinaire de la chambre du roy, gouverneur du fort de Copenne et capitaine lieutenant de la galère *la Réale*, blessé au siége de Tortose en 1617.

3897. COLIN (Balthasar), seigneur du Javet, lieutenant-colonel du régiment de Bourgogne-cavalerie, tué au service en Italie.

3898. Colin du Janet (Jean-Baptiste), son frère, aide de camp du duc de Vendôme, mort des blessures qu'il reçut au siége d'Oudenarde.

3899. Colins (Antoine-François-Gaspard de), comte de Mortagne, chevalier d'honneur et premier écuyer de madame la duchesse d'Orléans, capitaine-lieutenant des gendarmes de Bretagne, reçut en 1693 à la bataille de la Marsaille, un coup de mousquet à la main, dont il resta estropié toute sa vie : il mourut le 24 mars 1720.

3900. Colla (Alexandre de), capitaine au régiment de Mirabeau, tué dans les guerres d'Italie en 1706, à Aquanegro, dans le Milanais.

3901. Collas de Chaumont (Pierre), son frère, lieutenant au même régiment, blessé à la cuisse au même siége.

3902. Collas (Robert), seigneur de Premar, capitaine au régiment de Bretagne, blessé à Stenay d'un coup de pique à la main gauche, et d'un coup de fauconneau au bras droit en 1654.

3903. Collas (Vincent), seigneur de Gacé, autre frère, capitaine et major au même régiment, reçut un coup de mousquet à la cheville du pied droit à l'attaque des lignes de Barcelonne, et fut encore blessé au bras, au siége de Bourg en Guyenne en 1653, et à la tête à celuy de Stenay en 1654.

Maison originaire de Bretagne qui semble subsister encore.

3904. Collet des Favières (le sr), capitaine au régiment de la Tour-du-Pin, depuis Béarn, blessé aux batailles de Clostercamps et de Johansberg en 1760 et 1762.

3905. Colleville (Alexandre de), capitaine aux gardes-françoises, tué au siége d'Amiens en 1597.

3906. Collignon (Claude), tué au siége d'Arras sous Louis XIV. (V. Colignon.)

3907. Collin (Nicolas), capitaine au régiment de Quercy, mort le 26 août 1734, précédemment blessé en Italie d'un coup de fusil qui lui avoit traversé la cuisse droite à la bataille de Guastalla, en cette même année.

3908. Collin (N...), porte-étendard des gardes du corps, tué au service.

3909. Collin (Pierre), son frère, seigneur de l'Isle, brigadier des gardes du corps, puis major de Maubeuge, blessé au siége de Fauconnier en 1674, d'un coup de mousquet au bras droit, dans le moment de l'assaut et en y montant: il resta estropié de cette blessure, et reçut encore un coup de pertuisanne à la cuisse, à la bataille de Senef, en la même année.

3910. Collinet (le s^r), sous-lieutenant de vaisseau et sous-aide-major de la marine à Rochefort, eut la clavicule cassée d'un coup de mousquet dans le combat de la frégate *l'Aigle*, en Amérique, contre un vaisseau de guerre anglois le 5 septembre 1782.

3911. Colmann (le s^r de), capitaine au régiment d'Anhalt, blessé à la bataille de Minden en 1759.

3912. Colme (le s^r de la), capitaine au régiment de Guyenne, blessé au siége de Luxembourg en 1684.

3913. Colmènil de Bussy (le s^r de), chevalier de Saint-Louis, major en chef à Gand, blessé de deux coups de fusil au siége de Namur sous Louis XV.

3914. Colom (Marc-Antoine), chevalier de l'ordre du roy et l'un des généraux de l'armée de M. de Lautrec, fut tué d'un coup de couleuvrine au siége de Milan en 1522.

3915. Colombe (le s^r), lieutenant au régiment de Piémont, blessé à la bataille de Berghen en 1759.

3916. Colombe (le s^r de), mousquetaire de la garde du roy, blessé au siége de Maëstrick en 1673, le fut encore à celui d'Ipres en 1678, étant alors sous-brigadier de cette compagnie.

3917. Colombert (le sr de), sous-lieutenant au régiment de Navarre, blessé au combat de Senef en 1674.

3918. Colombet (le sr), lieutenant au régiment de Piémont, blessé à la bataille de Rosback en 1757.

3919. Colombier (le sr), lieutenant au régiment de Piémont, tué à la bataille de Berghen en 1759.

3920. Colombier (le sr de), lieutenant au régiment royal de vaisseau, blessé à la bataille de Senef en 1674.

3921. Colombiere (le sr de), capitaine au régiment de Picardie, blessé dangereusement en 1587 à la journée de Saint-Eloy.

3922. Colombiere (le sr de la), lieutenant au régiment de Picardie, blessé en 1734 à la bataille de Guastalla.

3923. Colombiers (le sr de), capitaine au régiment de Bourbonnois, tué en 1702 à la bataille de Fredelinghen.

3924. Colomé (le sr de), lieutenant au régiment de Piémont, blessé à la bataille de Berghen en 1759.

3925. Colomés (le sr de), capitaine au régiment de Guyenne grièvement blessé à l'affaire de Veissembourg en 1744.

3926. Colomiers (le sr de), officier au régiment de Picardie, fut dangereusement blessé à la bataille de Ramillies en 1706.

3927. Combalet (le sr de), capitaine au régiment de Normandie, blessé en 1622 au siége de Sainte-Foy, fut tué en la même année à celui de Montpellier.

3928. Combarel (de). V. de Gibanelle.

3929. Combarressous (de). V. de Camberressous.

3930. Combas (le sʳ de), mousquetaire de la garde du roy, blessé au siége de Mons en 1691.

3931. Combas (le sʳ de), capitaine au régiment de Belsunce, blessé à la bataille d'Hustembeck en 1757.

3932. Combauld (le chevalier de), capitaine aide-major des carabiniers, eut le bras cassé à la bataille de Minden en 1759.

Doit appartenir à la maison Combauld-d'Auteuil dont d'Hozier a donné une superbe généalogie.

3933. Combe (le sʳ de), enseigne aux gardes-françoises, tué à la bataille de Dettingen en 1743.

3934. Combe (le sʳ de la), chevalier de Saint-Louis, lieutenant-colonel du régiment de Guyenne, puis lieutenant de roy de Perpignan, blessé au siége de Luxembourg en 1684 et à la défense de Landau en 1702.

3935. Combe (le sʳ de la), capitaine au régiment de Rohan, blessé à la bataille de Rosback en 1757.

Un la Combe, lieutenant-colonel du régiment de Tournaisis, est mort en Corse en 1684, où il commandoit, après vingt-neuf ans de service.— Cette famille étoit du Bourbonnois.

3936. Combes (le sʳ des), brigadier des mousquetaires de la garde du roy, tué au siége de Candie en 1669.

3937. Combes (de), sous-lieutenant de Galiste et d'artillerie du port de Brest, mort sur *l'Argonaute*, commandé par M. de Rochambeau, le 6 mai 1723.

3938. Combes (le sʳ des), lieutenant au régiment d'Aumont, tué à la bataille de Minden en 1759.

Les Combes étoient du Languedoc.

3939. Combles (N... de), dit le *marquis de Noncourt*, lieutenant aux gardes-françoises, tué à la bataille de Lens en 1648.

3940. Combles (Pierre-Julien de), capitaine au régiment de Foix, tué à la bataille d'Hochstett en 1704.

3941. COMBLES (Charles-René de), son frère, capitaine au même régiment, tué en 1711, au siége de Bouchain, d'une balle qu'il reçut au milieu du front.

3942. COMBLES (Laurent-François de), lieutenant au régiment de Hainaut, tué à la bataille du Mein.

3943. COMBLES (Louis-Antoine de), son frère, seigneur de Plichaucourt, capitaine au régiment de Touraine, blessé à la même bataille.

Famille de Lorraine, habituée en Bretagne et Champagne : un de Combes fut encore tué au siége du fort de Chouegen par un des soldats sauvages à la solde de la France, qui le prit pour un Anglois, le 11 août 1756.

3944. COMBOUCHES (le seigneur de), tué à la bataille d'Azincourt en 1415. (V. de Combourt que l'on présume être le même.)

3945. COMBOURSIER (Jean de), seigneur du Terrail, vicomte de Ravel, lieutenant général des armées du roy et au gouvernement de la basse Auvergne, fut tué d'un coup de mousquet au siége de Mardick en 1646. (V. de Rovel.)

3946. COMBOURT (le seigneur de), Breton tué à la bataille d'Azincourt, en 1415, où il commandoit 300 archers. (V. de Cambouches que l'on présume être le même.)

3947. COMBREST (le seigneur de), tué à la bataille de Verneuil en 1424.

3948. COMBRUCH (de), originaire de Flandres, lieutenant de frégate le 1er janvier 1693, capitaine de brûlot, tué commandant *le Fidèle*, en course, le 14 février 1711.

3949. COMBURE (le seigneur de), tué en 1591 à l'affaire de Moncontour (il étoit gendre du marquis de Coëtquen).

3950. COMBYS (Joseph de), garde du corps du roy, puis officier au régiment de......., fut tué dans une expédition en Italie.

3951. COMEAU (Henry de), filleul d'Henry de Bourbon, prince de Condé, fut tué au siége de Candie en 1669.

3952. COMEAU (François de), son frère, tué au siége de Lille.

3953. COMEAU (N... de), capitaine de cavalerie, tué à la bataille de Dettingen en 1743.

3954. COMEAU DE CRÉANCÉ (Nicolas de), chevalier de Saint-Louis, capitaine de grenadiers au régiment de Dauphin, puis chef de bataillon dans celui de Médoc, fut blessé à la même bataille d'un coup de fusil à une hanche.

3955. COMEAU (N... de), lieutenant au régiment de Soissonnois, blessé au siége du fort Saint-Philippe en 1756.

Il y a encore une famille de ce nom dans la Meurthe et qui porte : d'azur à la fasce d'or, accompagnée de trois cornètes d'argent.

3956. COMEIRAS (David de), chevalier de Saint-Louis, capitaine commandant une compagnie de chasseurs à cheval dans le régiment de chasseurs des Cévennes, obtint une pension de retraite de 1200 fr. en 1788, motivée sur ses services et ses blessures.

3957. COMENY (le sʳ de), blessé en 1644 au siége de Gravelines. (*Mercure* de 1644.)

3958. COMERFORD (Bonaventure de), chevalier de Saint-Louis, capitaine au régiment de Dillon, tué à la bataille de Malplaquet en 1707.

3959. COMERFORD (Alexandre-Bonaventure de), baron de d'Augemore, chevalier de Saint-Louis, capitaine de grenadiers au même régiment, blessé d'un coup de feu à la bataille de Laufeldt en 1747, obtint une pension de retraite de 130 fr. en 1777.

3960. COMIAC OU DE COMIACS (le sʳ de), capitaine aux gardes-françoises, tué à la bataille de Rethel en 1650.

3961. Cominges (Royer de), seigneur de Saubole, chevalier de l'ordre du roy, conseiller en son conseil privé, capitaine de 50 hommes d'armes de ses ordonnances, gouverneur de Metz, du pays messin et de la ville de Saint-Béat, fut renversé par terre à la bataille de Moncontour en 1569 « et reçut tant de coups sur son casque qu'il en fut tout enfoncé, et pensa en perdre la vie : Il mourut le 24 juillet 1615.

3962. Cominges (Nicolas de), capitaine de 50 chevau-légers, tué au siége du château de Villebois, sous le duc d'Epernon en 1590.

3963. Cominges (Gaspard de), seigneur de l'Eguille, capitaine au régiment de Champagne, tué à Montpellier. (Voir le 4e volume des *Grands offices de la Couronne*, art. de cette maison, p. 665) : ce fut probablement au siége de cette ville en 1622.

3964. Cominges (Charles de), seigneur de Fléac et de Saint-Fort, maître d'hôtel ordinaire du roy, lieutenant-colonel du régiment de Champagne, puis capitaine aux gardes-françoises, blessé à la descente de l'isle de Rhé en 1625, fut tué au siége de Pignerol en 1630 : il avoit une grande réputation de valeur.

3965. Cominges (Nicolas de), seigneur de Langlade, capitaine aux gardes-françoises, lieutenant-colonel du régiment de Picardie et gouverneur de Clermont en Lorraine, tué en 1648 à la bataille de Lens où il donna aussi les plus grandes preuves de valeur.

3966. Cominges (Samuel de), lieutenant-colonel du régiment de Candolle, tué au siége de Maëstrick.

3967. Cominges (Philippe-Victor de), chevalier de Malte, abbé du Lauroux près de Saumur, capitaine de cavalerie, tué au service du roi en Allemagne, en 1678.

3968. Cominges (François de), seigneur d'Escoubas, chevalier de Saint-Louis, capitaine de grenadiers au régiment de Touraine, fut tué le 9 janvier 1742, au village de Gallekirque, dans un détachement sorti de Lintz.

3969. Cominges (Jean de), seigneur d'Escoubas, chevalier de Saint-Louis, capitaine de grenadiers au régiment de Touraine, fut blessé le 9 janvier 1742, au village de Gallekirque, dans un détachement sorti de Lintz.

Est-ce le même, ou le frère du précédent? — Grande et célèbre famille du pays de Cominges (en Gascogne), dont elle a pris le nom. —Le fameux Guitaut des règnes de Louis XIII et de Louis XIV étoit comte de Cominges et fils de Charles de Cominges, tué à Pignerol.

3970. Commarque (Jean de), chevalier de Saint-Louis, capitaine au régiment d'Amont, depuis Beauce, blessé aux batailles de Plaisance et de Minden en 1646 et 1759, le fut encore au combat de Warbourg : il obtint une retraite de 1200 fr. en 1783.

3971. Commarque (N... de), lieutenant au régiment d'Auvergne, blessé à la bataille de Clostercamps en 1760.

3972. Comme (de la), lieutenant de vaisseau, du port de Rochefort, tué aux isles en 1694.

3973. Compagne (le sr), capitaine au régiment de Piémont, blessé à la bataille de Malplaquet en 1709.

3974. Compasseur (N... de), fut grandement blessé et laissé mort sur place dans une action où il se trouva, d'après des lettres du roy du 13 novembre 1594, par lesquelles il obtint mainlevée de la saisie de ses biens qui avoit été faite, faute par luy de s'être trouvé à l'arrière-ban.

3975. Compasseur (Gaspard le), marquis de Courtivron, chevalier de Saint-Louis, aide-maréchal général des logis de la cavalerie, reçut plusieurs blessures au service, d'après une lettre de M. d'Argenson ministre de la guerre, qui luy mandoit le 5 avril 1744 que, sur le compte qu'il en avoit rendu au roy et l'impossibilité où il étoit d'aller à l'armée, S. M. lui avoit accordé une retraite de 1600 francs.

Famille de Bourgogne qui a ses représentants.

3976. COMPESTAN (le sr de), lieutenant au régiment de Bourbonnois, blessé au siége de Luxembourg en 1684.

3977. COMPIAN (Baptiste), tué au siége de Saint-Quentin en 1557 (*Nobiliaire de Picardie*. Paris, 1693, page 127.)

3978. COMPUEDON (le sr de), lieutenant de vaisseau, tué dans le combat du comte d'Estaing contre l'amiral Byron, près de la Grenade, le 6 juillet 1779.

3979. COMTE (Jacques le), seigneur de Beauvais, lieutenant-colonel du régiment de Guyenne, brigadier des armées du roy, commandant à Sarrelouis, puis à Antibes, blessé à la bataille de Saint-Gothard en 1644, mourut le 1 décembre 1719 couvert des blessures qu'il avoit reçues dans les guerres de Louis XIV.

3980. COMTE (le sr le), sous-lieutenant au régiment royal des vaisseaux, blessé au combat de Senef en 1674 et au siége de Namur en 1692, étant alors lieutenant au même régiment.

3981. COMTE (Antoine-Francois le), chevalier de Saint-Louis, chef de bataillon et depuis lieutenant-colonel du régiment de la reine, fut blessé en 1758 à l'affaire de Carillon en Canada.

3982. COMTE (Jean le), officier au régiment de Périgord, tué d'un coup de feu à la bataille de Plaisance en 1746.

3983. COMTE (Antoine le), chevalier de Saint-Louis, capitaine au régiment de Piémont, blessé à la bataille de Rosback en 1757, fut tué à celle de Berghen en 1759.

3984. COMTE (Louis le), sous-lieutenant de grenadiers a régiment de la Marche-province, depuis lieutenant à l'hôte royal des invalides et remplacé ensuite comme quartier maître du régiment de l'Isle de-France, fut blessé à la bataille de Fillinghausen en 1761.

3985. COMTE DE BEAUMONT (N... le), lieutenant au régiment de Trassy-cavalerie, blessé au siége de Fribourg en 1644. (*Mercure de 1644.*)

3986. COMTE (François-Joseph le), seigneur de Beaumont, capitaine au régiment de Poitou, tué à la bataille de Raucoux en 1746.

Famille d'Artois et de Lorraine qui a ses représentants.

3987. CONAN (Nicolas), seigneur de Rabestan, chevalier de l'ordre du roy, gentilhomme ordinaire de sa chambre, lieutenant de cent hommes d'armes de ses ordonnances et mestre de camp d'un régiment, fut dangereusement blessé au siége de la Fère en 1580, et mourut à Paris le jour de la Pentecôte 1614.

3988. CONCHY (Lancelot de), tué à la bataille d'Azincourt en 1415.

3989. CONDAMINE (le sʳ de la), capitaine au régiment de Champagne, tué en 1627 à la descente des Anglois dans l'isle de Rhé. (*Mercure de 1627.*)

3990. CONDAMINE (le sʳ de la), chevalier de Saint-Louis, chef de bataillon au régiment de Piémont, blessé au siége de Douay en 1710, mourut en 1734.

3991. CONDAMINE (le sʳ de la), capitaine au même régiment, blessé au siége de Prague en 1742.

3992. CONDAMINE (Gaspard de la), chevalier de Saint-Louis, capitaine au régiment de Mailly depuis Guyenne, fut blessé à la bataille de Rosback en 1757 et quitta le service en 1779.

3993. CONDÉ (le comte de), tué à la bataille de Dettingen en 1743.

3994. Condé (le s^r de), lieutenant de frégate puis sous-lieutenant de vaisseau, fut blessé en 1779 sur le navire *la Junon* qu'il commandoit, par l'explosion de la poudre qui étoit sur le gaillard et à laquelle un grenadier de l'ennemi mit le feu.

> Bonne maison du Hainaut, que le grand nom de Condé (de la maison de Bourbon) n'a pas deshérité de ses droits.

3995. Condonniers (le s^r de), gendarme de la garde du roy, blessé au combat de Leuze en 1691.

3996. Cône (Henry de), chevalier (oncle du sire de Joinville) mourut couvert de blessures dans une action contre les turcs *et lui oui dire à sa mort* (dit cet auteur) *qu'il avoit esté en son temps en trente-six batailles et journées de guerre, des quelles souventes fois il avoit emporté le prix d'armes.*

3997. Conflans (Eustache de), vicomte d'Oulchy, chevalier de l'ordre du roy, gentilhomme ordinaire de sa chambre, capitaine de cinquante hommes d'armes de ses ordonnances, capitaine des gardes du corps et maréchal de camp, blessé à la bataille de Renty en 1554, mourut en 1574. (Peut-être est-ce lui qui sous le nom d'*Auchy*, gentilhomme de la chambre du duc d'Anjou, d'après de Thou, fut blessé au siége de la Rochelle en 1573.)

3998. Conflans (Gilles de), seigneur d'Armentières, fut tué d'un coup de mousquet en voulant pétarder une petite place, peu de temps après la bataille de Senlis, en 1589.

3999. Conflans (Eustache de), seigneur de Vézilly, capitaine d'une compagnie de chevau-légers, tué au siége de Dourlens en 1595.

4000. Conflans (Robert de), son frère, tué au siége d'Amiens en 1597.

4001. Conflans (Jacob de), autre frère, baron de Vézilly, gentilhomme ordinaire de la chambre du roy, maréchal de ses camps et armées et colonel d'un régiment d'infanterie, eut une jambe cassée d'un coup de mousquet au même siége: il fut encore blessé au siége de Montauban en 1629.

4002. CONFLANS (Robert-Anne de), fils du précédent, capitaine au régiment de Fustemberg, tué à la bataille de Fleurus en 1690.

4003. CONFLANS (Jean-François de), seigneur de Fouilleuse, capitaine de cavalerie et aide de camp des armées du roy, tué à la bataille de Nerwinde en 1693.

4004. CONFLANS (Michel-François de), son fils, enseigne de vaisseau, tué dans un combat naval.

4005. CONFLANS (Louis de), marquis d'Armentières, vicomte d'Auchy, maréchal de France, chevalier des ordres du roy, commandant dans les Trois-évêchés et lieutenant général de la haute Guyenne, fut blessé d'un coup de fusil au col, à la bataille de Guastalla en 1734.

4006. CONFLANS (N... marquis de), enseigne de vaisseau du port de Brest, tué sur *le Neptune* le 25 octobre 1747 dans un combat entre la flotte angloise et celle de M. de l'Estanduère. Quoiqu'âgé seulement de 18 ans il s'étoit déjà trouvé à six combats et s'y étoit comporté en héros.

4007. CONFLANS (le chevalier de), officier de la marine, tué dans le combat du marquis..... contre les Anglois le 27 octobre 1747.

4008. CONFLANS DE BRIENNE (Hubert comte de), seigneur de Suzanne en Thiérache et de Fay-le Sec, en Laonnois, maréchal et vice-amiral de France, gouverneur et vice-roy de Saint-Domingue, chevalier de Saint-Louis et de l'ordre de Saint-Lazare, fut blessé dans un combat qu'il soutint avec la frégate *la Renommée* de vingt-quatre canons qu'il commandoit, contre un vaisseau ennemi de soixante.

4009. Conflans (le s^r de), capitaine au régiment de Béarn, blessé à la bataille de Cassel en 1677.

> Grande maison originaire de Champagne, que l'on croit descendre de l'illustre maison de Brienne, également de Champagne.

4010. Coni (le s^r de), officier dans les troupes du roy, fut blessé à la bataille de Consarbrick en 1675.

4011. Conigan (Jean), conseiller chambellan ordinaire du roy et capitaine de ses gardes du corps, mourut à Verceil en 1495 des blessures qu'il reçut au siége de Navarre en Piémont.

4012. Conlaghan (le s^r), lieutenant au régiment de Fitz-James, blessé à la bataille de Rosback en 1757.

4013. Consolin de la Haye, enseigne de vaisseau du port de Rochefort, périt sur *le Fidèle*, commandé par M. de la Moinerie-Miniac, le 18 janvier 1712.

4014. Constant (le s^r), capitaine au régiment royal des vaisseaux, blessé au combat de Senef en 1674, fut tué au siége de Mons en 1692.

4015. Constant (le s^r), lieutenant au régiment de Piémont, tué au siége de Prague en 1742.

4016. Constant (Pierre de), son frère, chevalier de Saint-Louis, capitaine au régiment de Ponthieu, puis dans celui de Provence, fut blessé en 1742 dans une sortie, fait prisonnier et envoyé en Hongrie.

4017. Constantin de la Lorie (Jacques), capitaine au régiment de la marine, tué au siége de Barcelone.

4018. Constantin (Gabriel), frère aîné du précédent, seigneur de la Lorie, grand prévôt d'Anjou et inspecteur général des maréchaussées du royaume, reçut plusieurs blessures à la prise de Cambray et à la bataille de Saint-Denis, en 1678, étant alors sous-lieutenant aux gardes-françoises.

4019. CONSTANTIN (le s^r), chevalier de Saint-Louis et capitaine de grenadiers au régiment de Piémont, tué au siége de Tournay en 1745.

4019 *bis*. CONSTANTIN (Camille), de Montriou, que nous croyons le frère du précédent, sous-lieutenant d'artillerie, en 1724, et qui servoit depuis 1701, périt le 12 août 1725, par le naufrage d'un vaisseau du port de Rochefort, dit *le Chameau*, à l'entrée de la rivière du Canada,

4020. CONSTANTIN-D'ESTIARS (le s^r), son neveu, capitaine au même régiment, fut tué en 1746 dans un combat très-vif aux environs de Ramillies.

4021. CONSTANTIN (Jules), seigneur de Marans (frère du précédent), chevalier de Saint-Louis, capitaine au même régiment et grand prévôt de la maréchaussée de Touraine, tué à la bataille de Rosback en 1757.

> Les Constantin de la Lorie, en Anjou et Bretagne, portoient d'azur à un rocher d'or, mouvant d'une mer d'argent.

4022. CONTADE (Georges-Gaspard de), seigneur de Montgeoffroy, chevalier grand-croix de l'ordre royal et militaire de Saint-Louis, lieutenant-colonel du régiment des gardes-françoises et lieutenant général des armées du roy, gouverneur de Schelestadt, puis de Guise, fut blessé au siége de Mons en 1691.

4023. CONTADE (le chevalier de), enseigne aux gardes-françoises, tué au siége de Fribourg en 1713.

4024. CONTADE (Louis-Georges-Erasme, marquis de), maréchal de France, chevalier des ordres du roy, commandant en Alsace, gouverneur de Lorraine, du fort du Louis-du-Rhin et de Beaufort-en-Vallée, blessé à la bataille de Parme en 1734, mort à Livry, doyen des maréchaux, le 19 janvier 1775.

Les Contade d'où sortoit également le général Gaspard de Contade, mort à Bourbon, en 1735, portent : d'or à l'aigle d'azur, le vol abaissé.

4025. Conte (Jonas le), seigneur de Romprey, capitaine d'une compagnie de cinquante arquebusiers à pied, sous la charge du baron de Lestelle, tué au blocus de Craon en Bretage en 1592.

4026. Conte (Louis-François le), seigneur de Pierrecourt, enseigne des gendarmes bourguignons, fut obligé de se démettre de cette charge, en 1693, en raison de ses blessures : il mourut à Rouen, au mois d'octobre en 1743, âgé d'environ 70 ans.

4027. Conte-de-Nonant (Félix le), chevalier de Saint-Louis, lieutenant général des armées du roy, blessé au combat de Senef en 1674 en combattant avec valeur à la tête de son régiment; le fut encore au siége de Namur étant alors premier lieutenant des gendarmes de la garde, et son cheval ayant été tué sous luy à la bataille de Nervinde en 1693, il fut tellement froissé en voulant se dégager, qu'il ne lui fut possible de tenir le reste de la campagne.

Les Conte de Nonant, marquis de Raray, d'où sort Mme la marquise douairière du Prat, originaire de Normandie.

4028. Conten (le sr), officier au régiment de Bettens suisse, blessé à la bataille de Laufeldt en 1747.

4029. Contenaut (le chevalier), tué en 1638 au siége de Fontarabie. (*Mercure de* 1638.)

4030. Conti (le baron de), blessé à la bataille d'Agnadei en 1509, fut tué au siége de Naples en 1528.

4031. Contremoulins (le sr de), capitaine au régiment de Normandie, blessé au siége de Grave en 1674.

4032. Contremoulins (le sr de), capitaine au régiment de Béarn, blessé à mort au siége de Philisbourg en 1688.

4033. Conzié (Claude-François de), tué au siége d'Ostende sous Henry IV.

4034. Conzié (Henry de), capitaine au régiment de Vernaucourt, tué au siége de Brisac en 1638.

4035. Cor (le sr), sous-lieutenant au régiment de Courten-Suisse, blessé à la bataille de Fontenoy en 1745.

4036. Copin (le sr), porte-drapeau, puis lieutenant au régiment de Champagne, chevalier de Saint-Louis, blessé en 1744 à l'attaque de Veissembourg.

4037. Coquabanne (de). V. de Caucabannes.

4038. Coquebert (le sr de), chevalier de Saint-Louis et capitaine au régiment de Champagne, blessé à la bataille de Parme, en 1734, et au siége de Fribourg en 1744.

4039. Coquebert (le sr de), chevalier de Saint-Louis et capitaine au régiment de Mailly, blessé au siége de Saint-Guilain en 1746 et à la bataille de Rosback en 1757.

Famille de Reims, dont l'un des derniers, sourd-muet fort érudit, est mort vers 1835.

4040. Coquéraut de Belleisle (le sr), eut un bras emporté au siége de la Martinique.

4041. Coquerel du Rozay (Charles-Amable-César), chevalier de Saint-Louis, premier lieutenant avec rang de capitaine au régiment de Royal-Normandie, obtint sa retraite en 1771, fut blessé à la bataille de Minden 1759.

4042. Coquerel (le sr de), lieutenant aux grenadiers de France, blessé à la même bataille.

4043. Coquerel (le sr de), capitaine au régiment de Navarre, tué au siége d'Ivoy en 1639.

4044. Coquet de la Roche (Jean-Joseph de), chevalier de Montbrun, chevalier de Saint-Louis, chef de bataillon au régiment de Béarn, blessé d'un coup de fusil à la jambe au siége de Namur en 1746, le fut encore, d'un coup de bayonnette, à celui d'Hulst en 1747, et d'une forte contusion au bras à la bataille de Laufeldt: il fut encore blessé depuis à l'attaque du fort d'Usomberg et à la bataille de Crevelt en 1758.

4045. Coquet, chef de brigade, enseigne de vaisseau du port de Rochefort, périt sur le *Châmeau* le 27 aoust 1725.

4046. Coquet de la Roche (le sʳ de), chevalier de Saint-Louis, capitaine au même régiment puis dans celui d'Agenois, fut blessé sur *le Réfléchi* dans le combat du comté de Grasse contre l'amiral Rodney, au mois d'avril 1782.

4047. Corans (le sʳ de), capitaine au régiment de Navarre, tué au siége de Montpellier en 1622.

4048. Corbé (le sʳ), capitaine au siége de Tarragon en 1644. (*Mercure* de 1644.).

4049. Corbeau (Zacharie de), capitaine au régiment de Lorraine, tué le 6 may 1648 à l'assaut de la Coupe, en Catalogne.

4050. Corbeau (Sébastien de), son frère capitaine, des chevau-légers du régiment d'Anjou, blessé le 6 août 1655 à un combat donné en Catalogne.

4051. Corbeau (Pierre de), inspecteur d'infanterie (neveu des deux précédents), tué au siége de Luxembourg.

4052. Corbeau (Zacharie de), son frère, capitaine au régiment de Navarre, tué au siége de Luxembourg.

5053. Corbeau (Joseph-François de), autre frère, seigneur de Saint-Franc et major du régiment Royal-Savoye, blessé à l'épaule dans les guerres de Louis XIV, ce qui le mit hors d'état de continuer le service.

4054. CORBEAU (Pierre-Aimé de), chevalier de Saint-Louis, lieutenant-colonel du régiment de Monaco, quitta le service à raison de ses blessures et mourut en 1759.

4055. CORBERON (le s^r de), chevalier de Saint-Louis, capitaine de grenadiers au régiment de Navarre, tué à l'affaire de Clausen en 1735.

4056. CORBIE (Emault de), seigneur d'Amiel, chevalier, tué à la bataille d'Azincourt en 1415.

4057. CORBIE (Jean de), seigneur de Joigny, gouverneur de la Fère et lieutenant de l'artillerie de France, tué à la bataille de Saint-Quentin en 1557.

4058. CORBIE (François de), son fils, seigneur de la Tour d'Anthonis, homme d'armes de la compagnie d'ordonnance de M. le Dauphin. *Sans autre attribution.*

4059. CORBIE (Nicolas de), homme d'armes de la compagnie d'ordonnance du duc de Guise, puis mestre de camp d'un régiment d'infanterie, tué au siége de la Rochelle en 1573.

4060. CORBIE (François de), capitaine au régiment de Piémont, fut tué à la bataille d'Honnecourt en 1642; d'après la généalogie de cette famille cependant on lit dans l'histoire des régiments, que le s^r de Corbie, capitaine dans celui de Piémont avoit été tué à la bataille de la Marplicé en 1644, on en conclut donc qu'il y a de l'erreur sur l'époque et la bataille ou est tué François de Corbie, soit dans la généalogie de cette famille soit dans l'histoire des régiments; mais il n'en est pas moins certain qu'il périt les armes à la main, dans l'une où l'autre bataille.

4061. CORBIER (le s^r de), lieutenant au régiment de Touraine, fut blessé à la bataille de Minden en 1759.

4062. Corbou (le capitaine), gentilhomme de Saintonge, fut tué au siége de Niort en 1569, servant dans le régiment du comte de Brissac. (*Mémoires imprimées en 1573.*)

4063. Cordebeuf (de). (V. de Beauverger.)

4064. Cordin (le sr le), lieutenant de frégate, fut blessé au combat du 5 septembre 1721, devant la baye de Chesopeack entre le comte de Grasse et l'amiral How.

4065. Cordon (Pierre-Louis de), seigneur d'Evieu, lieutenant de la compagnie de chevau-légers du seigneur de Gerboules, fut tué au siége de Verue en 1625.

4066. Cordonnière (le sr de la), maréchal de camp, blessé à la bataille de Consarbrick en 1675.

4067. Cordouan (N.... de), marquis de Langey, chevalier de Saint-Louis, capitaine aux gardes-françoises et brigadier des armées du roy, tué à la bataille de Dettingen en 1743.

4068. Corcé (N.... de la), seigneur du Plessis, major de la gendarmerie, tué au combat d'Oudenarde en 1708.

4069. Coreste (le sr de la), lieutenant au régiment de Champagne, tué à la bataille de Steinkerque en 1692.

4070. Corf (le sr), mousquetaire de la garde du roy, blessé au siége de Maëstrick en 1673.

4071. Coriolis (Louis de), président à mortier du parlement de Provence en 1560, que Nostradamus, dans son histoire de Provence appelle *personnage de formidable et souveraine autorité, homme sans peur et ayant un courage de Lyon,* avoit pris, dans sa jeunesse, le parti des armes et perdit une jambe au service du roy, ce qui dût être sous François Ier ou Henry II, puisqu'il prit le parti de la robe en 1554; il mourut à Avignon en 1600.

4072. Coriolis de Villeneuve (Pierre de), marquis d'Espinaux baron de Corbières, reçut plusieurs blessures en 1650 au siége de Réthel, où il se signala, et ayant pris ensuite le parti de la magistrature, il fut reçu président à mortier au parlement de Provence en 1652, et décoré du titre de conseiller d'Etat.

4073. Corlou (le s^r de), gendarme de la garde du roy, blessé à la bataille de Dettingen en 1743.

4074. Cormes (le s^r de), lieutenant au régiment de Champagne, tué au siége de la Rochelle en 1573.

4075. Cormieres (le s^r de), capitaine au régiment de Champagne, blessé d'un coup de feu à la poitrine à la bataille de Minden en 1759.

4076. Cormis (Raphaël de), dit *le capitaine Bouvet*, seigneur de Cormis, chevalier de l'ordre du roy, gouverneur de Cosme, de Varas et de Saint-Paul de Vence, colonel des 6000 légionnaires institués par François Ier, fut tué en 1536 à l'âge de 24 ans, à la tête de ses légionnaires du côté d'Antibes, après avoir défait l'avant-garde de l'armée de l'empereur Charles V.

4077. Cormont (le s^r de), lieutenant du duc de Bouillon, fut blessé en 1629 au siége de Bois-le-Duc (*Mercure de* 1629.)

4078. Cormuise (le s^r de), mousquetaire de la garde du roy, blessé au siége de Maëstrick en 1673.

4079. Cornas (le s^r de), mestre de camp d'un régiment de cavalerie, tué à la bataille de Sintzim en 1674.

4080. Cornay (le seigneur de), tué au siége de Metz en 1552.

4081. Corneillan (François-Joseph de), chevalier de Saint-Louis, capitaine du régiment de Condé. infanterie, blessé à la bataille de Parme en 1734.

4082. Corneillan (N..... de), seigneur de la Boissière, chevalier de Saint-Louis, capitaine de grenadiers au régiment de la Tour du Pin, depuis Béarn, reçut une grièva blessure au siége de Mastrick en 1742.

4083. CORNELY (Marc de), s^r de Chamboult, capitaine au régiment de Volhac-cavalerie, ayant été envoyé en garnison à Négrepelisse contre les religionnaires sous Louis XIII, il y fut tué.

4084. CORNIER (Louis-Henry de), chevalier de Saint-Louis, capitaine au régiment des volontaires étrangers de Clermont, puis au régiment de Penthièvre-dragons et ensuite capitaine commandant avec rang de major au régiment des chasseurs des Cévennes, blessé dans une affaire en 1759, le fut encore à Tziremberg, en Allemagne, le 21 juin 1762 et obtint en 1785 une pension de retraite de 1800 francs.

4085. CORMIER (Etienne de), capitaine au régiment de Talnau, tué à la prise de Lubec en 1759.

4086. CORNIER (Philippe-Joachim), chevalier de Saint-Louis, chef de bataillon au régiment de Saint-Chamont, depuis Dauphiné, avec rang de major, fut blessé à la bataille de Rosback en 1757, et quitta le service en 1775.

4087. CORNILLE (le seigneur de), tué à la bataille de Cérisolles en 1544.

4088. CORNUEL, capitaine de frégate du port de Brest, mort à la campagne de Siam, sur *l'Oriflamme*, le 27 aoust 1690.

4089. CORNILLON (le seigneur de), blessé à la bataille d'Aignadel en 1559, fut tué au siége de Naples en 1528.

4090. CORNU DE BALIVIÈRE (Charles le), dit le chevalier de Balivière, lieutenant des gardes du corps et brigadier des armées du roy, tué à la bataille de Ramillies en 1706.

4091. CORNU DE BALIVIÈRE (Louis le), fut tué au service de la marine au combat de la Roche en 1755.

4092. Cornu de Corboyer (Philippe-Auguste le), chevalier de Malte, lieutenant au régiment de mestre de Camp-dragons, tué au service, sous Louis XV.

4093. Cornu de Tilières (Claude-Jacques), chevalier de Saint-Louis, capitaine au régiment de Beauvoisis, blessé dans une affaire, mourut en 1761.

4094. Cornuel de Villipion (Charles-Léon de), chevalier de Saint-Louis, maréchal de camp et inspecteur général de la cavalerie et des dragons, blessé à la bataille de la Marsaille en 1693, mourut en 1728.

Famille originaire de Champagne.

4095. Corse (Sampiétro ou San Pietro), seigneur de Beane, colonel général des Corses et gentilhomme ordinaire de la chambre du roy, reçut plusieurs blessures au service et fut presque assommé au siége de Coni en 1543, dit Montluc, qui en parle comme *d'un brave et vaillant capitaine*: il fut tué de plusieurs coups de poignard le 17 janvier 1567 par les frères d'Ornans et sa tête portée au bout d'une lance à Ajassa : De Thou en parle aussi comme *d'un capitaine expérimenté, intrépide et dont rien n'étoit capable d'abattre le courage.*

4096. Corse (Philippe), capitaine, fut tué d'un coup de canon au siége de Boulogne en 1544.

4097. Corselet (le s^r), officier très-brave, dit de Thou, qui fut tué au siége de la Ferté en 1595.

4098. Corsin (le baron de), capitaine au régiment de Saint-Germain, tué à la bataille de Minden en 1759.

4099. Corsini (le marquis Florentin de), capitaine au régiment Cardinal-Mazarin, tué d'un coup de canon qui lui emporta le visage au siége de Thionville en 1643. (*Mercure* de 1643.)

4100. Cosnac (Claude de), seigneur de la Marque, tué à la journée de Saverne étant aide de camp du maréchal de Turenne.

4101. Cosnac (François de), capitaine de cavalerie, tué au service du roy, à Mézières, en 1673.

4102. Cosnac (Daniel de), son frère, capitaine de dragons au régiment de Fimarcon, tué à la bataille de Staffarde en 1690.

Ancienne maison du Limousin qui a produit plusieurs hommes célèbres et qui a encore ses représentants.

4103. Cosna (Jean de), sous-lieutenant aux gardes-françoises, tué au siége de Fribourg sous Louis XV.

4104. Cosnile (le s^r de), capitaine de grenadiers au régiment de Champagne, tué en 1703 dans un fourragement, après avoir fait à la tête de sa compagnie la plus glorieuse défense á la première bataille d'Hochstett.

4105. Cosquino (François de), capitaine de Guienne, tué au service, en Allemagne, en 1705.

4106. Cosquino (Paul le), son frère, capitaine au régiment de Labour, puis capitaine réformé dans celui d'Orléans, mort en 1720 de la suite des blessures qu'il reçut dans les guerres de Louis XIV où il servoit depuis 1687.

4107. Cosquino (Nicolas le), autre frère, capitaine au régiment de Guienne, reçut plusieurs blessures, entre autres un coup de fusil, à la bataille de Malplaquet en 1709, qui lui cassa un os de la jambe droite.

4108. Cosquino de Mereuil (Jean le), autre frère, chevalier de Saint-Louis, capitaine au régiment de Bégorce, reçut en 1707, à la bataille d'Almanza, trois coups de fusil d'un desquels il eut le bras droit estropié, et fut encore blessé au siége de Douay d'un éclat de grenade sur les reins.

4109. Cosquino de Mereuil (N... le), chevalier de Saint-Louis, lieutenant-colonel du même régiment, blessé à la bataille de Dettingen en 1743.

Famille de l'Ile-de-France qui portoit d'azur au coq d'or accompagné en chef de deux étoiles du même et en pointe d'un croissant d'argent.

4110. Cossart (Léon de), capitaine d'une compagnie de deux cents hommes de pied, fut tué le 7 avril 1582 d'après une lettre que le seigneur de la Rochepied écrivit d'Amiens, le deuxième du même mois à Adrien de Cossart son frère, pour lui, annoncer cette mort, lui ajoutant que le duc d'Alençon le regrettoit fort.

4111. Cossart (François de), fut tué au siége de Gournay en Bray, le 6 septembre 1589 : on lit dans les annales de cette ville qu'entre les gens les plus distinguez qui périrent à l'assaut, le capitaine de Cossart fut du nombre et qu'il fut fort regretté du duc de Mayenne : on croit devoir en conclure qu'il étoit attaché aux intérêts de ce prince.

4112. Cossart (Charles de) dit le *marquis d'Espiés*, mestre de camp d'un régiment de cavalerie, puis lieutenant général des armées du roy, reçut au siége de Bourbourg en 1647, plusieurs grièves blessures dont il resta estropié d'un bras et emporta les dehors de cette place en combattant main à main contre les ennemis ; depuis ayant fait le siége de Valenciennes en 1656, il fut emporté par une ruine et porté mort dans sa tente.

4113. Cossart (Florent de), son fils, dit aussi *le marquis d'Espiés*, capitaine d'une compagnie de cavalerie, fut tué au siége d'Ath en 1647.

4114. Cossart d'Espiés (N... de), fils du précédent, cornette de sa compagnie de cavalerie, tué au siége de Charleroy.

4115. Cossart (Louis-Vespasien de), dit *le marquis d'Es-*

piés, son autre fils, capitaine d'une compagnie de cavalerie, quitta le service en 1703 à raison des blessures qu'il avoit reçues à la bataille de Fleurus en 1690.

4116. Cossart-d'Espiés (Jean-Nicolas de), son autre fils, chevalier de Saint-Louis, fut estropié d'une main à la bataille de Malplaquet en 1709, et reçut encore depuis un coup de feu à travers la cuisse en attaquant, d'après des ordres de la cour, des contrebandiers retranchés dans le cimetière de Savignies près de Beauvais.

4117. Cossart-d'Espiés (Florent de), cornette au régiment de Bissy-cavalerie, mort au siége de Namur sous Louis XIV.

4118. Cossart (Jean-Baptiste-Christophe de) dit *le baron d'Espiés*, chevalier de Saint-Louis, capitaine au régiment de Royal-Lorraine cavalerie, blessé d'un coup de feu à la cuisse à la bataille de Creweldt en 1758, resta estropié de cette blessure. (V. Despiés peut être encore de cette famille.)

MM. Cossart d'Espiés étaient de Picardie : La dernière abbesse du monastère d'Avenay de l'ordre de Saint-Benoît, étoit une Cossart-d'Espiés. — Cette maison est encore aujourd'hui représentée et porte : de gueules à la croix ancrée d'or, chargée de cinq ancres de sable.

4119. Cossé (Charles de), comte de Brissac, grand maître de la cavalerie légère, chevalier de l'ordre du roy, gentil-homme ordinaire de sa chambre, capitaine de cent hommes d'armes de ses ordonnances, son lieutenant général en Italie, gouverneur d'Anjou, du Maine, de Picardie, de Paris et de l'Isle de France, capitaine du château d'Angers et ambassadeur en Espagne, fut blessé en 1542 au siége de Perpignan d'un coup de pique à la cuisse, et ce fut dans cette occasion où il fit des prodiges de valeur que M. le Dauphin dit publiquement que *s'il n'eût pas été ce qu'il étoit, il eût voulu ce jour-là être Brissac*, il mourut le 31 décembre 1563.

4120. Cossé (Thimoléon de), comte de Brissac, grand panetier et grand fauconier de France, chevalier de l'ordre du roy, gentilhomme ordinaire de sa chambre, capitaine de cinquante hommes d'armes de ses ordonnances, colonel général de l'infanterie françoise et gouverneur d'Angers, l'un des braves de son siècle, fut tué d'un coup d'arquebuse qui lui perça l'entre-deux du nez et de la joue, et lui traversa le cerveau, au siége de Mucidan en 1569, regretté de toute la France.

4121. Cossé (Jean-Paul-Thimoléon de), duc de Brissac, pair, maréchal et grand panetier de France, chevalier des ordres du roy, gouverneur de Paris et de Salces, en Roussillon, blessé au pied droit à la bataille de Guastalla en 1734, mourut le 17 décembre 1780.

4122. Cossé (Louis-Hercules-Thimoléon de), son fils, duc de Brissac, pair et grand panetier de France, chevalier des ordres du roy, maréchal de ses camps et armées, capitaine commandant des Cent-Suisses de la garde et gouverneur de Paris, ancien officier supérieur de gendarmerie et mestre de camp du régiment de Bourgogne, fut blessé à la bataille de Rosback en 1757.

4123. Cossé (Louis-Joseph-Thimoléon de), son autre fils, duc de Brissac, pair de France, chevalier de Saint-Louis, colonel du régiment de Vivarais, mourut au mois d'octobre 1759 des blessures qu'il reçut à la même bataille de Rosback.

La maison de Cossé Brissac a droit à un plus grand nombre de mentions (*Voir au supplément.*) porte de sable à trois fasces d'or denchées en leur partie supérieure.

4124. Cossigny (Jean-François de), chevalier de Saint-Louis, maréchal de camp et directeur général des fortifications de Bourgogne et de Franche-Comté, blessé à la bataille de Malplaquet en 1709, mourut à l'Orient le 26 janvier 1780, dans sa 91e année.

4125. Cosson (de), lieutenant de vaisseau du port de Rochefort, mort sur *le Phœnix*, commandé par M. de Poudeux le ... mars 1702.

4126. Cosson (le s^r de), lieutenant au régiment de Vaubecourt, blessé à la journée de Grebenstein au pied, à la bataille de Minden en 1759.

4127. Costard (Saint-Léger de), enseigne du port de Toulon, mort aux isles en 1692.

Famille de Normandie; porte Burelé d'argent et de sable.

4128. Coste (Jean-Bruno de la), officier du régiment d'infanterie de Condé, fut blessé en 1746 au passage du Rhin.

4129. Coste (le s^r de la), chevalier de Saint-Louis, capitaine au corps royal de l'artillerie, blessé à la bataille de Minden en 1759.

4130. Coste (le s^r de la), lieutenant au régiment de Touraine, blessé à la bataille de Minden en 1759 : — paroit-être le même que M. de Murulhac de la Coste de la Marque, capitaine commandant au même régiment et chevalier de Saint-Louis, qui obtint une pension de 1000 fr. en 1784.

4131. Coste de la Tourette (Jean-Louis de la), chevalier de Saint-Louis, capitaine au régiment provincial de Clermont, blessé d'une balle morte à la tête, a la bataille de Fontenoy, en 1745.

4132. Costentin de Tourville (N..... de), tué au bombardement des Gênes en 1684.

4133. Costentin (Aimé-Hilarion de), comte de Tourville, maréchal de France, chevalier de Saint-Louis, blessé dans un combat contre les Algériens, mourut en 1701.

4134. Costentin de Tourville (Louis-Alexandre de), colonel d'un régiment de son nom, tué en 1712 à l'âge de 22 ans, à l'attaque des retranchements de Denain.

4135. Costes (Jean de), dit de Toulgue, d'abord cadet au régiment des gardes-françoises, puis capitaine d'une compagnie d'infanterie et gouverneur des Montecaloo dans le Montferrat, nommé par la duchesse de Savoye vers 1638 : s'étant retiré dans la citadelle, lors du siége de cette place par les Espagnols résolu de la défendre jusqu'à la dernière extrémité, il y perit âgé d'environ 28 ans, emporté par une mine des assiégeants.

4136. Costar (le s^r), tué au siége de Frontignan en 1562 (de Thou).

4137. Costemeyras (le s^r de), aide-major des grenadiers de France, mort des blessures qu'il reçut à la bataille de Minden en 1759.

4138. Cotes (le s^r de), capitaine au régiment de Normandie, blessé au siége de Graves en 1674.

4139. Coti (le s^r de), tué dans un combat meurtrier, contre les protestants [en 1562 d'après de Thou. (V. de Savignac de Comeige.)

4140. Cottair (le s^r de), brigadier des chevau-légers de la garde du roy, blessé au siége de Mons en 1691.

4141. Cotte (Frémin de), ingénieur, blessé au siége de la Rochelle en 1628.

4142. Cottebrune-de-Nardin (Eberard de), chevalier de Saint-Louis, capitaine au régiment de Rouërgue et commandant du fort Mouthier du Rhin, fut blessé d'un coup de feu à la jambe gauche au siége du fort de Kehl en 1733.

4143. Cottebrune (N..... de), son frère, capitaine au régiment d'Anhalt, tué à la bataille de Berghen en 1759.

4144. Cotterau (le s^r de), colonel du régiment du Perche tué au combat de Turin en 1706.

4145. Cottières (le s^r des), chevalier de Saint-Louis, brigadier des armées du roy et major de Charleroy, blessé aux batailles de Steinkerque et de Nerwinde en 1692 et 1693, mourut en 1720.

4146. Cottignon (le s^r de), commandant de bataillon au régiment de Champagne, blessé à la bataille de Fleurus en 1690.

4147. Couarde (le s^r de), capitaine au régiment de Chabrillan, tué à la bataille de Dettingen en 1743.

4148. Coubiez (le seigneur de), tué au siége de Metz en 1552.

4149. Couci (Thomas de), seigneur de Marle, de la Fère et de Boves, comte d'Amiens, croisé en 1096, excommunié en 1114, assiégé dans son château de Couci où il fut blessé mortellement en 1170.

4149 *bis*. Couci (Raoul, sire de), tué au siége d'Acre n 1191.

4150. Couci (Thomas de), chevalier, seigneur de Vervins, tué à la bataille de Courtray en 1302.

4151. Couci (le seigneur de), fut tué en 1397 dans une bataille contre les Turcs.

Ce fut le dernier de cette grande maison de Coucy qui remplit de son nom l'histoire du moyen-âge.

4152. Couci (Henry de), seigneur de Poilcourt, chevalier de Saint-Louis, lieutenant colonel du régiment de Touraine et brigadier des armées du roy, eut le bras droit percé à la bataille de Fleurus, en 1690, et le même bras cassé d'un coup de feu en Catalogne; il reçut encore une blessure au col qui lui cassa le haut de l'épaule au siége de Landau, une autre au combat d'Asti et eut la cuisse percée d'un coup de feu à l'assaut d'une contre-garde de Turin : il mourut le 25 février 1733.

4153. Coucy de Poilcourt (Claude-Louis de), son frère, capitaine au régiment Royal-Piémont, dans celuy de Soissonois, mourut le 9 septembre 1702 des blessures qu'il reçut au siége de Landau.

4154. Coucy (Philippe de), seigneur de Bercy et de Poilcourt, chevalier de Saint-Louis, lieutenant-colonel du régiment de Ségur et brigadier des armées du roy, blessé aux batailles de Parme et de Raucoux en 1734 et 1746, mourut le 10 novembre 1762.

4155. Coucy (Nicolas-Louis de), capitaine au régiment de la Martelière-dragons, mort d'un coup de feu à la cuisse dans une affaire, le 18 octobre 1734.

4156. Coucy (Charles, dit *le comte de*), chevalier de Saint-Louis, chef de bataillon puis colonel en 2ᵉ du régiment de Navarre et colonel des grenadiers royaux de Champagne, blessé au siége de Prague en 1742, le fut encore dangereusement à la bataille de Raucoux en 1743.

4157. Coucy (le sʳ de), lieutenant au régiment d'Auvergne, blessé à la bataille de Clostercamp en 1760 (l'on ne sauroit dire s'il appartenoit à la précédente famille).

Messieurs de Coucy (du Lyonnais), portoient fascé de vair et de gueules.

4158. Coudran (le sʳ de), capitaine au régiment de Normandie, tué au siége de Grave en 1674.

4159. Coudras (le sʳ de), capitaine de grenadiers au régiment de Bourgogne et nommé chevalier de Saint-Louis, par Louis XIV pour une belle action, fut tué avant d'avoir pu jouir de cette décoration.

4160. Coudray (le sʳ du), gendarme de la garde du roy, blessé au combat de Leuze en 1691.

4161. Coudray-Longuerue₃ (du), lieutenant de vaisseau du port de Toulon, noyé sur... le... 1693.

Les listes de la marine n'en disent rien de plus.

4162. Coudray (le s^r du), mousquetaire de la garde du roy, tué à la bataille de Dettingen en 1743.

4163. Coudraye (la). *Notice égarée.*

4164. Coudraye (le s^r de la), chevalier de Saint-Louis, capitaine au régiment de Normandie, blessé aux batailles de Fontenoy et de Clostercamp en 1745 et 1760.

4165. Coudrelle (le s^r de), enseigne au régiment de Normandie, blessé au siége de Coni en 1641.

4166. Coudrelle (le s^r de la), capitaine au régiment de Normandie, blessé au siége de Saint-Antonin, en 1622.

4167. Coué (Jean de), seigneur de Boisrogues, reçut plusieurs blessures à la bataille de Verneuil en 1424 et mourut peu de temps après entre les mains des ennemis dont il étoit le prisonnier.

4168. Coué de Luzignan (le s^r de), chevalier de Saint-Louis, et lieutenant de vaisseau, mort couvert de blessures reçues dans plusieurs combats sous Louis XIV : une de ces blessures l'obligea de se faire trépaner : puis dans un autre combat il perdit un bras.

4169. Coué de Luzignan, lieutenant de vaisseau, du port de Toulon, grièvement blessé au combat de 1704, mort à Toulon le 10 juillet 1705 des suites de ses blessures.

4170. Couédic (du), mort de ses blessures. (*Sans autre renseignement.*)

4171. Couédic (le chevalier du), chevalier de Saint-Louis, capitaine de vaisseau, reçut trois blessures, deux très-dangereuses à la tête, une troisième au bas-ventre, dans le glorieux combat qu'il soutint le 7 octobre 1779 à la hauteur de l'isle d'Ouëssant, sur la frégate *la Surveillante* qu'il commandoit, contre la frégate angloise *le Québec*, et mourut de la suite de ses blessures.

4172. Couédic (le s^r du), enseigne de vaisseau, embarqué sur la frégate la *Nimphe*, s'étant trouvé au combat donné le 10 août 1780 dans les environs d'Ouëssant, contre une frégate angloise, et ayant été l'un des premiers à sauter à l'abordage, fut écrasé entre les deux frégates.

La maison du Couédic d'ancienne extraction de Bretagne et que le chevalier du Couédic a surtout illustrée, a ses représentants et porte d'argent à une branche de châtaignier, à trois feuilles d'azur.

4173. Couespel (François-Antoine), chevalier de Saint-Louis, capitaine au régiment de Berry, obtint en 1762 une pension de 400 fr. motivée sur ses services et ses blessures.

4174. Couet de Lorry (N...), chevalier de Saint-Louis, capitaine de grenadiers au régiment de Piémont, mort de la suite de ses blessures, à la retraite de Prague en 1743.

4175. Couet (Jean-François), chevalier de Saint-Louis, aussi capitaine de grenadiers au même régiment, fut blessé à la bataille de Minden en 1759.

4176. Couet de Marignane (N...), marquis de Marignane, chevalier de Saint-Louis, sous-lieutenant de la compagnie des chevau-légers de la garde, et maréchal de camp, fut blessé à la bataille de Dettingen en 1743.

Les Couet, marquis de Marignane (Bresse et Provence) portoient d'or à deux pins arrachés de sinople, fruités d'argent, entrelacés et passés en double sautoir.

4177. Cougny (Louis de), chevalier de Saint-Louis, capitaine au régiment de la Rochefoucaud-cavalerie, depuis Royal-Champagne, fut blessé à la jambe, à la bataille de Minden en 1759.

4178. COULANGES (le s^r de), mestre de camp au régiment du Maine, fut tué au combat de Sintzim en 1674.

4179. COULANGES (le s^r de), capitaine au régiment de Bourbon-Busset cavalerie, blessé à la bataille de Rosback en 1757.

> Famille originaire de Bourgogne, que le parent, l'ami de Mme de Sévigné le spirituel chansonnier, a surtout rendue célèbre.

4180. COULDRAY (le seigneur de), tué au siége de Péronne en 1536.

4181. COULENGES (le seigneur de), tué dans une attaque en 1590.

> Peut-être faut-il lire *Coulanges*.

4182. COULLEMONT (le s^r de), gendarme de la garde du roy, blessé à la bataille de Dettingen en 1743.

4183. COULOMBE (le chevalier de), enseigne de vaisseau du port de Brest, périt sur *le Magnanime* le 22 janvier 1712.

4184. COULOMBIER (le capitaine), tué au siége de Montauban en 1563, fameux par ses cruautez, dit de Thou, et qui se faisoit un jeu et un plaisir de mettre le feu aux maisons et de brûler les femmes, les enfants et les vieillards qui s'y pouvoient trouver.

4185. COULOMIEZ (le s^r de), tué en 1629, au siége de Bois-le-Duc. (*Mercure* de 1629.)

4186. COULON (le s^r), capitaine au régiment de Bourbonnois, blessé au combat de Steinkerque en 1692.

4187. COULONGES (le baron de), tué en 1427 en voulant enlever un convoi aux Anglois.

4188. COULONS (le chevalier de), maréchal des logis, enseigne de vaisseau du port de Brest, mort sur *le Fleuron* le 2 janvier 1741.

4189. Couneaux (le s^r de), capitaine au régiment de Champagne, blessé à la bataille de Fleurus en 1690.

4190. Coupigny (Gabriel-Joseph de), seigneur de Péage, capitaine au régiment de la vieille-marine, tué à l'affaire de Saverne en 1744.

4191. Coupigny (Adrien-Ferdinand de), chevalier de Heme, chevalier de Saint-Louis, capitaine au régiment du roy-infanterie, eut le bras emporté d'un boulet de canon à la bataille d'Hastembeck en 1759.

Famille d'Artois, d'azur à l'écusson d'or en abîme.

4192. Cour (Paul de la), capitaine au régiment de la Fère-infanterie, obtint le 25 novembre 1739 une attestation des officiers de ce régiment, portant que ses blessures l'avoient obligé de quitter sa compagnie.

4193. Cour (François-Joseph de la), de Besançon, capitaine de grenadiers royaux, fut tué le 24 janvier 1762, à la Martinique, dans une attaque que firent les Anglois.

4194. Cour (le s^r de la), chevalier de Saint-Louis, capitaine au régiment Dauphin, puis dans celui de Perche, blessé à la bataille de Berghen en 1759.

4195. Cour de Balleroy (N... de la), mestre du régiment d'Anjou, tué au service du roy en Allemagne en 1672.

4196. Cour (François-Joseph de), enseigne de vaisseau, tué au service en 1712.

4197. Cour (François-Auguste de la), dit *le comte de Balleroy*, chevalier de Saint-Louis, colonel du régiment de Chartres, et depuis lieutenant général des armées du roy, blessé à la bataille de Dettingen en 1743, obtint en 1745 une pension de 3,000 fr. motivée sur d'autres blessures qu'il avoit reçues à celle de Laufeldt.

4198. Cour de la Grise (de la). V. de la Grise.

Les La Cour, marquis de Balleroy, originaires de Normandie, marquis en 1704, portoient d'azur à trois cœurs d'or.

4199. Courbon (Louis de), seigneur de Romette, capitaine au régiment de Champagne, tué au pont de Lunel sous Louis XIII.

4200. Courcelles (Pierre de), seigneur de Courcelles, tué à la bataille de Verneuil en 1424.

4201. Courcelles (le sr de), mestre de camp au régiment de Baleroy, depuis Villars et Anjou, tué au combat de Senef en 1674.

4202. Courcelles (le chevalier de), chevalier de Saint-Louis, capitaine au régiment de Picardie, puis major de Nancy et de la citadelle de Metz, blessé aux batailles de Parme et de Guastalla en 1734.

4203. Courcelles (Champlais de). V. Champlais.

Il y a plusieurs familles de ce nom, différentes d'origine et d'armes.

4204. Courcillon (Philippe-Egon), *marquis* de, chevalier de Saint-Louis, colonel du régiment de Furstemberg-cavalerie, brigadier des armées du roy et gouverneur de Touraine, eut une jambe emportée à la bataille de Malplaquet en 1709, et mourut le 20 septembre 1719.

4205. Courcy (Guillaume, sire et *baron* de), capitaine de la ville de Paris, tué à la bataille d'Azincourt en 1415.

4206. Courcy (François de), seigneur du Plessis-Bouquelon et de Saint-Cloud-en-Auge en partie, fut tué dans les guerres civiles, il paroit être le même que *le fils de Courcy*, dont parle de Thou, qui mourut de la blessure qu'il reçut au siége de Roüen en 1541.

4207. Courcy (Jacques-François de), seigneur d'Herville, chevalier de Saint-Louis, d'abord lieutenant au régiment de de Blaisois-infanterie, puis gardé du corps du roy, et, enfin officier détaché d'invalides, blessé d'un coup de feu à la jambe au siége de Barcelonne, le fut encore d'un autre, au bras, à la bataille d'Almanza en 1707, et d'un troisième au bas ventre au siége de Tortose en 1708 : — ses blessures l'obligèrent par la suite de quitter le service; il mourut en 1755.

4208. Courcy (de) , lieutenant de vaisseau du port de Brest, mort sur *l'Eureux* commandé par M. du Casse, 30 octobre ou 5 décembre 1702.

4209. Courcy d'Anglesqueville (de), enseigne de vaisseau du port de Brest, mort à Carthagène sur *l'Avenant*, le 4 juillet 1697.

4210. Courcy (Louis-Jaques de), seigneur d'Herville, chevalier de Saint-Louis, capitaine commandant au régiment de de Languedoc, fut blessé d'un coup de feu à la jambe, à l'affaire de Carillon, en Canada, en 1758, et obtintsa retraite en 1785.

Les Courcy, de Normandie et de Bretagne, portent d'azur au chevron d'or accompagné de trois quintefeuilles du même.

4211. Courdieu (le seigneur de la), fut blessé d'un coup d'arquebuse à la jambe au siége de Sancerre en 1573.

4212. Courdonneville (le s^r de la), lieutenant aux gardes-françoises, tué à la bataille de Consarbrick en 1675.

4213. Couriers (le s^r de), lieutenant au régiment de Champagne, blessé au combat de Valcour en 1689.

4214. Courles (le s^r de), enseigne de vaisseaux, tué dans le combat du Bailly de Suffren aux Indes, près de Provedierne, contre l'amiral Hugues le 20 avril 1782.

4215. Courmoulin (le s^r de), enseigne aux gardes-françoises, tué à la bataille de Consarbrick en 1675.

4216. Courrivaud (Villote de), lieutenant au régiment de Schomberg, se retira après 22 ans de services et à raison de ses blessures d'après des lettres patentes du roy, du mois d'octobre 1710 où il est dit de plus, que le sʳ de Courrivaud son père, capitaine au régiment de la Grange Saint-Vivien-infanterie avoit été tué après 26 ans de service, ce qui en reporte l'époque vers Louis XIII.

4217. Courrivaud (Louis-François de), son fils, chevalier de Saint-Louis, capitaine au régiment de la Rocheguyon-cavalerie, blessé à la main à la bataille de Fredelinghen en 1702, eut encore la cuisse percée d'un coup de feu à celle d'Hochstedt en 1704.

4218. Cours (le sʳ de), capitaine au régiment de Béarn, blessé au siége d'Holst en 1747.

4219. Cours-de-Paulhiac (de). V. de Paulhiac.

4220. Courselas (le sʳ de), garde la marine, blessé le 27 octobre 1747, dans le combat du marquis de l'Etenduère, contre les Anglois, mourut à son retour en France des suites de ses blessures.

4221. Courserac (de), capitaine de frégate du port de Brest, périt commandant le *Magnanime* allant aux Indes, le 22 janvier 1712.

4222. Courson (le sʳ de), chevalier de Saint-Louis, ancien lieutenant au régiment de Normandie puis capitaine dans celui de Neustrie, fut blessé à la bataille de Clostercamp en 1760.

4223. Courson-de-la-Villeneuve (le sʳ de), officier auxiliaire étant embarqué sur le frégate *la Nimphe*, fut jetté d'un coup de pique entre ce batiment et la frégate angloise qu'il avoit abordée aux environs d'Ouëssant, le 10 août 1780 : il y reçut en outre, un coup de sabre à la main : ses services lui valurent depuis le grade de lieutenant de vaisseau.

Mrs de Courson et Courson de la Villeneuve, originaires de Bretagne et qui ont encore leurs représentants portent : d'or à trois chouettes de sable, becquées et membrées de gueules.

4224. COURT (le s^r de), capitaine au régiment de Bourbonnois, tué à la bataille de Fredelinghen en 1702.

4225. COURT (le s^r de), lieutenant au régiment de Lameth, blessé à la bataille de Rosback en 1757.

4226. COURT (le s^r de), chevalier de Saint-Louis, chef de bataillon au régiment de Bourbonnois, tué à l'affaire d'Exiles en 1747.

4227. COURT (le s^r de), capitaine au régiment de la Cour au chantre, blessé en 1746 aux siég:s des Châteaux de Namur.

4228. COURT-DE-BOLSCOURT (Jaques-Joseph le), chevalier de Saint-Louis, capitaine au régiment, colonel général blessé à la bataille de Minden en 1759.

4229. COURTAGNON (le chevalier de Lhéry), du port de Toulon, tué au combat de la Longue, le 29 may 1692, capitaine de vaisseau.

4230. COURTAGNON-DE-LHÉRY(le chevalier de), chef d'escadre parti du port de Toulon, tué à la descente de Germes commandant *le Diligent*, le 24 may 1684.

Famille des environs de Reims qui paroît éteinte.

4231. COURTARVEL (Jaques de), seigneur de Courtarvel, baron de Peçé, chevalier de l'ordre du roy, gentilhomme ordinaire de sa chambre et lieutenant de 50 hommes d'armes de ses ordonnances, fut grièvement blessé à la bataille de Gravelines en 1558 et mourut en 1580 ou 1581.

4232. COURTARVEL (Hubert de), marquis de Pezé, chevalier des ordres du roy, lieutenant général de ses armées, mestre de camps, lieutenant et inspecteur de son régiment, ancien gentilhomme de la chambre de Sa Majesté, gouverneur de Rennes et des châteaux de la Muette et de Madrid, eut deux chevaux tués sous luy à la bataille de Parme en 1734, et mourut d'un coup de fusil à travers le corps et d'un autre au bras droit qu'il recut en la même année à celle de Guastalla.

> Les Courtavel, marquis de Pezé, dans l'Orléanais, Maine et Anjou: d'azur au sautoir d'or cantonné de seize lozanges du même, posés 4 en croix et 12 en orle.
>
> « Il est peu de maisons, dit Moréri, qui puissent montrer une plus belle suite de titres et d'alliances illustres. »

4233. COURTAUREL (Amable de), homme d'armes des ordonnances. Dans une lettre d'Henry IV du 18 juin 1600, ce prince dit qu'il avoit servi dans un régiment de gens de pied et dans la compagnie des hommes d'armes de ses ordonnances; qu'il étoit parvenu aux grades d'archer et d'homme d'armes, et, s'étoit trouvé à plusieurs batailles et siéges où il avoit reçu plusieurs blessures; qu'il avoit servi aussi sous les règnes précédents de Charles IX et d'Henry III.

4234. COURTAUREL (Claude du), frère du précédent, homme d'armes... servit à la même époque et fut également blessé (Mêmes services que son frère).

4235. COURTAUREL (Gilbert de), gendarme de la garde du roy, tué au combat de Leuze en 1691.

4236. COURTAUREL (Jean-Baptiste de), dit *le chevalier de Rouzat*, chevalier de Saint-Louis, capitaine et aide-major au régiment de Poitou, blessé à la cuisse d'un coup de canon dans les guerres d'Italie, le fut encore en Allemagne d'un coup de fusil à la tête, à la redoute de Rhinvillers, et mourut à Martsbourg, en Saxe, des blessures qu'il reçut à la bataille de Rosback en 1757 : il y fut atteint d'un coup de biscayen à la cuisse qui le jetta à bas de son cheval, ce qui ne l'empêcha pas de continuer à commander sa troupe, jusqu'au moment où il eut l'épaule cassée d'un deuxième coup.

4237. Courtaurel-de-la-Tour (Balthasar de), chevalier de Saint-Louis, capitaine au régiment des volontaires de Flandres, fut blessé deux fois dans la guerre de Westphalie, la première année à une bataille, et la deuxième très-dangereusement d'un coup de fusil à travers le corps à l'attaque d'un poste qu'il emporta.

4238. Courtaurel-de-la-Tour (Balthasar de), son neveu, chevalier de Saint-Louis, et pareillement capitaine dans les volontaires des Flandres, fut blessé à la cuisse à la bataille d'Hastembeck en 1757.

Famille d'Auvergne : d'azur au lion d'or, armé et lampassé de gueules.

3239. Courten (N..... de), capitaine au régiment de Greder-Suisse, blessé à la bataille de Cassel en 1677.

4240. Courten (Melchior de), chevalier de Saint-Louis, colonel du régiment de Courten et maréchal de camp, grièvement blessé au combat d'Eckeren en 1703, mourut en 1728 âgé de 76 ans.

4241. Courten (Hildebrand de), blessé dangereusement aussi au même combat.

4242. Courten (Louis-François de), capitaine lieutenant au même régiment, fut tué dans la même journée n'étant âgé que de 15 ans.

4243. Courten (Maurice de), comte du saint-empire, chevalier, grand-croix de l'ordre royal et militaire de Saint-Louis, colonel d'un régiment suisse, lieutenant général des armées du roy, ambassadeur extraordinaire à la cour de Berlin et chambellan de l'empereur Charles VII, fut blessé d'un coup de fusil à la jambe à l'attaque des retranchements de Montalban en 1744, et eut un cheval tué sous luy à la bataille de Coni : il mourut à Paris, le 17 janvier 1766.

4244. Courten (Jean-Baptiste de), capitaine au régiment de Courten, tué à la bataille de Fontenoy, en 1745.

Famille d'Auvergne qui, pensons-nous, a encore ses représentants.

4245. Courtenay (Geoffroy de), dit Chapelo, des anciens seigneurs de Courtenay dont la petite nièce Elisabeth, dame de Courtenay, fut mariée avec Pierre de France, septième fils du roy Louis le Gros, fut tué lorsque les infidèles battirent l'armée de Fouques d'Anjou, roy de Jérusalem, comme il alloit au secours du château de Montferrant au comté de Tripoli, assiégé par Sanguin, seigneur de Ninive en 1139. Les historiens font le plus grand éloge de ses mérites et de sa valeur.

4246. Courtenay (Robert de), prince du sang royal, second fils de Pierre de France, tué en la Terre sainte dans un combat près de Gaza en 1229.

4247. Courtenay (René de), seigneur de la Ferté-Loupière, tué en 1562 au siége de Bourges où il donna des preuves signalées de valeur.

4248. Courtenay (Jacques de), seigneur de Chevillon, gentilhomme ordinaire de la chambre du roy, et mestre de camp d'un régiment d'infanterie, dangereusement blessé au siége de la Fère en 1580, mourut en 1617.

4249. Courtenay (Jacques de), seigneur du Chêne, gentilhomme ordinaire de la chambre du roy, fut tué dans une rencontre près de Villiar Saint-Benoît, le 21 août 1589.

4250. Courtenay (Louis-Charles, prince de), comte de Césy, blessé au siége de Douay, mourut le 28 avril 1723.

4251. Courtenay (Louis-Gaston-Prince de), son fils, mousquetaire de la garde du roy, eut une jambe cassée au siége de Mons en 1691, et reçut un coup de mousquet à travers le corps : il en reçut un autre à la tête dont il mourut.

4252. COURTENAY (Jean-Armand de), chevalier de Malte, et sous-lieutenant aux gardes-françoises, tué à l'attaque de la contrescarpe de la citadelle de Cambray en 1677.

L'illustre maison de Courtenay s'éteignit dans Hélène de Courtenay, dernière héritière en ligne directe et légitime de Pierre de France; laquelle, mariée le 5 septembre 1712, à Louis de Bauffremont, transporta aux puisnés de cette maison le titre de *princes de Courtenay*.

4253. COURTENEUIL (de), capitaine de vaisseau du port de Rochefort, mort à la Crogne, commandant *le Jazon*, le 5 septembre 1746.

4254. COURTEVILLE (Bertrand de), capitaine au régiment de Chârot, tué au siége de Douay sous Louis XIV, à l'âge de 22 ans.

4255. COURTEVILLE (Antoine de), enseigne de vaisseau, tué dans un combat naval sous Louis XV.

4256. COURTIN (le s'), Grison, major du régiment Vieux-Stuppa, tué à la bataille de Steinkerque.

4257. COURTIN (le chevalier), officier au régiment de Picardie, fut blessé d'un coup de pertuisane et d'un de bayonnette, au siége de Philisbourg en 1688, et mourut de ses blessures.

4258. COURTIN DE CLENORT (le s'), lieutenant au régiment de Périgord, tué à la bataille de Plaisance en 1746.

4259. COURTIN DE TANQUEUX (Pierre-François), seigneur de Tanqueux, lieutenant aux gardes-françoises, puis commandant l'artillerie en Espagne et brigadier des armées du roy, blessé en 1692 à la bataille de Steinkerque, fut tué au siége de Francavilla, en Sicile, en 1719.

4260. Courtin de Tanqueux (Antoine-Pierre), seigneur de Dussy, chevalier de Saint-Louis au régiment de Bourbon-Busset, gouverneur et grand bailly de Meaux, blessé à la bataille de Rosback en 1757, quitta le service en 1779.

4261. Courville (le seigneur de), tué à la bataille de Cérisolles en 1544.

4262. Courville (le sr de), lieutenant au régiment Royal des vaisseaux, blessé au combat de Senef en 1674.

4263. Courville (François-Armand de), brigadier des armées du roy et mestre de camp au régiment d'infanterie de marine, mourut des blessures qu'il reçut à l'attaque du château d'Arn, en Castille, un jour ou deux avant la bataille d'Almanza en 1707; il étoit aussi chevalier de Saint-Louis.

4264. Courvoisier (Pierre-Joseph de), capitaine lieutenant au régiment Suisse-d'Eptingen, blessé à l'affaire de Grebenstein le 24 aoust 1762.

4265. Courvoisier (Guillaume de), chevalier de l'ordre du Mérite militaire, colonel commandant du régiment d'Anhalt, et maréchal de camp, blessé à la bataille de Minden en 1749.

4266. Courvol (Jean-Claude de), chevalier de Saint-Louis, capitaine au régiment de Nice, blessé en 1744 à l'attaque des lignes de Veissembourg.

4267. Courvol (Jacques de), son frère, chevalier de Saint-Louis et capitaine au même régiment, blessé au siége de Philisbourg, puis à la bataille de Laufeldt en 1747, mourut le 16 juin 1752.

4268. Courvol-Fricambault (de), lieutenant de vaisseau du port de Rochefort, tué sur *l'Intrépide*, commandé par M. du Casse, le 24 aoust 1704.

Il y a une famille de ce nom dans le Nivernais.

4269. COUSANGES (Henry de), dit *le Brave*, fut tué en Sicile en 1266, ayant été pris par les ennemis pcur le roy de Sicile, dont ce brave chevalier portoit ce jour-là les armes. (*Histoire de France.*)

4270. COUSSE (le chevalier de la), lieutenant de vaisseau du port de Brest, tué à la défense de Camara le 23 juin 1694.

4271. COUSSE-SARCELOT (le marquis de l'Estrade de la), capitaine lieutenant de cavalerie de Poitou, dangereusement blessé en 1744, à l'attaque du château Dauphin, mort des suites de ses blessures.

4272. COUSSINS (le sr de), mousquetaire de la garde du roy, blessé au siége de Maëstrick en 1673.

4273. COUSSOLLES (le sr de), capitaine au régiment d'Aquitaine, tué à la journée de Grebenstein, le 24 aoust 1762.

4274. COUSTATI (le sr), capitaine au régiment, depuis Guyenne, blessé au siége de Luxembourg en 1684.

4275. COUSTIN DU MASAUDAN (le sr), capitaine au régiment de Bcauvoisis, blessé à la bataille de Rosback en 1757.

4276. COUTANCES (René de), seigneur de Baillon, chevalier de l'ordre du roy, gentilhomme de sa chambre, et lieutenant de 50 lances de ses ordonnances, blessé au siége de Domfront en 1574.

4277. COUTRAUX (de). V. Descouteaux.

4278. COUTURE (le capitaine la), lieutenant de la garde de la ville et abbaye de Saint-Michel en l'Ain, tué à ce siége par les religionnaires en 1569. (*Mémoire* de 1578.)

4279. COUTURIER (Henry le), seigneur de Nouville, commandant de bataillon au régiment du roy, tué à la bataille de Steinkerque en 1692.

4280. Couvert (Pierre-Alexandre de), chevalier de Saint-Louis, capitaine de grenadiers au régiment Royal, gouverneur de Bayeux et écuyer ordinaire de la feue reine, épouse de Louis XV, fut blessé à la bataille de Fontenoy en 1745.

4281. Couvertes (le s^r les), enseigne aux gardes-françoises, blessé à la bataille du pont d'Ostux, en 1643. (*Mercure* de 1643.)

4282. Couvrelle (le s^r de), lieutenant au régiment de Guyenne, tué dans la campagne de 1704.

4283. Couvreur (le s^r), lieutenant au régiment de Champagne, blessé à la bataille de Fillingshausen en 1761.

4284. Couvreur (Claude le), seigneur de Saint-Pierre et de Selaine, gouverneur et maire de Chauny, défendit cette ville en 1652 avec beaucoup de valeur, et se trouvant affoibli par les blessures qu'il avoit reçues, il demanda à se retirer; mais Louis XIV, satisfait de ses services, lui ordonna de les lui continuer.

4285. Coux (de), capitaine de vaisseau du port de Toulon, tué au combat d'Agouste, côtes de Sicile, le 21 avril 1676.

4286. Coycault (Jean-Baptiste-Joseph-François de), seigneur de Chegny, officier supérieur de gendarmerie, puis colonel d'un régiment d'infanterie de son nom, eut un bras emporté d'un coup de canon à la bataille de la Marsaille en 1693.

4287. Coyer (le s^r), lieutenant au régiment de Mailly, blessé à la bataille de Rosback en 1757.

4288. Coyeux (le s^r des), l'aîné, capitaine de frégate et chevalier de Saint-Louis, nommé par Louis XIV en considération de ce qu'il avoit eu un bras emporté d'un coup de canon dans un combat naval. (On le présume de la maison de Polignac-d'Escayeux.)

4289. CRAMER (Martin), officier suisse au service du roy, tué au combat de Marciano en 1554.

4290. CRAMAILLES (Ivain de), chevalier, tué à la bataille de Poitiers en 1356.

4291. CRAON (Antoine de), seigneur de Beauverger, chevalier, grand panetier de France, conseiller, chambellan ordinaire du roy et du duc de Bourgogne, gouverneur de Soissons, tué à la bataille d'Azincourt en 1415.

4292. CRAON (Jean de), seigneur de Montbuzon, de Sainte-Mauve et de Moncontour, grand échanson de France, tué à la même bataille.

4293. CRAON (Simon de), vicomte de Dommart, seigneur de Clacy, chevalier, tué à la même bataille.

Les Craon, grande et illustre maison qui tiroit son nom de la ville même de Craon, au Maine, a formé les branches des vicomtes de Châteaudun, des seigneurs de la Ferté-Bernard, des seigneurs de Dommart et des seigneurs de la Suze. (V. aussi à l'article BEAUVAU.)

4294. CRAY DE MERIE (de). V. de Crest de Merie.

4295. CRENGH (Jacques), chevalier de Saint-Louis, lieutenant-colonel du régiment de Clare-Irlandais, puis maréchal de camp en 1771, fut blessé aux batailles de Fontenoy et de Laufeldt en 1745 et 1747.

4296. CRÈCE (le sr de), lieutenant au régiment de Normandie, blessé au siége d'Orbitelle en 1646.

4297. CREIL (Jean-Baptiste de), officier d'artillerie, tué à la bataille de Fleurus en 1690.

4298. Cremeau (le s^r de), capitaine au régiment de Piémont, fut blessé en 1689 à la surprise de Cockeim.

4299. Cremoux (le s^r de), capitaine au régiment de Trainée, blessé au siége du fort Saint-Philippe en 1756.

4300. Crenay (le seigneur de), cornette de la compagnie des grenadiers du duc de Montpensier, tué à la bataille d'Ivry en 1590. (On le présume de la maison de Foisy de Crenoy.)

4301. Crené (le s^r de), lieutenant du seigneur de Landerau, ayant attaqué un vaisseau espagnol en 1582, fut tué dans ce combat (de Thou).

4302. Crépin de Bonouvrier. V. de Bonouvrier.

4303. Crequi (Jean de), seigneur de Burback, fut tué en 1209 dans la guerre contre les Albigeois.

4304. Crequi (Henry de), tué au siége de Damiette en 1249.

4305. Crequi (Regnault de), seigneur de Cointes, chevalier, tué à la bataille d'Azincourt en 1415.

4306. Crequi (Philippe de), son fils, chevalier, tué à la même bataille.

4307. Crequi (Jean de), dit *le Jeune*, seigneur de Moliens, tué à la même bataille.

4308. Crequi (Raoul, sire de) et de Fressin (neveu du précédent), surnommé l'*Etendard*, en raison de plusieurs drapeaux qu'il avoit pris aux Anglois, tué à la même bataille.

4309. Crequi (Oudard de), seigneur de Royon, tué à la bataille de Montlhéry en 1465.

4310. Crequi (Antoine de), seigneur de Pontdormy, chevalier de l'ordre du roy, l'un de ses conseillers et chambellans ordinaires, capitaine de cent lances de ses ordonnances, gouverneur de Picardie et bailly d'Amiens, périt en 1525 au château d'Hesdin, en défendant cette ville, par l'accident d'une fusée qui lui creva contre le visage et dont le feu lui entra dans la bouche et lui brûla tout l'intérieur du corps, il en tomba pâmé et mourut deux jours après.

4311. CREQUI (Jean, sire de), de Fressin et de Canaples, prince de Poix, seigneur de Pontdormy, comte de Manta, de Meulain, chevalier de l'ordre du roy, l'un de ses conseillers et chambellans, gentilhomme ordinaire de sa chambre, capitaine de cinquante hommes d'armes de ses ordonnances et des cent gentilshommes de sa maison, bailly d'Amiens et ambassadeur en Angleterre, reçut dans la ville d'Hesdin en 1525, une fusée qui lui brûla tout le visage et le rendit presque aveugle, la même qui causa la mort du brave seigneur de Pontdormy, son oncle; il mourut en 1555.

4312. CREQUI (Jean, sire de), de Fressin et de Canaples, prince de Poix, gentilhomme ordinaire de la chambre du roy, et capitaine de cinquante hommes d'armes de ses ordonnances, tué à la bataille de Saint-Quentin en 1557.

4313. CREQUI (Louis de), son frère, seigneur de Pontdormy, tué aussi à la même bataille de Saint-Quentin en 1557.

4314. CREQUI (Philippe de), seigneur de Raimbooval, mort sous les armes, d'après le 2ᵉ volume des *Grands officiers de la Couronne*, est de cette maison, mais l'auteur n'en désigne pas l'époque.

4315. CREQUI (Hector-François de), seigneur de Boyeffo, capitaine d'infanterie, tué au siége de Thionville en 1643.

4316. CREQUI (Philippe de), seigneur d'Hermont, capitaine d'une compagnie de cavalerie, tué à la bataille de Lens en 1648.

4317. Crequi (François de), capitaine au régiment du roy, tué au combat de Senef en 1674.

4318. Crequi (Jérôme de), marquis d'Estiembeck, tué au service du roy en 1675.

4319. Crequi (François de), lieutenant au régiment de Nailly, tué aussi au service, en Piémont, le 7 août 1690.

4320. Créqui (Robert *alias*, Louis de), seigneur de Vaugicourt, sous-brigadier des chevau-légers de la garde du roy, grièvement blessé au siége de Mons en 1691, fut tué à la bataille de Nerwinde en 1693.

4321. Crequi (Charles, *sire* de) et de Canaples (de la maison de Blanchefort, substituée aux noms et armes de Crequy), duc de Lesdiguières, pair et maréchal de France, prince de Poix, comte de Canaples et de Sault, chevalier des ordres du roy, premier gentilhomme de sa chambre, capitaine de cinquante hommes d'armes de ses ordonnances, conseiller d'Etat d'épée, mestre de camp du régiment des gardes de Péronne, Roye, Montdidier et ambassadeur à Rome, fut blessé au siége de Saint-Jean-d'Angely, d'une mousquetade à la joue et tué d'un coup de canon le 17 mars 1638, en voulant secourir Brême assiégée par les Espagnols.

4322. Créqui (Charles, sire de) et de Canaples, son fils, mestre de camp du régiment des gardes-françoises, mort d'une blessure qu'il reçut au siége de Chambéry en 1630.

4323. Créqui (Charles-Nicolas de), marquis de Ragny, colonel d'un régiment de cavalerie et lieutenant général du gouvernement de Dauphiné, mort dans les guerres d'Allemagne en 1674.

La maison de Créqui, aussi illustre par elle-même que par ses alliances, a pris son nom de la seigneurie de Créqui, en Artois. — Ses armes sont des plus simples et des plus connues : d'or au crequier de gueules : *cri de guerre* : A Créqui le grand baron! *Devise ;* Nul ne s'y frotte!

4324. Cresné (le sʳ de), blessé en 1590 : de Thou, qui le cite, ne dit pas où.

4325. Cresp de Saint-Cézaire (Antoine), chevalier de Saint-Louis et capitaine de vaisseau, fut tué sur le *Northumberland*, qu'il commandoit, dans le combat du comte de Grasse contre l'amiral Rodney le 12 avril 1782.

4326. Crespain (le sʳ de), capitaine au régiment d'Enghien, tué au siége de Fribourg en 1644. (*Mercure* de 1644.)

4327. Crespin de Billy (Amable de), capitaine au régiment Royal-infanterie, tué au siége de Berg-op-Zoom en 1747.

4328. Cressenière (le sʳ de), capitaine au régiment de Piémont, tué au siége d'Arras en 1654.

4329. Cressigny (le sʳ de), mestre de camp d'infanterie, fut blessé d'une mousquetade au genou, au siége de Lérida en 1644.

4330. Cressonnière (de la), lieutenant de vaisseau du port de Brest, périt sur *l'Oriflamme* le dernier février 1691.

4331. Crest de Merie (le sʳ de), chevalier de Saint-Louis, capitaine au régiment de Piémont, blessé à la bataille de Rosback en 1757, et à celles de Berghen et de Minden en 1759.

4332. Crest de Merie (Michel-Scipion de), chevalier de Saint-Louis, ancien capitaine, puis lieutenant-colonel du même régiment, blessé au siége de Prague en 1742, et d'un coup de feu au combat de Sahay, reçut encore plusieurs autres blessures, entre autres à la bataille de Rosback en 1757.

4333. Crest de Merie (N... de), son fils, chevalier de Saint-Louis, capitaine au même régiment, puis brigadier des armées du roy, blessé en Flandres en 1745, y fut tué en 1747 dans une ambuscade après s'être distingué par des traits signalés de valeur.

4334. Crest (Denis du), mort au mois d'août 1630 des blessures qu'il reçut au combat de Veillane.

4335. Crétousac (le s^r de), capitaine au régiment de Champagne, tué à la bataille de Parme en 1734.

4336. Crevant (Guillaume de), chevalier, tué à la bataille de Poitiers en 1356.

4337. Crevant (Claude de), seigneur de la Mothe-Noüastre et des Roches, fut grièvement blessé à la bataille de Pavie en 1525.

4338. Crevant (François de), tué à la bataille de Saint-Quentin en 1557.

4339. Crevant (Charles-Hercules de), marquis d'Humières, premier gentilhomme de la chambre du roy, capitaine de cinquante hommes d'armes de ses ordonnances, et gouverneur de Compiègne, tué au siége de Royar en 1622.

4340. Crevant (Henry-Louis de), marquis d'Humières, colonel d'un régiment d'infanterie de son nom, tué au siége de Luxembourg en 1684.

> Les Crevant, plus connus sous leur nom de terre (d'Humières), ducs en 1690, alliés aux meilleurs maisons, portoient écartelé au 1er et 4e contr'écart. d'argent et d'azur. — Nous ne savons si M^{rs} d'Humières d'aujourd'hui, se disent descendants des Crevant.

4341. Crevecoeur (le s^r de), capitaine au régiment de Picardie, blessé au combat de Senef en 1674.

4342. Crevecoeur (le s^r de), mousquetaire du roy de la 2e compagnie, blessé au siége d'Ypres en 1678.

4343. Creuilly (le *sire* de), blessé au siége de Carthage en 1390.

4344. Creux (le sr de), capitaine des volontaires de Bourbon, blessé sur le *Flammand*, dans le combat du bailly de Suffren aux Indes, près de Negapatnam, contre sir Edward Hugues le 6 juillet 1782.

4345. Cries (de), enseigne de vaisseau du port de Brest, tué aux Cévennes le 14 mars 1704.

4346. Crochard de Bourgneuf (Joseph-Adrien de), chevalier de Saint-Louis, capitaine au régiment d'Aumont, puis de grenadiers dans celui de Beauce, perdit une jambe au combat de Warbourg en 1760, et obtint sa retraite en 1786.

4347. Crochard de la Crochardière (Armand-René de), chevalier de Saint-Louis, capitaine au régiment de Piémont, puis major de celui des grenadiers royaux de la Brève avec rang de lieutenant-colonel, fut blessé au siége de Prague en 1742.

4348. Crosdeville de Gimeau (de), capitaine de vaisseau du port de Toulon, tué sur *le Foudroyant*, commandé par M. l'amiral le 24 aoust 1704.

4349. Croisel (le sr), lieutenant au régiment de Madame la Dauphine, tué à la bataille de Minden en 1759.

4350. Croiset (le sr), officier au régiment de Mailly, blessé à la bataille de Raucoux en 1746.

4351. Croiset (Charles de), seigneur de Saint-Legros, chevalier de Saint-Louis, capitaine de cavalerie au régiment de Forsac, depuis Fordat, eut une jambe emportée au siége de Landau sous Louis XIV.

4352. Croisset dit *le chevalier* de Saint-Legros, chevalier de Saint-Louis, capitaine au régiment de Navarre, puis dans celui d'Armagnac, eut la main percée d'un coup de feu à la bataille d'Hastembeck en 1757.

4353. Croiselle (le s^r de la), lieutenant au régiment de Béarn, tué à la bataille de Dettingen en 1743.

4354. Croismare (Claude de), seigneur de Saint-Jean du Cardonnay, tué à la bataille d'Ivry en 1590.

4355. Croismare (Charles de), gendarme de la garde, tué au siége de la Rochelle sous Louis XIII, en 1628.

4356. Croismare (Jacques-François de), seigneur de la Poterie, capitaine au régiment de Bretagne, fut grièvement blessé à la bataille de Malplaquet en 1709.

Maison originaire de Normandie connue dès le xie siècle; marquis en 1767. Armes : d'azur au léopard d'or : — a droit à d'autres mentions qui trouveront leur place au *supplément*.

4357. Croissy (le s^r de), mousquetaire de la garde du roy, tué à la bataille de Dettingen en 1743.

4358. Croix (Louis, dit *le comte de la*), chevalier de Saint-Louis, de la Société militaire de Cincinnatus, capitaine de vaisseau, blessé au combat d'Ouessant en 1778, fut massacré par les nègres dans ses possessions de Saint-Domingue en 1797.

4359. Croix (le s^r de la), lieutenant au régiment de Normandie, tué à la bataille de Clostercamp en 1760.

4360. Croix (Pierre de la), tué à la bataille de Moncontour en 1569, avoit commencé ses compagnies de gens de pied et de cheval aux batailles de Renty, de Dreux, de Saint-Denis et de Jarnac en 1554, 1562, 1567 et 1569.

4361. Croix (le s^r de la), enseigne au régiment de Navarre, blessé à la défense d'Armentières en 1667.

4362. Croix (de la). V. de Guerre.

4363. Croix (N... de la), mestre de camp, tué au siége de Ham en 1595 (de Thou).

4364. Croix (Pierre de la), seigneur du Chaslard, gentilhomme ordinaire de la chambre du roy en 1615, fut tué au service avant l'an 1622.

4365. Croix (François-Octave de la), baron de Clerière, enseigne aux gardes-françoises, tué au siége d'Arras en 1640.

4366. Croix (Hugues de la), lieutenant de roy de Damvilliers et capitaine au régiment de Bécheville-infanterie, reçut au siége de Leckmick en 1642, deux coups de mouquet à un bras dont on lui fit l'amputation, il fut encore blessé de trois autres coups de feu à la bataille de Fribourg en 1644, d'un coup de pique au bras à celle de Manendul en 1645, et de deux coups de mousquet au siége de Mouzon en 1650.

4367. Croix (Félix de la), colonel de 300 hommes d'infanterie, fut tué au siége d'Issoire en 1590: il s'étoit précédemment emparé de Moreste, place sur la frontière de Dauphiné, du côté de la Savoye, et il y fut blessé de sept coups de mousquet.

4368. Croix (Jean de la), seigneur de Beaurepos, capitaine de 200 hommes de pied et de 15 arquebusiers à cheval en 1567, puis gouverneur de Mornas en 1578, reçut plusieurs blessures à la défense de ce château, d'après plusieurs requêtes qu'il présenta en 1574 et 1582 aux cardinaux de Bourbon et d'Armagnac, il mourut à Orange en 1601.

4369. Croix (Louis-François de la), seigneur de Beaurepos et de Serisay, gentilhomme servant du roy, servit dans la compagnie des chevau-légers de la garde, et reçut plusieurs blessures, d'après des lettres patentes du roy du 2 janvier 1636.

4370. Croix (Jean de la), chevalier, fut tué à la bataille de Baugé en 1421; Guy Bretonneau en son *histoire généalog. de la maison de Briçonnet,* impr. à Paris en 1621, p. 46, dit à l'occasion de Geoffroy de la Croix, baron de Plancy (de la même maison que les barons de Castries), qu'il avoit pour ayeul *le belliqueux et magnanime chevalier Jean de la Croix, qui signala jadis sa valeur en la bataille de Beaugé contre les Anglois,* ennemis conjurés de cet État, où il perdit la vie pour le service de cette couronne.

4371. Croix (Henry de la), dit d'*Ussel,* chevalier, baron de Castries, gendarme du comte de Sancerre, fut tué en Allelemagne, au service du roy, ce qui dut être sous François Ier, son testament étant de 1542.

4372. Croix (Jacques de la), baron de Castriès, dit *le comte de Gourduges,* colonel d'un régiment d'infanterie, tué au siége de Maëstrick en 1632.

4373. Croix (Henry de la), son père, baron de Villebresse, capitaine d'une compagnie de cavalerie, fut tué d'un coup de canon au siége de Tarragona en 1641.

4374. Croix de Castries (Nicolas-François de la), chevalier de Malte et mestre de camp d'un régiment de cavalerie, tué au combat de la porte Saint-Antoine, en 1652.

4375. Croix (Joseph-François de la), marquis de Castries, chevalier des ordres du roy, maréchal de ses camps et armées, sous-lieutenant général au gouvernement de Languedoc, gouverneur de Cette, sénéchal et gouverneur de Montpellier et chevalier d'honneur de Mme la duchesse d'Orléans, eut un cheval tué sous lui dans une affaire contre les huguenots du Languedoc en 1683, et se trouva en 1690 à la bataille de Fleurus, où son cheval qui y fut tué, s'étant renversé sous lui, lui démit l'épaule et lui rompit le bras : il mourut le 24 juin 1728.

4376. Croix (Charles-Eugène-Gabriel de la), marquis de Castries, comte d'Alais, premier baron-né des États du Languedoc, maréchal de France, chevalier des ordres du roy, capitaine lieutenant des gendarmes écossois, et commandant général de la gendarmerie, gouverneur de Montpellier et des provinces de Flandres et de Hainaut, ministre et secrétaire d'Etat de la marine, fut blessé de trois coups de sabre sur la tête à la bataille de Rosback en 1757 : eut aussi une forte contusion d'un biscayen dans une affaire près de Warbourg en 1760, et fut encore dangereusément blessé en la même année, à la bataille de Clostercamp et en 1762 à la prise du château d'Amembourg; en tout, il reçut dix-sept blessures au service, il mourut dans l'émigration à Wolphenbàtt et au mois de février 1800.

4377. Croix de Chevrières (François-Paul de la), chevalier Saint-Vallier, chevalier de Saint-Louis et de l'ordre de Saint-Lazare, colonel du régiment de Bretagne, puis maréchal de camp, tué le 25 septembre 1762 dans les guerres de Bohême par un parti de hussards, servant sous les ordres du maréchal de Maillebois, n'étant âgé que de 34 ans.

4378. Croix d'Evry (Arnoul-Pierre de la), seigneur d'Evry blessé d'un coup de feu au côté droit au siége de Prague en 1742, étant major des sept bataillons de milice qui firent le service pendant le siége.

D'Hozier ne nous semble pas avoir cherché à distinguer les diverses familles qui ont porté le nom de La Croix. Nous citerons les principales. Les La Croix, ducs de Castries, à laquelle appartient madame la maréchale de Mac-Mahon, etqui peut revendiquer le plus grand nombre des mentions qui précèdent : d'azur à la croix d'or. — Les La Croix de Chevrières de Dauphiné, comtes de Saint-Vallier de Vals, etc. : d'azur, à une tête et col de cheval d'or, animé de gueules, au chef cousu de gueules chargé de trois croissettes d'argent. Les — Lacroix d'Evry, Bourgogne, Ile de France et Lorraine : écartelé aux 1er et 4e d'azur à la croix pattée d'or, etc. — Les Lacroix de Montroy, etc.

4379. Cramot (N....), capitaine de grenadiers au régiment de la Vieille-marine, reçut un coup de feu à la tête au siége de Barcelonne, dont il mourut après 40 années de service et couvert d'un grand nombre de blessures qu'il avoit reçues encore en d'autres occasions. Son régiment ayant été commandé pour l'assaut, il y entra le premier suivi de sa troupe, se rendit maître de la brèche, s'empara d'une batterie de canons et pénétra aussi dans la ville.

4380. CROPTE (N... de la), dit *le marquis de Vaudoire*, mousquetaire de la garde du roy, tué au siége de Maëstrick en 1673.

4381. CROPTE DE CHANTERAC (Charles de la), dit *le comte de Chanterac*, seigneur de Pouquet, fut tué au siége de Candie où il se signala par sa valeur.

4382. CROPTE (Jean de la), marquis de Saint-Abre, lieutenant général des armées du roy, et gouverneur de Salces, tué à la bataille de Sintzim en 1574, ainsi que le comte de Rochefort, son fils, colonel de cavalerie.

4383. CROPTE (François de la), marquis de Beauvais, tué à bataille de Luzern en 1702.

La maison La Cropte (marquis de Chanterac), originaire du Périgord et qui a encore ses représentants, porte : d'azur à la bande d'or accompagnée de deux fleurs de lis du même. M. Borel d'Hauterive en a publié la généalogie.

4384. CROQ (le seigneur du), tué au siége de Naples en 1528.

4385. CROS (le sr du), lieutenant au régiment de Bourbon Busset, blessé à la bataille de Rosback en 1757.

4386. CROS (le sr du), lieutenant au régiment de Champagne, blessé à l'attaque de Veissembourg en 1744.

4387. CROS (le seigneur du), tué à la bataille de Cérisolles en 1544.

4388. CROSSY (le sr de), sous-lieutenant aux gardes-françoises, tué au siége de Dunkerque en 1658.

4389. Crote (le s^r de) est compris dans le *Mercure de France* de 1644, parmi *les personnes de condition* qui furent blessées au siége de Tarragone. Peut-être faut-il lire Cropte.

4390. Crouser (le s^r de), chevalier de Saint-Louis, capitaine de grenadiers au régiment de Navarre, puis major de Valenciennes, blessé à l'attaque des retranchements de Denain en 1712, puis au siége de Landau en 1713.

4391 Crouzat (le s^r), lieutenant au régiment de Madame la Dauphine, tué à la bataille de Minden en 1759.

4392. Croy (Jean *sire* de), grand bouteiller de France, conseiller, chambellan ordinaire du roy, conseiller de l'étroit et grand conseil et chambellan du duc de Bourgogne, gouverneur d'Artois et des ville et château du Crotoy, tué à la bataille d'Azincourt en 1415.

4393. Croy (Archambaud, sire de), son fils, tué à la même bataille.

4394. Croy (Jean de), son autre fils, tué à la même bataille.

4395. Croy (Philippe-Emmanuel-Ferdinand-François de), comte de Solre et de Buren, baron de Molembais et de Beaufort, chevalier des ordres du roy, lieutenant général de ses armées, gouverneur de Péronne et de Roye et lieutenant général pour S. M. au pays de Santerre, blessé à la bataille de Nerwinde en 1693, mourut le 22 décembre 1718.

4396. Croy (Albert-François de), son fils, dit *le chevalier de Solre*, colonel d'un régiment d'infanterie de son nom et brigadier des armées du roy, blessé grièvement au siége de Turin en 1706, fut tué à la bataille de Malplaquet en 1709.

4397. Croy (Louis-Ferdinand-Joseph de), duc d'Havré et de Croy, souverain ou libre baron de Fénestrange, marquis de

Wailly, comte de Fontenoy, vicomte de Langle, seigneur des eaux et bains dans les Vosges, prince du saint-empire, grand d'Espagne, lieutenant général des armées du roy, gouverneur de Schelestatt et chevalier de Saint-Louis, grièvement blessé à la bataille de Fontenoy en 1745, eut deux chevaux tués sous lui à celle de Laufeldt en 1747, et eut un bras emporté d'un boulet de canon à celle de Fillingshausen en 1761, il mourut peu d'heures après.

> La maison de Croy, l'une des plus anciennes et des plus illustres d'Europe, dont la tige se perd dans les temps primitifs de l'histoire de Hongrie, s'est divisée en plusieurs branches. Les Croy de Chimay d'Arschott, de Rœux, d'Havré et les Croy-Dülmen, aujourd'hui représentants. — Armes : Fascé d'argent et de gueules de huit pièces.

4398. Croyson (Hector de), seigneur de la Tour, capitaine au régiment de Conty, fut blessé au combat de Fribourg, sous Louis XIV, d'une mousquetade à la cuisse.

4399. Croyson (François de), seigneur de Vincelles, maréchal de bataille, lieutenant-colonel du régiment de Choix, et gouverneur du fort de la Cluse, blessé d'une mousquetade au pied en s'emparant du château de Châteaufort, appartenant au duc de Savoye, resta estropié de cette blessure, et il le fut encore d'un coup de pistolet à la tête au siége de Dôle en 1636.

4400. Croze (Guillaume-Etienne), chevalier de Saint-Louis, capitaine dans les invalides de la maison, puis officier dans le bataillon de l'Inde, obtint en 1770 une pension de 300 fr. motivée sur ses services et ses blessures.

4401. Crues (Louis de), seigneur de Saint-Croix, enseigne de la mestre de camp du régiment d'Enghien, tué à la bataille de Nortlingue en 1645.

4402. Grugge de Mareillac (Bertrand de), seigneur de Rouzies, baron de Sauveterre, capitaine au régiment de Chapes et gentilhomme ordinaire de la chambre du roy, reçut de *grandes blessures* au service du roy, aux termes d'un acte du 23 avril 1635.

4403. CRUGY DE MAREILLAC (Charles de), seigneur de Thillon, capitaine aux gardes-françoises, tué en 1629 d'un coup de mousquet à la tête au siége de Privas. (*Mercure* de 1629.)

4404. CRUGY DE MAREILLAC (Henry-Madeleine de), dit *le comte de Mareillac*, chevalier, grand-croix de l'ordre royal et militaire de Saint-Louis, chevalier des ordres de Saint-Lazare et de Saint-Janvier, maréchal de camp, lieutenant général des armées du roy d'Espagne, gouverneur de Messine et capitaine général des gens de guerre de la côte du régiment de Grenade, reçut en 1705, au siége de Privas, quatorze coups de sabre dont un lui coupa quatre doigts de la main gauche : il mourut à Madrid en 1739.

4405. CRUSSOL (Jean de), seigneur de Levis, mort au siége du Havre-de-Grâce en 1563.

4406. CRUSSOL (Charles de), abbé de Feuillans, blessé le 18 mars 1563, dans un combat que Serbellon perdit contre les protestants qui assiégeoient Serignan dans le comtat Venaissin : mourut le même jour.

4407. CRUSSOL (Anne-Gaston de), baron de Florensac, tué d'une mousquetade au siége de Turin en 1640.

4408. CRUSSOL (Emmanuel-Charles) dit *le marquis de*, lieutenant général de la cavalerie légère, tué le 30 octobre 1674 près de Saverne, par des cavaliers allemands qui se disputoient le prix de sa rançon.

4409. CRUSSOL (Louis de), marquis de Florensac, menin de monseigneur le Dauphin, cornette de la 2e compagnie des mousquetaires et maréchal de camp, blessé en Alsace dans un parti en 1676, mourut le 15 mai 1716.

4410. Crussol (François de), comte d'Uzès et de Montauzico, lieutenant général des armées du roy, gouverneur d'Oléron, puis de Landrecies, et capitaine des gardes de Madame la duchesse de Berry, eut un cheval tué sous lui dans une action en 1704, et reçut plusieurs blessures dans les dernières guerres de Louis XIV en Allemagne, en Espagne et en Flandres : il mourut le 2 avril 1736.

4411. Crussol (Louis de), duc d'Uzès, pair de France, colonel du régiment de Crussol, gouverneur de Saintonge et d'Angoumois, tué à la bataille de Nerwinde en 1693.

4412. Crussol (Etienne de), marquis de Saint-Sulpice, dit *le comte de Montfort*, colonel d'un régiment d'infanterie de son nom, mort le 9 juin 1702 des blessures qu'il reçut au siége de Keissewert.

4413. Crussol (Charles-Emmanuel de), duc d'Uzès, premier pair de France, chevalier de Saint-Louis, mestre de camp du régiment de Médoc, brigadier des armées du roy, gouverneur de Saintonge, d'Angoumois et des villes de Saintes et d'Angoulême, reçut deux coups de feu à la bataille de Parme en 1734, dont un lui creva l'œil droit, et l'autre lui cassa l'épaule gauche, il mourut à Paris le 3 février 1702.

4414. Crussol-d'Uzès (Jean-Emmanuel de), comte d'Amboise, capitaine au régiment du Maine-infanterie, tué au service en Italie en 1735.

Grande et illustre maison originaire du Languedoc, d'où sont sortis les vicomtes et ducs d'Uzès, a fourni les branches des marquis de Florensac, des marquis de Saint-Suplice, des comtes d'Amboise et des marquis de Montsalez. Il n'en reste plus que la branche aînée, celle des sires de Crussol, vicomtes et ducs d'Uzès. Porte : écartelé au 1er et 4e fascé d'or et de sinople.

4415. Cuenod (le sr), officier au régiment de Bettens-suisse, blessé à la bataille de Laufeldt en 1747.

4416. CUERS DE COGOLIN (le chevalier de), tué au siége d'Orbitello en 1643.

4417. CUERS (Jean-François de), seigneur de Cogolin, chevalier de Saint-Louis, commandeur de l'ordre de Saint-Lazare, chef d'escadre des armées navales et lieutenant du roy de Saint-Tropez (frère du précédent), reçut plusieurs blessures dangereuses dans le combat que le célèbre Du Quesne remporta en 1676 sur l'amiral Ruyter, et il y commandoit le vaisseau que faisoit la tête de l'avant-garde. On lit dans l'histoire de la noblesse de Provence qu'il eut une jambe emportée dans un combat naval, il mourut en 1700. Richer, dans ses *Fastes de la marine*, le nomme *Jacques* au lieu de *Jean-Francois*.

Deux de ses petits-fils, lieutenants de vaisseau, ayant été dangereusement blessés, furent obligés de quitter le service.

4418. CUERS DE COGOLIN (N... de) (fils du chef d'escadre), capitaine de vaisseau du roy en 1693, dès l'âge de vingt-sept ans, eut une cuisse emportée d'un boulet de canon dans le combat que M. de Tourville livra le 10 juillet aux flottes angloise et hollandoise.

4419. CUERS DE COGOLIN (N... de), garde du pavillon, fut tué d'un boulet de canon en 1758 dans le combat du marquis Du Quesne contre les Anglois, dans la Méditerranée.

4420. CUYER (le sr de), capitaine au régiment de Picardie, tué à la bataille de Parme en 1734.

4421. CUGNAC (Louis de), baron d'Imonville, tué à la bataille de Saint-Denis en 1567.

4422. CUGNAC DU BOURDET (Louis-Honoré de), chevalier de Saint-Louis, lieutenant-colonel du régiment de Bourbonnois et brigadier des armées du roy, blessé au siége d'Ypres en

1744. (V. du Bourdet, si cette citation concerne cette maison.)

Famille originaire du Poitou : Gironné d'argent et de gueules. L'abbé de l'Espine en a publié la généalogie.

4423. Culan (le s^r), lieutenant au régiment de Béarn, tué au combat de Senef en 1674.

4424. Culan (Pierre), lieutenant-colonel du régiment de Picardie, tué au siége de Fribourg en 1677.

4425. Culant (Hugues de), chanoine d'Orléans, tué à la la bataille de Crécy en 1346.

4426. Culant (le marquis de), mestre de camp du régiment du Maine, tué au combat de Sintzim en 1674.

4427. Culant (Louis de), seigneur de Monceaux, capitaine de cavalerie au régiment d'Enghien, puis colonel du régiment de Coulanges après la bataille de Senef en 1674, fut tué en Allemagne après avoir donné des marques de la plus grande valeur.

Voir pour cette maison l'*Histoire du Berry*, par La Thomassière — le P. Anselme et La Chesnaye du Bois.

4428. Cumont de Churmeloeil, enseigne de vaisséau du port de Rochefort, mort à la Martinique sur *la Charente*, commandée par M. de Mangny, le 3 février 1719.

4429. Guny (Gaspard-Joseph de), chevalier de Saint-Louis, capitaine et major au régiment royal Lorraine-infanterie, blessé au siége de Villefranche sous Louis XV.

4430. Cur du Chêne. V. Cœur de Chêne.

4431. Cureil (le s^r de), lieutenant au régiment d'Aumont, tué à la bataille de Minden en 1757.

4432. Cursol (Joseph, dit le *chevalier de*), chevalier de Saint-Louis, capitaine de grenadiers au régiment de Picardie avec rang de major, blessé en 1743 à l'affaire de Dengelfergen.

4433. Cusano (Marc-Antoine), commandant 2,000 fantassins au service du roy, fut blessé en Piémont en 15... d'une arquebusade à la tête, dont il mourut peu de jours après, ce qui dut être vers le règne d'Henry II.

4434. Cussin (le sr de), mousquetaire de la garde du roy, blessé à mort au siége de Maëstrick en 1673.

4435. Custine (Louis-Philippe de), capitaine au régiment Royal des vaisseaux, tué à la bataille de Cassel sous Louis XIV.

4436. Custine (Antoine-Philippe, comte de), seigneur de Guermange, capitaine commandant pour le service du roy au régiment de Roze, mort des blessures qu'il reçut à la bataille de Malplaquet en 1709.

4437. Custine (Marc-Antoine, dit *le marquis de*), chevalier de Saint-Louis et maréchal de camp en 1748, d'abord colonel du régiment de Hainaut, puis de celui de Custine, blessé à la bataille de Dettingen en 1743, mourut des blessures qu'il reçut à celle de Rosbach en 1757.

4438. Custine-Guermange (Jean-Philippe, dit *le comte de*), chevalier de Saint-Louis, mestre de camp de cavalerie et capitaine lieutenant des gendarmes anglois, eut la cuisse cassée à la bataille de Minden en 1759, et mourut des suites de ses blessures.

4439. Custine (Philippe, dit *le vicomte de*), son frère, chevalier de Saint-Louis et colonel commandant de la légion royale, fut tué à l'attaque de l'arrière-garde du général Sporken au mois de février 1761.

Maison de Lorraine, marquis dès 1719 : écartelé aux 1er et 4e d'argent à la bande coticée de sable : aux 2e et 3e de sable semé de fleurs de lis d'argent.

4440. Cuverville (le sr de), capitaine au régiment de Picardie, tué au service en 1658.

4441. Cyret (Jean-Pierre-François de), dit *le chevalier de Broa*, chevalier de Saint-Louis, brigadier des armées du roy et colonel directeur au corps royal d'artillerie, blessé à la bataille de Rosback en 1757.

4442. Cyvalard (le s^r de), cornette au régiment de Condé, tué à la bataille de Minden en 1759.

D

4443. Dabeau (le s^r), mousquetaire de la garde du roy, blessé au siége de Maëstrich en 1673.

4444. Daci (le s^r), lieutenant au régiment d'Enghien, blessé à la bataille de Minden, perdue en 1759 par le maréchal de Contades contre Ferdinand de Brunswick.

4445. Dacquet (le s^r), chevau-léger de la garde du roy, blessé mortellement en 1691 au siége de Mons, sous les yeux même du roy Louis XIV.

4446. Dacqueville, du port de Brest, lieutenant de vaisseau le 1er janvier 1692, capitaine de frégate le 1er janvier 1703, tué aux Cévennes le 14 mars 1704.

4447. Dadinard (le s^r), lieutenant au régiment de Piémont, blessé à la bataille de Rosbach en 1767.

4448. Dagaro (le s^r), lieutenant au régiment de Champagne, blessé en 1684 au siége de Luxembourg, par le maréchal de Créquy contre le prince de Chimay.

4449. Dahestiera ou Dahlstierra (le s^r de), lieutenant au régiment Royal-suédois, tué à la bataille d'Hastembeck, dans le Hanovre, gagnée le 6 juillet 1757 par le maréchal d'Estrées sur le duc de Cumberland.

4450. Daignan (le s^r), major du régiment de Picardie, blessé en 1672 à Woërden : le fut encore au combat de Senef en 1674.

4451. Daigue (le s^r), enseigne au régiment de Normandie, blessé en 1641 au siége de Coni, par le comte d'Harcourt.

4452. Daillon (Gilles de), mourut en 1443, couvert de blessures qu'il avoit reçues en repoussant les Anglois devant Dieppe. — Il étoit né en 1376.

> C'est le premier qui ait pris la qualité de seigneur du Lude, dont il acquit les droits de Pierre de Vendome.

4453. Daillon (François de), chevalier, seigneur de la Crotte, capitaine de cinquante lances des ordonnances du roy, tué à la bataille de Ravenne en 1522.— Sur ce qu'on lui proposoit de se retirer, le voyant blessé à mort, il répondit, selon Brantôme : « *Je veux faire icy mon cimetière et mon cheval me servira de tombe.* »

4454. Daillon (François de), seigneur de Briançon, chevalier de l'ordre du roy et capitaine d'une compagnie de chevau-légers , eut la tête emportée d'un coup de canon au siége de Poitiers en 1569, ou, du moins aux termes d'une *Histoire des troubles*, impr. à Bâle en 1578, « une canonnade lui » froissa la tête en tant de parties qu'on n'en sçut après rien » trouver »; *c'étoit*, dit cette histoire, *un vrai gentilhomme non d'opinion mais de vérité et de vraye vertu autant vaillant qu'autre qui pourroit se présenter.*

4455. Daillon (Jacques de), général des armées du roy et gouverneur de Fontarabie, mort criblé de blessures à la bataille de Pavie en 1525.

> C'est à lui qu'est due la construction du splendide château du Lude, tel qu'il se voit encore aujourd'hui : il fut commencé vers la fin du règne de Louis XII, mais ne fut terminé et embelli que successivement sous les règnes suivants.

4456. Daillon (François de), comte du Lude, marquis d'Illiers, chevalier des ordres du roy, capitaine de cinquante hommes d'armes de ses ordonnances, conseiller en son conseil privé, lieutenant général pour S. M. au gouvernement d'Auvergne, sénéchal d'Anjou, gouverneur et premier gentilhomme de la chambre de Gaston, duc d'Orléans, surintendant de sa maison et capitaine lieutenant de la compagnie de 200 hommes d'armes, fut blessé à la bataille d'Ivry en 1590, et mourut le 27 septembre 1629.

> *Armes* : Ecartelées d'azur à un pal d'argent, et d'argent à un pal d'azur. — Les Daillon du Lude, originaires du Poitou, si célèbres au XVe et XVIe siècles, se sont éteints dans la personne de Henri de Daillon, mort à l'arsenal de Paris, quartier Saint-Paul, le 30 août 1685 sans postérité. — Les autres branches de cette famille ont également fini en 1726 en la personne de Jacques Daillon, ministre protestant, mort à Londres, où il s'étoit réfugié après la révocation de l'édit de Nantes. — Le magnifique château du Lude est aujourd'hui la propriété et l'habituelle résidence de M. le marquis de Talhouet, par suite de son mariage avec Mme de la Vieuville, arrière-petite-fille de Charlotte-Marie de Daillon, sœur de Henri, le dernier des Daillon. — M. David, ancien conseiller d'Etat, a écrit et imprimé une importante notice, *le Château du Lude, Essai historique* sur son origine et ses possesseurs, 1854, tirée à petit nombre et qui ne se trouve pas dans le commerce.

4457. DALINCOURT (peut-être d'Alincourt), lieutenant des grenadiers au régiment du Maine, blessé à la bataille de Fleurus le 1er juillet 1690.

4458. DAIRES DE VERDALLES, enseigne de vaisseau, mort à Saint-Domingue le ... 1696.

4459. DAIS (le sr de), chevalier de Saint-Louis et mousquetaire du roy de la deuxième compagnie, blessé au siége de Maëstrick en 1673.

4460. DALHIELON (le sr de), capitaine au régiment Royal-suédois, blessé à la tête à la bataille d'Hastembeck en 1757.

4461. DAISAC (le sr), lieutenant au régiment de Navarre, blessé au combat de Senef en 1674.

4462. DALIBERT (le sr), lieutenant de grenadiers au régiment de Picardie, tué devant le château d'Urgel en 1719, après le siége de Saint-Sébastien.

4463. DALMAS (Guillaume), seigneur de Calmels, chevalier de l'ordre du roy et capitaine d'une compagnie de gens de pied, fut blessé à la bataille de Cérisolles en 1544.

4464. DALMAS (Étienne), baron de Bérens et de Saint-Félix, chevalier de l'ordre du roy, l'un de ses maîtres d'hôtel ordinaires, conseiller d'état d'épée, et écuyer de la princesse de Condé, fut blessé en 1622 au siége de Faugères, en Languedoc, et d'un coup de pique au front à celui de Montpellier.

4465. DALMAS (le s^r), officier auxiliaire, blessé au combat du 5 septembre 1781, devant la baye de Chesapeack, entre le comte de Grasse et l'amiral Slowe.

4466. DALON (le s^r), officier au régiment de Normandie, tué dans une rencontre avec les Anglois en 1764.

4467. DALONI (le s^r), capitaine au régiment de Marsan, depuis Guyenne, tué en 1743 à la défense du pont de d'Ingelfingen.

4468. DALQUIER (le s^r), chevalier de Saint-Louis, lieutenant-colonel du régiment de Biron, tué au service.

4469. DALQUIER (le chevalier), son fils, chevalier de Saint-Louis, lieutenant-colonel du régiment de Béarn, lieutenant de roy de Montlouis, reçut deux blessures considérables à l'affaire de l'Assiette en 1747, et un coup de fusil à travers le corps à la bataille de Rhinberg en 1760.

4470. DALRY, lieutenant au régiment de Bourbon, blessé le 18 aoust 1690, à la bataille de Staffarde, en Piémont.

4471. DAMART (le s^r), lieutenant de frégate, tué au combat d'Ouessant en 1778.

4472. DAMAS (Louis-Anne-Marie), marquis de Ruffoy, chevalier de Saint-Louis, lieutenant général des armées du roy, sous-gouverneur du roy Louis XV, sous-lieutenant de la première compagnie des mousquetaires, et gouverneur de Maubeuge, grièvement blessé au combat d'Asti en 1705, mourut le 24 septembre 1722.

4473. DAMAS (Claude-Henry-Philibert), marquis de Thiarges, chevalier de Saint-Louis, lieutenant général des armées du roy, blessé au combat de Steinkerque en 1692, mourut en 1706.

4474. DAMAS (Nicolas-François), marquis d'Anlezy, mestre de camp d'un régiment de chevau-légers, tué en 1707 près de Dourlach, lorsque l'on força le passage du Wurtemberg.

4475. DAMAS DE MARILLAC (Paul-François), chevalier de Saint-Louis, capitaine au régiment d'Aumont, blessé à la bataille de Minden en 1759.

4476. DAMAS (le comte de), chevalier de Saint-Louis, lieutenant-colonel des carabiniers, avec rang de mestre de camp de cavalerie, puis maréchal de camp, fut blessé d'un coup de feu à la même bataille.

4477. DAMAS D'ANLIZY (Jean), mort en Poitou en 1589, dans la guerre contre les huguenots.

4478. DAMAS (Jacques), comte de Chalancey, maréchal de camp, tué en 1641 à la bataille de la Marfée.

4479. DAMAS (Charles, vicomte de), chevalier de Saint-Louis, colonel du régiment d'Auxerrois, et depuis maréchal de camp, gouverneur lieutenant général des isles du Vent : en allant avec ses troupes attaquer les rebelles au fort Bourbon en 1790, dans le moment où il passoit on leva le pont, et étant tombé dans le fossé, il eut le crâne fracassé.

4480. DAMAS (Claude-Joseph de), seigneur de Vellirot et de Saint-Pierre en Vaux, capitaine au régiment de Lagny-cavalerie, tué au service du roy, en Flandres, en 1693.

4481. DAMAS (Louis-Antoine-Erard), comte d'Anlezy, chevalier, commandeur de l'ordre royal et militaire de Saint-Louis et maréchal de camp, reçut deux blessures considérables à la bataille d'Hochstett en 1704, et en resta estropié le reste de sa vie : il mourut en 1712.

> Illustre et ancienne maison : voir le P. Anselme *Histoire des grands officiers de la couronne*, tome VIII : D'or à la croix ancrée de gueules. Devise : *Et fortis et fidelis.*—Jean de Damas, au XVIe siècle, ayant épousé Edmée de Crux, c'est de cette alliance que date la distinction des Damas et Damas-Crux : distinction qui subsiste encore aujourd'hui.

4482. DAMBOY (peut-être d'Amboy), capitaine au régiment de Touraine, grièvement blessé à la bataille de Fleurus, gagnée par le maréchal de Luxembourg le 1er juillet 1690.

4483. DAMEVE (le s^r), chevalier de Saint-Louis, capitaine de grenadiers au régiment de Champagne, blessé à la bataille de Parme en 1734, le fut encore en 1744 à l'attaque des lignes de Veissembourg.

4484. DAMIETTE (Charles), lieutenant d'une compagnie, tué au siége d'Hesdin : mais l'on ne sauroit dire si ce fut sous François Ier ou sous Henry II.

4485. DAMIETTE (le s^r), chevau-léger de la garde du roy, blessé au siége de Mons en 1691.

4486. DAMMAR (Jean), de Lucerne, colonel des Suisses catholiques, tué au service du roy par les religionnaires en 1574.

4487. DAMMARTIN (le comte de), tué à la bataille de Poitiers en 1356.

4488. DAMMARTIN (le comte de), tué à la bataille d'Azincourt en 1415.

> Cette grande et ancienne maison tiroit son nom de Dammartin, bourg de l'Isle de France : on a la généalogie de ses comtes, depuis le XIe siècle, ce fut Marguerite de Neustrie, héritière, comtesse de Dammartin, qui, par son mariage en 1439 avec Antoine de Chabannes, porta le titre et le comté dans cette maison. *Voy. Chabannes.*

4489. Damoiseau (N...), enseigne au régiment de Fonty, tué au siége de Fribourg en 1644, sous les ordres du duc d'Enghien, contre le général bavarois Mercy. (*Mercure* de 1644.)

4490. Damoiseau (François), chevalier de Saint-Louis, maréchal de camp, ingénieur en chef à Condé, puis directeur général des fortifications d'Alsace, fut grièvement blessé au siége de Reiserwiert en 1702: il mourut en 1754.

4491. Damours (le chevalier), lieutenant-colonel au régiment de Béarn, blessé au combat de Senef en 1674 et au siége de Philisbourg en 1688.

4492. Dampierre (Archambaud), dit *le grand*, sire de Bourbon, fut tué à la bataille de Coignac en 1238.

4493. Dampierre (le sire de), fut enseveli par les mines au siége d'Hesdin, en 1553 (de Thou).

4494. Dampierre (François), seigneur de Liéramont, gouverneur du Catelet, dont il soutint le siége en 1595, il s'étoit dist'ngué par sa valeur et son expérience dans la guerre, et mourut couvert de blessures (de Thou).

4495. Dampierre (le s^r de), capitaine des gardes du comte de Saint-Paul, fut dangereusement blessé au siége de Ham en 1595 (de Thou).

4496. Dampierre (le s^r de), chevau-léger de la garde du roy, blessé au siége de Mons en 1691.

4497. Dampierre (le s^r de), frère ou parent du précédent, gendarme de la garde du roy, blessé au siége de Mons en 1691.

4498. Dampierre (le commandeur de), capitaine de vaisseau, blessé....

Les Etats du ministère de la marine qui donnent cette mention ne disent pas où ni quand.

4499. DAMPIERRE (le s^r de), chevalier de Saint-Louis, capitaine de vaisseau, fut blessé au combat du comte d'Estaing contre l'amiral Byron, près de la Grenade, le 6 juillet 1779.

4500. DAMPIERRE (le s^r de), chevalier de Saint-Louis, commandant de bataillon au régiment de Picardie, puis commandant du fort Blaux de Strasbourg, eut le bras gauche cassé de deux coups de feu à la bataille de Ramillies en 1706, et fut encore blessé à celle de Malplaquet en 1709.

Il existe encore plusieurs familles du nom de Dampierre dont l'une originaire de Flandres, habituée de Champagne, est d'ancienne chevalerie et d'où sortent la plupart des personnages qui précèdent : — une autre appartient à la noblesse de Picardie, une autre à la Franche-Comté. La maison de Flandres portoit : d'argent au lion de gueules acc. de onze coquilles du second, rangées en orle ; celle de Champagne : d'or au chevron de gueules chargé de trois croissants d'argent, et accompagné de trois autres croissants du second ; celle de Normandie : de gueules à deux léopards d'or ; Franche-Comté : de gueules à deux bars adossés d'or ; de Picardie qui subsiste encore : d'argent à trois losanges de sable.

4501. DANCANT (le s^r), mousquetaire de la garde du roy, blessé au siége de Maëstrick en 1673.

4502. DANDERGUSSEN (le s^r), lieutenant de grenadiers au régiment de royal-Bavière, fut blessé à la cuisse d'un coup de canon à la bataille de Minden en 1759.

4503. DANDESSAN (le s^r), officier au régiment de Normandie, blessé à l'un des siéges de 1764.

4504. DANGUY (Olivier-Jacques), lieutenant au régiment de Soissonnois, tué à l'affaire de l'Assiette en 1747.

4505. DANGUY DE LA MENAYE (Louis-Julien), chevalier de Saint-Louis, d'abord lieutenant au régiment de Vaubecourt, puis capitaine dans celui de Bassigny, fut blessé d'un coup de canon à la poitrine à la bataille d'Hastembeck en 1757.

4506. DANIEL (le s^r), lieutenant de frégate, fut blessé sur *le Sèvère*, dans le combat du bailly de Suffren aux Indes, près de Negapatam, le 6 juillet 1782, contre sire Edward Hugues.

4507. DANIEL DU BOIS D'ERRENETS (N...), enseigne aux gardes-françoises, tué à la bataille de Saint-Denis en 1678.

4508. DANNEMARIE (Jean), chevalier, tué à la bataille de Poitiers en 1356.

4509. DANNEMARIE (le sr de), lieutenant aux gardes-françoises, tué à la bataille de Lens en 1642.

4510. DANOIS (Charles-Joseph le), comte de Cernay, capitaine lieutenant des chevau-légers de Berry et brigadier des armées du roy, reçut en 1703, au combat d'Eckeren, un coup de feu à la cuisse dont il fut longtemps hors de service.

4511. DANOIS (François-Louis), dit le comte, seigneur d'Hautreville, chevalier de Saint-Louis, lieutenant général des armées du roy et gouverneur de Condé, blessé en 1744 à l'attaque de Pierrelongue, le fut encore très-grièvement à la bataille de Fontenoy en 1745, et resta confondu parmi les morts jusqu'au moment où sa nourrice, qui demeuroit dans les environs, ne le voyant pas revenir, courut au champ de bataille, et par ses soins, le rendit à la vie : il mourut à Paris le 27 mars 1763.

4512. DANOIS (François-Marie le), marquis de Cerny, chevalier, grand-croix de l'ordre royal et militaire de Saint-Louis, lieutenant général des armées du roy, gouverneur du Quesnoy et grand-bailly héréditaire du Hainaut, eut un bras emporté à la bataille de Laufeldt en 1747, et mourut le 17 juillet 1784.

Les le Danois de Cerny portoient : d'azur à la croix d'argent fleurdelisée d'or (Normandie, Champagne et Picardie).

4513. DANOUL (le sr) , lieutenant au régiment du Roy-cavalerie, blessé dangereusement à la bataille de Minden en 1759.

4514. DANTAN-DU-CLOS (Pierre), chevalier de Saint-Louis, capitaine au régiment d'Estaing, depuis Dauphiné, blessé en 1743 à la bataille de Dettingen, en 1744 au siége de Fribourg, et en 1757 à la bataille de Rosbach.

4515. DANYAN DU MONCEAU (Laurent), chevalier de Saint-Louis, capitaine au même régiment, puis major de Landau, blessé à la bataille de Rosbach en 1757.

4516. DANTE (le capitaine), capitaine d'une compagnie de cavalerie, tué en 1570 en faisant des courses en Poitou (de Thou).

4517. DANTIAC (le s^r), capitaine au régiment d'Escars, blessé à la bataille de Rosbach en 1757.

4518. DANTON (le s^r), capitaine au régiment royal des vaisseaux, tué à la bataille de Fontenoy en 1645.

4519. DANVEAUX (le s^r), lieutenant au régiment de Champagne, blessé à la bataille de Parme en 1734.

4520. DANVILE (le chevalier), capitaine au régiment de Picardie, tué d'un éclat de pierre au siége de Limbourg en 1675. *Voy.* ANVILLE (J.).

4521. DANZEL (Nicolas), homme d'armes de la compagnie d'ordonnances du duc de Saveuse, fut tué au service en 1590.

4522. DARAIN (le s^r), capitaine au régiment de Navarre, tué à la bataille de Nerwinde en 1693.

4523. DARBERUT (le s^r), sous-lieutenant au régiment de Navarre, tué au siége de Fribourg en 1744.

4524. DARBOIS (le s^r), capitaine au régiment de Rouergue, blessé à la bataille de Minden en 1759.

4525. DARIEU (le s^r), chevalier de Saint-Louis, capitaine de grenadiers au régiment de Piémont, blessé à la bataille d'Oudenarde en 1708.

4526. Darmival (le s^r), capitaine au régiment de Normandie, tué au combat de Chiari en 1702.

4527. Darnois (le s^r), lieutenant au régiment de Normandie, blessé à la bataille de Clostercamps en 1760.

4528. Darnou. (V. d'Arnou.)

4529. Daro (le s^r), capitaine au régiment de Bourbonnois, blessé au combat de Warbourg en 1760.

4530. Daroses (le s^r), chevalier de Saint-Louis, capitaine au régiment Royal-Roussillon-cavalerie, eut la jambe emportée d'un boulet de canon à la journée de Grebenstein le 24 août 1762.

4531. Darparens (le s^r), lieutenant au régiment d'Eu, tué à la bataille d'Hastembeck en 1757.

4532. Darrau, blessé en 1760 : peut-être le même que le Daro qui précède.

4533. Darré-de-la-Devèze (Louis-Joseph-Gabriel), chevalier de Saint-Louis, capitaine, puis major du régiment de Médoc, avec rang de colonel, fut blessé à la bataille de Raucoux (Belgique), en 1746.

4534. Darrest (Nicolas), seigneur de la Hotte, lieutenant au régiment de ...., fut tué au siége de Besançon sous Louis XIV.

4535. Darridote-de-Guinarte (Jean), chevalier de Saint-Louis, capitaine au régiment de Neustrie, formé de celui de Normandie, blessé à la bataille de Clostercamp en 1760, obtint sa retraite en 1780.

4536. DARTAU (le sr), capitaine au régiment de Champagne, tué à la bataille de Fleurus le 1er juillet 1690, gagnée par le maréchal de Luxembourg.

4537. DARTAUD (peut-être d'Artaud), lieutenant-colonel au régiment de Touraine, grièvement blessé à la même bataille de Fleurus.

4538. DARZIÈRE (peut-être d'Azière), lieutenant au régiment de Jarzé, blessé à la défense de Mayence contre le duc Charles de Lorraine, au mois de septembre 1689.

4539. DASSI (le sr), lieutenant au régiment de Normandie, eut le bras fracassé d'un boulet de canon, au siége de Philipsbourg en 1734.

4540. DASSIER DE CHARZAT (Hélie), exempt des gardes du corps, mort à Tournay des blessures qu'il avoit reçues à la bataille de Fleurus en 1690.

4541. DASSIER (François, dit *le chevalier*), son frère, capitaine d'une compagnie de canonniers, tué en montant à la tranchée, au siége de Barcelone en 1697.

4542. DASSIER DE CHARZAT (Jean), capitaine au régiment de Bresse, tué au siége de Chivas en 1705.

4543. DASSIER (Paul), autre frère, seigneur de Charzat, chevalier de Saint-Louis et capitaine au régiment Royal-artillerie, reçut un grand nombre de blessures, une entre autres en 1702 au siége de Landau, qui l'obligea de se faire couper la jambe, il mourut au commencement de l'année 1737.

4544. DASSIER (François), autre frère, seigneur de Villette, capitaine au même régiment, mort en 1712 à Caspi, en Aragon, des blessures qu'il avoit reçues en 1711 au siége de Cardonne.

Les Dassier de l'Angoumois portoient: d'or à trois bandes de gueules.

4545. DASSY, capitaine au régiment de Vermandois, tué à la bataille de Fleurus, gagnée par le maréchal de Luxembourg, le 1er juillet 1690.

4546. DASTELNAU (le sr), lieutenant au régiment de Champagne, blessé à la bataille de Fleurus en 1690.

4547. DATINE (le sr), capitaine au régiment royal des vaisseaux, blessé à la bataille de Fontenoy en 1745.

4548. DAUBEROCHE, cornette de dragons, blessé à la bataille de Staffarde le 18 août 1690.

4549. DAUBUR (?) (le chevalier), lieutenant de vaisseau, fut blessé le 27 octobre 1747 dans le célèbre combat du marquis de l'Etenduère contre les Anglois.

4549 *bis*. DAUCRE (Robert), chevalier, tué à la bataille de Poitiers en 1356.

4550. DAUDÉ DE LA CÔTE (Jean), tué en 1580 par les rebelles des Cévennes pour la défense de la religion et de l'Etat.

4551. DAUDEL (Pierre), chevalier de Saint-Louis, sous-aide-major, puis quartier-maître avec rang de capitaine au régiment royal de Bavière, blessé à *Vollay* en 1748, le fut encore à la bataille de Sundershausen en 1750.

4552. DAUDICHON (le sr), lieutenant au régiment de Bourbonnois, tué au siége de Mayence soutenu par le maréchal d'Uxelles contre le duc de Lorraine, au mois de septembre 1689.

4553. DAUDIN (le sr), lieutenant au régiment de la reine, tué en 1758 à l'affaire de Carillon, en Canada.

4554. DAUGLAS (le sr), sous-lieutenant au régiment de Picardie, blessé au combat de Senef en 1674.

4555. Daugua (Bruret), écuyer, tué à la bataille de Poitiers en 1356.

4556. Dauphin (Guichaud), seigneur de Jaligny et de la Ferté-Chauderon, gouverneur de Montreuil, conseiller et chambellan ordinaire du roy et souverain maître de son hôtel, tué à la bataille d'Azincourt en 1415.

4557. Dauphin (Bernard), seigneur de Combronde, tué à la même bataille.

4558. Dauphin (Bernard), fils de ce dernier, seigneur de la même terre, tué à la même bataille.

4559. Dauphin (Robert), son autre fils, seigneur de Chaslus, tué à la même bataille.

V. de Chaslus où est cité un Robert de Chalus, tué à la même bataille, et qui paroît être le même que Robert Dauphin, seigneur de Chaslus.

4560. Dauphin (Jean-Baptiste), capitaine de cavalerie au régiment Royal-cuirassiers, fut tué à la bataille de Nerwinde en 1693.

4561. Dauphin (le sr) son frère, capitaine au régiment de Piémont, quitta le service sous Louis XIV à raison de ses blessures.

Ces deux articles constatés par des lettres-patentes du roy, du mois de mars 1782, obtenues par César Dauphin, grand prévôt d'Auvergne; et il y est dit encore qu'il avoit eu un oncle brigadier des mousquetaires, lequel avoit reçu deux blessures aux siéges de Candie et de Bouchain.

4562. Dauphin (Pierre-Louis), chevalier de Saint-Louis et lieutenant de la maréchaussée, reçut plusieurs blessures au service qu'il quitta en 1773.

On connoît quatre familles nobles de ce nom. Les Dauphin d'Auvergne qui, sans avoir rien de commun avec les princes Dauphins, portoient : de gueules au dauphin d'argent creté, oreillé, barbé d'azur : — les Dauphin de Provence d'or : à deux dauphins adossés d'azur à une étoile du même en chef; — du Dauphiné : d'argent à deux fasces d'azur : —et les Dauphin St-Etienne de l'Ile-de-France : d'azur à la bande d'or chargée d'une étoile et d'un dauphin de gueules.

4563. DAUPHIN DE MONTORGUEUIL, lieutenant de frégate et flûte au port de Rochefort, mort à la coste Saint-Domingue sur *le Solide*, commandé par M. de Planta, le 26 juillet 1694.

4564. DAUSNOUX (le s^r), mousquetaire de la garde du roy, blessé au siége de Maëstrick en 1673.

4565. DAUSSY (Jean), seigneur des Coutures et de Passavant; capitaine au régiment de la Fère et commandant au château de Bedfort, blessé en 1674 à l'attaque d'Ercklens, mourut le 22 janvier 1710.

4566. DAUVET (Nicolas), seigneur des Morets, tué au camp de Marolles en 1440.

4567. DAUVET (Gaspard), tué au combat de Veillar en 1630.

4568. DAUVET (Jacques), sous-lieutenant aux gardes-françoises, tué au combat de Valcour en 1689.

4569. DAUVET (Pierre), baron d'Auvillars, capitaine au régiment de Bourgogne, tué au siége de Grave en 1694.

4570. DAUVET (Alain-Louis, dit *le comte*), chevalier de Saint-Louis, ancien officier aux gardes-françoises, puis capitaine lieutenant des gendarmes d'Artois, et maréchal de camp, eut le bras coupé à la suite d'une blessure reçue à la bataille de Minden en 1759; le chirurgien-major de la gendarmerie étant venu pour lui faire l'amputation, il voulut auparavant qu'il allât porter du secours à des gendarmes grièvement blessés, le priant de le réserver pour le dernier; faites-moy seulement donner du papier, des plumes et de l'encre; il écrivit cinq ou six lettres et en commençoit une autre quand le chirurgien arriva; l'amputation faite, il reprit sa lettre et la finit. Ce brave officier mourut à Paris le 29 janvier 1708, dans sa 85e année.

> DAUVET DES MARAIS (Normandie, Picardie et Champagne : Bandé d'argent et de gueules, la première bande d'argent chargée d'un lionceau de sable.
>
> Issus des Dauvet de Clagni originairement famille de robe, devenue famille d'épée, ont en outre formé les branches d'Esroines, d'Éguillé et d'Auvillars.

4571. DAUX, enseigne de vaisseau, mort à Québec le..... 1694.

4572. DAUZÉ, lieutenant de la brigade d'Artois, blessé le 18 août 1690 à la bataille de Staffarde, dans les états sardes, gagnée par Catinat.

4573. DAUZY (le sr), lieutenant au régiment de Mailly, blessé à la bataille de Rosbach en 1757.

4574. DAVERGNE (le sr), lieutenant-colonel du régiment de Navarre et gouverneur de Boparme, blessé au siége de Thionville en 1639.

4575. DAVID (Léonard), de Bâle, officier suisse au service du roy, tué au combat de la Bicoque en 1522.

4576. DAVID (Charles), chevalier de Saint-Louis, capitaine au régiment de Piémont, eut un bras cassé à la bataille de Rosbach en 1787.

4577. DAVID (Alexandre), seigneur de Beauregard, dit *le comte de Beauregard*, chevalier de Saint-Louis, lieutenant-colonel du régiment de Guise et brigadier des armées du roy, tué à l'affaire de l'Assiette en 1747.

4578. DAVID DE LASTOURS (le sr), chevalier de Saint-Louis, major du régiment de Toulouse, tué à la bataille de Dettingen en 1743.

4579. DAVID DE RILLAC (le sr), son frère, chevalier de Saint-

Louis et capitaine au même régiment, fut estropié à la même bataille (leur aïeul eut une cuisse cassée près Landrecies en poursuivant les ennemis, après leur avoir fait lever le siége de Cateau-Cambrésis dont il étoit gouverneur; il mourut peu de jours après sa blessure).

4580. DAVID DE PERDREAUVILLE (Philippe-Alphonse), *dit* de Villeneuve de Perdreauville, chevalier de Saint-Louis, capitaine, aide-major au régiment de Bourbonnois, fut blessé de deux coups de feu dans une attaque en 1762, et obtint sa retraite en 1770; ce doit-être lui sous le nom de *Villeneuve*, officier au même régiment, qui avoit été blessé à l'affaire d'Exiles en 1757.

Les David de Lastours du Limousin portoient : d'or à trois coquilles de sinople.

4581. DAVIER (le sʳ), lieutenant au régiment de Piémont, blessé au combat d'Oudenarde en 1708.

4582. DAUREVILLE (le sʳ), lieutenant au régiment de Bouzols, depuis Guyenne, tué au siége de Fribourg en 1744.

4583. DAURÉE (le sʳ), capitaine au régiment de Béarn, blessé à la bataille de Dettingen en 1743, reçut encore une blessure considérable au siége de Namur en 1746.

4584. DAVILA (Henry-Catherin), auteur de l'*Histoire des guerres civiles de France*, eut un cheval tué sous lui au siége de Honfleur en 1594, et fut blessé d'un coup de pertuisane au genouil droit, au siége d'Amiens en 1597 : mort assassiné en 1631.

4585. DAVILA (N...), chevalier de Saint-Louis, lieutenant aux gardes-françoises, tué à la bataille de Dettingen en 1743.

4586. DAVILLE (le capitaine Emery), colonel des bandes nouvelles dans le parti du roy, fut blessé au siége de Saint-Lô en 1574.

4587. Davout (Nicolas), lieutenant au régiment de la Roche-foucaud-cavalerie, mourut de ses blessures à Rouvena en Bohême, au mois de janvier 1742.

4588. Dayete (le sʳ), lieutenant au régiment de Picardie, blessé à la bataille de Parme en 1734.

4589. Daym (le sʳ de), capitaine au régiment de Piémont blessé à la bataille de Berghen en 1759.

4590. Debois de Perche (le sʳ), capitaine aide-major au régiment Dauphin, blessé dans les tranchées du siége de Namur, le 4 juin 1692.

4591. Dehams (peut-être de Chams), sous-lieutenant au régiment Stoup, blessé à la bataille de Fleurus, gagnée sur les Hollandois, les Anglois et les Allemands par le maréchal de Luxembourg, le 1ᵉʳ juillet 1690.

4592. Defeuillans (le sʳ), capitaine au régiment de Trassy-cavalerie, fut blessé de trois mousquetades au siége de Fri-bourg en 1644. (*Mercure* de 1644.)

4593. Deffais (le sʳ du), lieutenant de vaisseau, tué le 3 août 1758 sur *le Zodiaque*, dans le combat du comte d'Arché, aux Indes.

4594. Deffin (le sʳ), capitaine au régiment de Piémont, tué au combat d'Oudenarde en 1703.

4595. Deffit (le sʳ), capitaine au régiment de Rohan, blessé à la bataille de Rosbach en 1757.

4596. Dekmaz (le sʳ), garde de pavillon, blessé le 27 octobre 1647 au célèbre combat du marquis de l'Etenduère contre les Anglois.

4597. Delbort (le sʳ), lieutenant au régiment du Cap, blessé au siége de Savannah en 1779.

4598. DELBREIL (Claude), chevalier de Saint-Louis, capitaine au régiment de Béarn, puis au régiment provincial de St-Anduze, fut blessé au siége de Fribourg en 1744 à l'affaire de Carillon en 1758, puis au siége de Quebec.

4599. DELEAMPE, lieutenant de vaisseau, du port de Brest, mort sur le *Dauphin-royal*, le 9 décembre 1740.

4600. DELEC (Girard), écuyer, tué à la bataille de Poitiers en 1356.

4601. DELMAS (le sr), capitaine au régiment de Touraine, tué à la bataille de Minden en 1759.

4602. DELOY (le sr), cadet au régiment de Dillon, blessé au 1779 à l'attaque de la Grenade.

4603. DELPAS DE PIA (Antoine-Cyr-François), baron de Pia Saint-Marsal, chevalier de Saint-Louis, capitaine au régiment de Bourbon-infanterie, quitta le service en 1705, aveugle depuis l'âge de 30 ans des suites d'un coup de fusil. Il obtint en 1777 et 1780 deux pensions l'une de 600 francs et l'autre de 400 francs motivées sur son service et sur ses nombreuses blessures.

4604. DELPART (le sr), lieutenant au régiment d'Alsace, tué à la bataille de Clostercamps en 1760.

4604 *bis*. DELNET (le sr), aide-major du régiment d'Alsace, blessé à la bataille de Clostercamps en 1760.

4605. DEMER (le sr), major du régiment des gardes-suisses tué au siége de Lille en 1667.

4606. DEMERICQ (le sr), chevalier de Saint-Louis, capitaine de grenadiers au régiment de Normandie, tué au siége de Tournay en 1745.

4607. DEMME DU PERRON (Laurent), chevalier de Saint-Louis commandant de bataillon au régiment de Vermandois, blessé à la bataille de Laufeldt en 1747.

4608. DEMONTANT (peut-être de Montant), capitaine au régiment de Touraine, mort des suites de ses blessures à la bataille de Fleurus, le 1er juillet 1690.

4609. DEMOREL (le sr), enseigne au régiment de Conty, tué au siége de Fribourg en 1644. (*Mercure de 1644.*)

4610. DENAT (le sr), capitaine au régiment de Navarre, blessé à la bataille de Cassel en 1677.

4611. DENIS DE TROBRIANT (le sr), lieutenant de vaisseau, fut blessé sur *le Pégase* étant garde de la marine dans le combat du chevalier de Sillans contre le vaisseau anglois *le Foudroyant*, de vingt canons, le 20 avril 1782.

4612. DENIZON (le sr), lieutenant d'artillerie, blessé à la bataille de Minden en 1759.

4613. DEPRIÉ, capitaine au régiment de Grancey, tué à la bataille de Staffarde, dans les états sardes, gagnée par Catinat sur le duc de Savoie le 18 août 1690.

4614. DERADRETS (le sr), capitaine au régiment de Mazarin, tué au siége de Fribourg en 1644. (*Mercure de 1644.*)

4615. DEPUIS-NORMAND, enseigne dans les gardes-françoises, blessé dans les tranchées, au siége de Namur, par Vauban, en juin 1692.

4616. DERÈGE, enseigne au régiment de Bourbon, tué le 18 aoust 1690, à la bataille de Staffarde, en Piémont.

4617. DERONS (le sr), chevalier de Saint-Louis, capitaine de grenadiers au régiment royal-Roussillon, blessé à la bataille de Rosbach en 1759.

4618. DERLOS (le s^r), lieutenant au régiment du Maine, blessé à la défense de la ville de Mayence, par le marquis d'Uxelles, contre les troupes de l'empereur, au mois de septembre 1689.

4619. DERPARENX. V. Darparens.

4620. DERVIGNY (le s^r), officier au régiment de Normandie, blessé à la défense de Grave en 1674.

4621. DERY (le s^r du), officier au régiment de Bourbonnois, blessé à l'affaire d'Exiles en 1747.

4622. DESANOLLES (le s^r), lieutenant au régiment de Piémont, blessé à la bataille de Malplaquet en 1709, et au siége de Douay en 1710.

4623. DESAUBIN (le s^r), lieutenant aux gardes-françoises, tué au siége de Valenciennes en 1656.

4624. DESCASEFORT OU DESCASFORT (N...), dit *le marquis d'Alème*, chevalier de Saint-Louis, aide-major et capitaine au régiment de Navarre, puis commandant de l'isle d'Oléron, blessé à la bataille de Dettingen en 1743.

4625. DESCHAPELLES-MONTURLOT, lieutenant de vaisseau, mort à Paimbeuf de ses blessures, commandant *la Marie-Françoise*, le 17 septembre 1709.

4626. DESCIVIÈRE, sous-lieutenant au régiment de Grancey, blessé à la bataille de Staffarde, gagnée par Catinat le 18 aoust 1690.

4627. DESCLAFFER DE RODE (Gabriel), chevalier de Saint-Louis, capitaine au régiment provincial de Limoges, perdit un bras au siége de Fribourg en 1744.

4628. DESCOMEL (le s^r), capitaine aux grenadiers de France, blessé le 24 août 1762 à la journée de Grebenstein.

4629. Descozières (le s^r), capitaine au régiment d'Orléans, blessé à la défense de Mayence, assiégée par les troupes de l'empereur, au mois de septembre 1689.

4630. Descoudaures (le s^r), lieutenant au régiment de Rochefort, eut le bras percé d'un coup de fusil au siége du fort Saint-Philippe en 1756.

4631. Descouteau (le s^r), capitaine au régiment de Navarre, blessé au siége de Fribourg en 1744.

4632. Descrinel (Louis), chevalier, tué à la bataille de Poitiers en 1356.

4633. Desennole. V. Desanolles.

4634. Desetang (le s^r), mousquetaire de la garde du roy, blessé au siége de Maëstrick en 1672.

4635. Desguiton, lieutenant du régiment de Périgord, tué le 18 aoust 1690 à la bataille de Staffarde, en Piémont, gagnée par Catinat.

4636. Deshayolz (le s^r), capitaine au régiment de Tramel, blessé au siége du fort Saint-Philippe en 1756.

4637. Desmin, lieutenant-colonel de la brigade de la Sarre, blessé à la bataille de Staffarde le 18 aoust 1690.

4638. Deshières (le chevalier) et le sieur Bonnart, son frère, capitaines au régiment royal des vaisseaux, tués à la bataille de Laufeldt en 1747.

Voy. Deziers, qui paroît être le même nom, différemment orthographié : d'autant que celui auquel on renvoye étoit capitaine au même régiment.

4639. Deshors (le s^r), lieutenant au régiment d'Aquitaine, eut la cuisse emportée à la bataille de Minden en 1759.

4640. Desleat (Jean), écuyer, tué à la bataille de Poitiers en 1356.

4641. DESLO, lieutenant, dangereusement blessé à la bataille de Fleurus, gagnée par le maréchal de Luxembourg le 10 juillet 1690.

4642. DESMARENS (le s^r), capitaine au régiment de Navarre, blessé à la bataille de Minden en 1759.

4643. DESMAREST, lieutenant de la brigade d'Artois, blessé à Staffarde, dans les états sardes, le 18 aoust 1690.

4644. DESMIER (Fraçois), seigneur de Montfaucon, gentilhomme ordinaire de la reine Catherine de Médicis, et enseigne de la compagnie de 50 hommes d'armes du sire de Villequier, fut tué au service.

4645. DESMIER (Alexandre), seigneur d'Albreuze, mestre de camp d'un régiment, puis lieutenant général des armées du roy, fut tué sous Louis XIII, avec Jean Desmier, son fils aîné, en combattant dans le Médoc où il préféra mourir les armes à la main que de demander quartier.

4646. DESMIER (Jean-Louis), comte de Saint-Simon, chevalier de Saint-Louis et maréchal de camp, blessé grièvement à la bataille de Parme en 1734.

Les DESMIER ou DEXMIER, qu'on trouve en Poitou, dans le Limousin et l'Angoumois, et dont il reste des représentants, portent : écartelé d'azur et d'argent à quatre fleurs de lis, de l'une en l'autre.

4647. DESMONTAGNE, lieutenant au régiment de Champagne, tué à la bataille de Fleurus, gagnée par le maréchal de Luxembourg le 1er juillet 1690.

4648. DESNEAUX (le s^r), capitaine dans les grenadiers royaux, fut blessé à la bataille de Minden en 1659.

4649. DESNONNILLE (le s^r), capitaine au régiment de Piémont, tué à la bataille de Nerwinde en 1693.

4650. DESNOYERS, capitaine au régiment de Cauteuse, blessé à la bataille de Staffarde, le 18 aoust 1690.

4651. DESNOYETTE (le sr), capitaine au régiment de la Guadeloupe, blessé au siége de Savannah en 1779.

4652. DESOMBRAYES (le sr), lieutenant au régiment du Cap, blessé au siége de Savannah en 1779.

4653. DESPARI (le sr), capitaine au régiment de Navarre, tué au combat de Senef en 1674.

4654. DESPARS (le sr), major du régiment royal des vaisseaux, tué en 1702 à la surprise de Crémone.

4655. DESPASNNILLE (le sr), gendarme de la garde du roy, tué au combat de Leuze en 1691.

4656. DESRIVIÈRES, lieutenant au régiment des bombardiers, tué à la défense de Mayence par le marquis d'Uxelles, contre les troupes de l'empereur, au mois de septembre 1689.

4657. DESPENS (le sr), capitaine au régiment d'Auvergne, blessé à la bataille de Clostercamps en 1760.

4658. DESPEROUX (le sr), capitaine au régiment royal des vaisseaux, blessé à la bataille de Laufeldt en 1747, et au siége de Berg-op-Zoom.

4659. DESPEROUX (le sr), capitaine au régiment de Dauphiné, blessé à la défense de Grave en 1674.

4660. DESPIÉS (le sr), lieutenant de vaisseau, blessé sur *le Réfléchi*, dans un combat du comte de Grasse contre l'amiral Rodney, au mois d'avril 1782.

4661. DESPOIX (le sr), capitaine au régiment de Béarn, blessé à mort au siége de Philipsbourg en 1688.

4662. Despraigy (le sr), tué à la bataille de Poitiers en 1356.

4663. Desrobert (François), chevalier de Saint-Louis, capitaine au régiment de Champagne, puis commandant du bataillon dit de Mazarin, blessé à la bataille du Parme en 1734.

4664. Desroches (peut-être des Roches), aide-major au régiment de la Chastre, blessé à la bataille de Fleurus, gagnée par le maréchal de Luxembourg, le 1er juillet 1690.

4665. Desroulins (le sr), lieutenant au régiment de Champagne-Béarn, blessé à la bataille de Creweldt en 1758 ,et au siége de Munster en 1759, mourut des blessures qu'il reçut à la bataille de Hamberghen 1762.

4666. Destarre (le sr), capitaine au régiment de Normandie blessé au combat de Chiari en 1701.

4667. Destignac (le sr), enseigne aux gardes-françoises, blessé à la bataille de Dettingen en 1743.

4668. Destival (peut-être d'Estival), capitaine au régiment de Bretagne, blessé à la défense de Mayence, assiégée par le duc de Lorraine pour l'empereur, contre le marquis d'Uxelles, au mois de septembre 1589.

4669. Destonchamps (le sr), tué en 1778 au combat d'Ouessant, comme volontaire, dans l'escadre de M. d'Orvilliers.

4970. Destorné-d'Angon. *La notice manque.*

4671. Deszoffy (Valentin), chevalier de Saint-Louis, colonel d'un régiment de hussards et brigadier des armées du roy, tué à Carreggio, en Italie.

4672. Detussilles (le sr), lieutenant au régiment royal des vaisseaux, tué à la bataille de Fontenoy en 1745.

4673. Detrey (le sʳ), officier au régiment de Bettens-suisse, blessé à la bataille de Laufeldt en 1747.

4674. Devèze (le sʳ de la), lieutenant au régiment royal des vaisseaux, tué au siége de Maëstrick en 1748.

4675. Devèze (le seigneur de la), capitaine catholique, tué en 1577 dans un combat contre les religionnaires, aux environs de Montpellier.

Deux familles de la Devèze en Languedoc. L'une d'elle, habituée de Champagne : d'argent à six tourteaux de gueules, au chef d'azur, chargée d'une aigle d'or, couronne de comte.

4676. Deutneau (Jacques), chevalier de Saint-Louis, capitaine au régiment de Beausobre-hussards et lieutenant du grand prévôt de la maréchaussée des trois évêchés, fut blessé à une jambe, dans une rencontre, sous Louis XV; il avoit servi aussi comme capitaine dans le bataillon de milice de Verdun.

4677. Deux Ponts (le prince de), fut blessé au siége de Prague en 1742.

4678. Dexfort (le sʳ), gendarme de la garde du roy, blessé au combat de Leuze en 1691.

4679. Deya de Viviers (Jean-Baptiste-Laurent), chevalier de Saint-Louis, major général de l'armée au camp de Dunkerque en 1756, puis lieutenant-colonel du régiment de Picardie et mestre de camp d'infanterie, blessé d'un coup de feu à la bataille de Parme en 1734, mourut au mois de novembre 1735.

4680. Deydier de Puchemejan, lieutenant de vaisseau du port de Toulon, tué aux Cévennes le 24 mars 1704.

4681. Deydier (le sʳ), capitaine dans les troupes de la marine, tué en 1704 dans la même guerre.

Famille de Provence dont il est resté des représentants.

4682. Dezers (le sʳ), capitaine au régiment de Piémont, blessé au siége de Luxembourg en 1684.

4683. Dezières (le s^r), capitaine au régiment royal des vaisseaux, tué à la bataille de Fontenoy en 1745. (V. Deshières, qui paroît être le même nom différemment ortographié.)

4684. Dianous (Pierre-Joseph-Marie), chevalier de Saint-Louis, capitaine au régiment de Béarn, puis lieutenant-colonel de celui de Viennois, blessé à la bataille de Crewelt en 1758.

Famille du Dauphiné qui a ses représentants.

4685. Diarais (le s^r de la), major du régiment de Champagne, tué au combat de Sintzin en 1674.

4686. Didon de la Londe (Jean-Gabriel), chevalier de Saint-Louis, lieutenant-colonel du corps royal de l'artillerie, quitta le service en 1776, à raison de ses infirmités contractées au service, étant devenu sourd au bruit du canon.

4687. Dieffenthaller (le chevalier), chevalier de Saint-Louis, capitaine, puis lieutenant-colonel du régiment de Castellas-suisse, et brigadier des armées du roy, blessé à la bataille de Rosbach en 1757, mourut à Schelestadt le 25 novembre 1762.

4688. Dienne (François de), seigneur de la Dauphie de Chailadet, chevalier de Saint-Louis, lieutenant-colonel du régiment de Noailles-cavalerie, tué à la bataille de Spire.

4689. Dienne (le s^r de), chevalier de Saint-Louis, d'abord officier auxiliaire, puis lieutenant de vaisseau, fut grièvement blessé dans le combat du comte de Guichen, près de la Martinique, contre l'amiral Rodney en 1780.

Famille d'Auvergne : d'azur au chevron d'argent accompagné de trois croissants d'or.

4690. Diesbach (Antoine de), capitaine suisse au service de France, tué au combat de la Bicoque en 1522.

4691. Diesbach de Longe (Jean de), en Poitou et de Vendoble en Auvergne (terres confisquées à son profit sur le connétable de Bourbon), maréchal de camp et conseiller d'Etat, fut tué à la bataille de Pavie en 1525 à la tête de son régiment qui étoit de 6,000 hommes avec sept autres de sa famille. (V. Moreri.)

4692. DIESBACH (le capitaine Wulscher de) de la Bonneville, tué en 1576 au siége de Saint-Verin-des-Bois, ville appartenant au duc de Nevers.

4693. DIESBACH (Ulrich de), de Fribourg, seigneur de Piémont, lieutenant des Cent-Suisses de la garde du roy, et capitaine d'une compagnie suisse de 3,000 hommes, blessé à l'attaque des lignes d'Arras en 1654, mourut le 10 février 1671.

4694. DIESBACH (N... de), enseigne au régiment d'Erlach, tué au siége de Puycerda en 1678.

4695. DIESBACH (N... de), capitaine au régiment de Mamiel-suisse, tué au siége de Barcelone en 1697.

4696. DIESBACH (Jean-Frédéric de) de Heytenriedt, (?) commandant le 2ᵉ bataillon de régiment de Pfiffer, eut, au siége de Lille, en 1708, une épaule fracassée d'une palissade, et une veine rompue par l'effet d'une mine qui sauta sous la place d'armes de la porte Saint-André.

4697. DIESBACH (François-Romain, comte de) de Belleroche, chevalier, grand-croix de l'ordre royal et militaire de Saint-Louis, colonel du régiment de Diesbach et lieutenant général des armées du roy, eut le gras de la jambe emporté d'un boulet de canon à la bataille de Laufeldt en 1747, il mourut le 10 mars 1786.

Les Diesbach, qui ont si bien mérité de la France, sont originaires de Berne. L'un d'eux est venu se fixer en Franche-Comté et y a fait souche. Les Diesbach de Belleroche restés en Suisse ont continué leurs services à la France où ils ont contracté de fréquentes alliances. Ils portent : écartelé aux quatre parties de gueules et d'argent au croissant de l'un en l'autre, aux deux et trois de sable, à bande vairée d'or, accostée de deux lions de même.

4698. DISSAUT (le sʳ de), lieutenant au régiment d'Henriche-mont-cavalerie, tué à la bataille de Minden en 1759.

4699. DIEU (le sʳ), capitaine de brûlot, tué sur *la Sévère*, dans le combat du bailli de Suffren, aux Indes, le 10 juin 1783 contre l'amiral Hughes.

4700. DIEUSSE (le sʳ de), capitaine au régiment de Navarre, blessé au siége de Fribourg en 1744.

4701. DIGOINE (Guillaume de), chevalier, tué avec son fils à la bataille de Poitiers en 1356.

4702. DIGOINE (le sʳ de), major du régiment de Champagne, mort en 1675 de la suite des blessures qu'il reçut à l'escalade de la forteresse d'Achsteim.

4703. DIGOINE (le sʳ de), capitaine au régiment de Picardie, tué à la bataille de Parme en 1731.

4704. DIGOINE (le sʳ de), capitaine au régiment de Béarn, blessé à la bataille de Dettingen.

Famille de Provence. Armes : Echiqueté d'argent et de sable, de sept tires chacune de six points.

4705. DILLON. — Cinq de cette maison furent tués dans les guerres de Louis XIV, trois au premier siége de Barcelonne et deux à la bataille de Castiglione en 1706.

4706. DILLON (le chevalier), colonel du régiment de Dillon, fut tué à la bataille de Fontenoy en 1745.

4707. DILLON (Mylord), son frère, aussi colonel d'un régiment de son nom, fut tué à la bataille de Laufeldt en 1747.

4708. DILLON (le comte Edouard), chevalier de Saint-Louis et de la Société militaire de Cincinnatus, colonel du régiment de Dillon, depuis mestre de camp, commandant le régiment de Blaisois et maréchal de camp, fut blessé au combat du comte d'Estaing contre l'amiral Byron, près de la Grenade, le 6 juillet 1779.

4709. DILLON (N...), blessé en Amérique dans la campagne de 1781.

> Grande maison qui a ses représentants en France, en Angleterre et en Irlande, son berceau, où les généalogistes qui ne doutent de rien, la font descendre du roi O'neill vers l'an 595. — Armes : d'argent au lion léopardé de gueules, armé et lampassé d'azur, accompagné de trois croissants de gueules, posés deux en chef et un en pointe : Devise : *Dum spiro spero.*

4710. DILOTH (le sr), aide-major du régiment d'Alsace, tué à la bataille Clostercamps en 1760.

4711. DIMANCHE (le capitaine), béarnois, tué au siége de Blaye en 1593.

4712. DINAN (le sire de), tué à la bataille d'Auray en 1364.

4713. DINANT (le sr de), lieutenant au régiment de Champagne, blessé en 1645 à la bataille de Nordlingen.

4714. DINCHEQUIN (*le petit*), écuyer, tué à la bataille de Poitiers en 1356.

4715. DINCOURT (le sr), lieutenant au régiment de Mailly, blessé à la bataille de Rosbach en 1757.

4716. DINTEVILLE (Guyot de), seigneur des Chenets, capitaine de la garde du duc Saint-Aubin-du-Cormier en 1488.

4717. DINTEVILLE (Antoine de), seigneur de Dinteville, de Spoy de Feugerólles, baron de Meurville, mort à Milan des blessures qu'il reçut à la bataille de Marignan en 1525.

> Ancienne maison de Champagne, dont le nom est plutôt d'Inteville, et qui, notamment au XVIe siècle, occupa une haute position. Armes : de sable à deux léopards d'or.

4718. Diolet (le s^r), capitaine au régiment de cavalerie de Gaston, duc d'Orléans, tué au siége d'Estampes.

4719. Disimieu (César, comte de), chevalier des ordres du roy, capitaine de quarante hommes d'armes de ses ordonnances, conseiller d'état d'épée et gouverneur de Vienne, reçut plusieurs blessures en 1488 dans une action contre les protestants. (de Thou.)

4720. Disly (le s^r), de Bérac, lieutenant colonel du régiment de Villars-Chaudière, blessé au siége de Lille en 1708, mourut en la même année.

4721. Disse (le s^r de), officier au régiment de Bourbonnois, blessé à l'affaire d'Exiles en 1747.

4722. Diturbie-de-Laux (le s^r), chevalier de Saint-Louis, lieutenant-colonel de la légion de Flandres et brigadier des armées du roy, mort à Gottingen le 30 mai 1762, des suites d'un coup de sabre à la tête.

4723. Doé (François), chevalier de Saint-Louis, capitaine de grenadiers au régiment de Guyenne, tué à l'affaire de l'Assiette en 1747.

4724. Doimel-de-Montecot (N...), capitaine d'infanterie, tué au siége de Bapaume en 1641.

4725. Doisnel (N...), son frère, capitaine au régiment de la Ferté-cavalerie, tué à la même bataille en 1641.

4726. Doisenare, capitaine au régiment de Soissonnois, tué à la bataille de Fleurus le 1er juillet 1690.

4727. Doisnel (François), seigneur de la Saucerie et du Hamel, chevalier de l'ordre du roy, l'un de ses maîtres d'hôtel ordinaires, conseiller d'état d'épée, maréchal de camp et gouverneur de Granville, reçut sept ou huit blessures à la bataille de Thionville ; mais l'on ne sauroit dire si ce fut à celle de 1639 ou 1643.

4728. Dolq (?) (le s^r), sous-lieutenant aux gardes-françoises, tué à la bataille de Dettingen en 1743.

4729. Dolet (Renaud), chevalier de Saint-Louis, capitaine au régiment de Navarre, puis major de Philisbourg, lieutenant de roy de la citadelle de Tournay et ensuite gouverneur de Montlouis et maréchal de camp, blessé aux batailles de Cassel, de Saint-Denis et de Fleurus en 1677, 1678 et 1691, aux siéges de Mons et de Namur en 1691 et 1692, puis à la bataille de Steinkerque, mort au mois d'avril 1743.

4730. Dolier-d'Ornac (Jean-Jacques), chevalier de Saint-Louis, capitaine aide-major au régiment de Languedoc-dragons, blessé à Cherbourg le 7 août 1758.

4731. Dolle, capitaine des grenadiers au régiment de Navarre, blessé le 1er juillet 1690 à la bataille de Fleurus.

4732. Domet de Mont (le s^r), chevalier de Saint-Louis, commandant de bataillon au régiment d'Enghien en 1760, puis commandant du régiment de Besançon, grièvement blessé à la cuisse à la bataille d'Hastembeck en 1756, obtint sa retraite en 1968.

4733. Domacker (Franz de), chevalier de Saint-Louis, capitaine, puis lieutenant-colonel du régiment d'Alsace, blessé à la bataille de Clostercamps en 1760.

4734. Dombllère (le s^r), lieutenant au régiment de Champagne, blessé à la défense de Mayence, soutenue par le marquis d'Uxelles, au mois de septembre 1589.

4735. Domgermain (le s^r de), chevalier de Saint-Louis, colonnel à la suite du régiment de Champagne, et maréchal de camp en 1762, fut blessé à la bataille de Parme en 1731.

4736. Dommaigné (Jean de), chevalier de l'ordre du roy, commandant une compagnie d'arquebusiers dans la ville du Mans, ayant un ordre du maréchal de Laval de Lisler, jusqu'à la reddition de cette place ; il la remit sous l'obéisssance du roy et mourut peu de temps après de ses blessures, d'après deux attestations, l'une du comte du Lude du 10 octobre 1590, et l'autre du maréchal de Laval de l'année 1597.

4737. Domner (Paul), de Soleure, officier suisse au service du roy, tué à la bataille de Dreux en 1562.

4738. Doney (Pierre-Joseph), chevalier de Saint-Louis , chef de bataillon et premier aide-major de l'hôtel royal des invalides, fut grièvement blessé aux siéges du fort David et de Madras; au premier, il reçut à la hanche un coup de mitraille qui lui cassa plusieurs os et au deuxième un coup de fusil qui lui fracassa l'articulation du pied droit.

4739. Donudieu (Pierre de), seigneur de Picherie et de Domfront, chevalier de l'ordre du roy, gentilhomme ordinaire de sa chambre, capitaine de cinquante hommes d'armes de ses ordonnances, écuyer de son écurie, conseiller d'état d'épée, gouverneur d'Angers, grand maréchal et lieutenant général du gouverneur d'Anjou, fut blessé en 1592 d'un coup d'arquebuse au visage, au siége de Rochefort-sur-Loire (de Thou.)

4740. Dompon (*le grand*), tué à la journée de Formigny près Bayeux en 1450.

4741. Doni (Antoine de), marquis d'Attichy, mestre de camp d'un régiment de son nom, tué en Flandres devant le château de Sorre ou de Serre en 1637.

4742. Donne (le s^r), capitaine au régiment d'Anjou, tué à la défense de Mayence assiégée par le duc de Lorraine, en septembre 1689.

4743. Donneau de Vizé (Gaspard), chevalier de Saint-Louis, lieutenant des gardes corps du roy, maréchal général des logis de la cavalerie, mestre de camp d'un régiment de cavalerie et maître d'hôtel ordinaire de la reine, fut blessé à la jambe et eût son cheval tué du même coup à la bataille de Rocroy en 1643 : reçut en 1650 deux coups de mousquet, l'un au bras et l'autre au côté ; un autre coup dans le ventre au siége de Barcelone en 1652 : six mois après il fut criblé de blessures devant la même place, et quoique dans cette action il eût reçu un coup de fusil dans la tête dont il perdit un œil, il eut le bonheur de retirer des mains des ennemis le maréchal de la Mothe que trop d'ardeur avoit emporté; il reçut encore un coup de mousquet à travers le cou au siége d'Ampurias, eut le bras cassé d'un coup de pistolet à celui d'Alexandrie en 1657, reçut un coup de fusil dans le cou à celui de Puycerda, et un coup de faux dans les reins à Tortose; pendant le siége de Douay en 1667, un coup de canon emporta les deux épaules de son cheval et ses deux pistolets; à celui de Faucogney en 1674, il reçut trois coups de mousquet dont un lui perça l'épaule gauche, l'autre lui entra dans le corps et le troisième lui cassant la mâchoire, lui perça la langue et lui emporta quatre dents. Le roy en apprenant la manière dont cette place fut emportée dit : « Il n'y a que Vizé capable d'une telle action ! » — Il mourut des ressentiments de ses blessures au mois de février 1699.

4744. Donneau (Marie-Philippe), marquis de Vizé, commandant de l'ordre royal et militaire de Saint-Louis, lieutenant-colonel du régiment des gardes-françoises et lieutenant général des armées du roy, fut blessé au siége Philisbourg en 1734, il mourut en 1787 ou 1788.

V. de Visé. Les Donneau de Vizé étoient d'une ancienne noblesse L'auteur du *Mercure galant*, qui étoit de cette famille, en a donné la généalogie dans son n° de *février* 1699.

4745. Donneri (le sr de), enseigne au régiment de Piémont, blessé au siége de Bourbourg en 1645.

4746. Donnezac (de). V. Reynier de Donnezac.

4747. Donnos (le sr), lieutenant au régiment de Champagne, blessé à l'attaque de Weissembourg en 1744 et à la bataille de Raucoux en 1746.

4748. Donodei (François), capitaine au régiment de la Tour, mort à Ast en 1638 des blessures qu'il reçut au siége de Valence, en 1635, et au combat du Tesin en 1636.

4749. Donodéi (Louis), cadet aux gardes-françoises, tué au siége de Lille sous Louis XIV.

> Les Donodéi, dont on a fait *Donadieu*, étoient de Provence et portoient : d'argent à la croix florencée, au pied fiché de gueules, accompagné de trois soucis tigés et feuillés au naturel.

4750. Dons (de), capitaine de brûlot du port de Toulon, tué en course le... octobre 1710. — Les listes des archives de la marine ne disent pas où ?

4751. Dorat (Henri), enseigne des gardes du comte d'Harcourt-Prince, tué à la bataille de Lens sous Louis XIV.

4752. Dorbelaye (la), enseigne de vaisseau du port de Brest, périt sur *l'Oriflamme* le dernier février 1691.

4753. Dorcet (le sr de), enseigne aux gardes-françoises, tué à la bataille de Senef en 1674.

4754. Dordissan (le sr), capitaine au régiment de Bourbonnois, blessé à la bataille de Dunkerque en 1692.

4755. Doré de la Tremblaye, lieutenant de vaisseau du port de Rochefort, mort aux isles, sur *l'Adroit*, le 7 mai 1692.

4756. Dorellis (le sr), capitaine au régiment de Navarre, tué au siége de Prague en 1742.

4757. Dorgenol (le s^r), lieutenant au régiment de Navarre, blessé au siége de Luxembourg en 1684.

4758. Dorgeoise de Montfario (le s^r), mestre de camp de cavalerie, tué en 1674, à la bataille de Sintzim où il se signala.

4759. Doria (André), tué à la bataille de Crécy en 1346 où il commandoit les Génois pour le parti du roy.

> Famille de Gênes dont l'illustration remonte aux premiers temps de cette République.

4760. Doria (le s^r), mousquetaire de la garde du roy, blessé à la bataille de Dettingen en 1743.

4761. Doria (Gabriel), chevalier de Saint-Louis, capitaine au régiment royal des vaisseaux, blessé à la bataille de Laufeldt en 1747.

> Famille de Provence qui prenoit les mêmes armes que les Doria de Gênes et s'en prétendoit issue.

4762. Dorivillier. V. de Saint-Montau.

4763. Dormans (le s^r de), chevalier de Saint-Louis, capitaine de grenadiers au régiment royal de la marine, blessé d'un coup de feu à la poitrine à la bataille de Hastembeck en 1757.

> Ancienne famille de Champagne qui portoit : d'azur à trois têtes de léopard d'or, lampassé de gueules.

4764. Dornant (Samuel), seigneur du Pin, tué au service du roy sous Louis XIII, d'après les lettres patentes de Louis XIV du mois de décembre 1653.

4765. Dornant (Louis-René), lieutenant au régiment depuis Guyenne, fut blessé à la levée du siége de Brosno, en Bohême.

4766. Dorne, le *frère de l'Esleu*, fut tué à la bataille de

Cérisolles, en 1544, d'après les *Annales d'Aquitaine* qui le désignent ainsi.

4767. Dorny de Gengins (le s^r de), sous-lieutenant au régiment suisse du jeune Stuppa, fut dangereusement blessé au siége de Furne en 1692.

4768. Dorny s^r de Gengins, capitaine de grenadiers au régiment de Surbeck-suisse, tué au siége de Landau en 1703.

4769. Dorsanne (le s^r), lieutenant au régiment Dauphin, blessé au siége de Mayence, soutenu par le marquis d'Uxelles contre le duc de Lorraine, en septembre 1789.

4770. Dortanne (le s^r), lieutenant au régiment du Maine, blessé à la défense de la ville de Mayence, par le marquis d'Uxelles, contre les troupes de l'empereur, au mois de septembre 1689 (ms. Gaign. 297).

4771. Dortans (Pasquier), seigneur de Massona, de Pélagey et de la Beyvière, capitaine au régiment de Trémont, mort au siége de Montpellier sous Louis XIII.

4772. Dortans (Gaspard de), seigneur de Dortans et du Mustevey, baron d'Arban et d'Uffelle, capitaine au régiment de Lesdiguières, eut une jambe emportée d'un coup de canon au siége de Turin en 1640.

4773. Dortans (François-Antoine de), seigneur de Bona, d'Uffelle, d'Emmondeix et de Chatonas, mestre de camp d'un régiment d'infanterie, tué au siége de Varüe en 1625.

4774. Dortans (Roderic, comte de), chevalier de Saint-Louis, lieutenant-colonel du régiment du Maine, puis lieutenant de roy à Mont-Dauphin, servit cinquante-cinq ans soit dans les guerres de Louis XIV, soit dans celles de Louis XV, et fut blessé dans trois actions, il mourut le 8 janvier 1738.

4775. Dortans (Charles-Marie-Antoine-Joseph, dit *le comte*

de), capitaine au régiment d'Eu, mort des blessures qu'il reçut à la bataille de Dettingen en 1743.

4776. DORTANS (Claude-Marie-Joseph, dit *le chevalier*, puis le *vicomte de*), son frère, chevalier de Saint-Louis, capitaine de grenadiers au même régiment, tué à la bataille d'Hastembeck en 1757.

Les Dortans ou Dortant de Marterey maison du Dauphiné : armes : de gueules à la fasce accompagnée de trois annelets du même.

4777. DOUAI (le s^r), lieutenant au régiment de Béarn, tué en 1758 à l'affaire de Carillon, en Canada.

4778. DOUBÉ DE LA HEUZE, enseigne de vaisseau du port de Toulon, noyé sur *le Vaillant*, commandé par M. le Motheux, le 22 décembre 1697.

4779. DOUBLET (Nicolas), tué en Allemagne sous Louis XIV, au siége de Stralzund.

4780. DOUCE, lieutenant de la brigade de la Sarre, blessé à Staffarde le 18 aoust 1690. (ms. Gaign. 297.)

4781. DOUCET (le s^r), gendarme de la garde du roy, blessé au combat de Leuze en 1691.

4782. DOUDAN (le s^r), capitaine au régiment de Piémont, tué au combat d'Oudenarde en 1708.

4783. DOUEZI (Jacques), tué d'un coup d'épée qui lui fendit la tête, à l'attaque des lignes d'Arras en 1654, servant dans le régiment d'Esclainvilliers-cavalerie.

4784. DOUEZY (François), chevau-léger de la garde du roy, tué au siége de Philisbourg en 1735.

4785. DOUGLAS (le comte), tué à la bataille de Verneuil en 1424, d'après Enguerrand de Monstrelet.

4786. DOUGLAS (Jacques), son fils, chevalier, tué à la même bataille.

4787. Douglas (James), tué à la même bataille.

4788. Douglas (Archambaud), comte de Vilton, déclaré duc de Tours par le Dauphin, fut tué par les Anglois victorieux en 1425 (3e vol. de Scohier, fol. 157, v°.).

4789. Douglas (Mylord-Jacques), colonel du régiment de Douglas-écossois et lieutenant général des armées du roy, tué au siége de Douay en 1645, à la veille d'être fait maréchal de France.

4790. Douglas (Jean), tué au siége de Trèves en 1675.

4791. Douglas (Jacques), lord d'Angers, tué à la bataille de Steinkerque en 1692.

4792. Douglas (François-Prosper), chevalier de Saint-Louis, capitaine au régiment de Languedoc, blessé en 1758 à l'affaire de Carillon, en Canada.

Les Douglas, célèbre maison originaire d'Écosse, établie en France dès le XVe siècle, en Bretagne; en Picardie, en Bugey et qui a encore ses représentants, porte : d'argent au cœur sanglant surmonté d'une couronne royale, au chef d'azur, chargé de trois étoiles d'argent. Devise : *Jamais arrière !*

4793. Dougué (le sr), capitaine de grenadiers au régiment de Champagne, blessé à l'attaque de Valcour en 1689.

4794. Douhaut (Jacques-Charles de), seigneur d'Aunay, chevalier de Saint-Louis, capitaine de vaisseau, tué en 1704 à l'abordage d'un vaisseau ennemi.

4795. Doulcet (Jacques de), seigneur du Pontécoulant, chevalier de Saint-Louis, capitaine au régiment de royal-Piémont-cavalerie, mort à Parme le 25 septembre 1734 des blessures qu'il reçut à la bataille de Guastalla.

4796. Doulcet de Pontecoulant (le chevalier), son fils, officier au régiment d'Escars-cavalerie, tué à la bataille de Rosbach en 1757.

Famille de Normandie, qui a ses représentants. Armes : d'argent à la croix fleurdelisée d'or.

4797. DOURIER DE MENILLY (le chevalier), enseigne de vaisseau du port de Rochefort, tué aux isles, armé sur le ... septembre 1712.

4798. DOURLERS (le s^r), capitaine au régiment de Béarn, blessé à la bataille de Dettingen en 1743.

4799. DOUSE (le s^r), capitaine au régiment de Médoc, blessé au siége du fort Saint-Philippe.

4800. DOUXMÉNIL (le s^r de), chevalier de Saint-Louis, capitaine aux gardes-françoises, reçut plusieurs blessures dans les guerres de Louis XIV.

4801. DOUZENAC (Bernard de), écuyer, tué à la bataille de Poitiers en 1356.

4802. DOUZENEL (Jean), seigneur de l'Epine, garde du corps du roy, tué dans la campagne de Flandres, en 1667.

4803. DOUZENEL (Jean), son petit-fils, seigneur de l'Epine aussi garde du corps du roy, fut grièvement blessé aux batailles de Ramillies et d'Oudenarde en 1706 et 1708.

4804. DOYEN (le s^r), capitaine au régiment de Dillon, blessé au siége de Savannah en 1779.

4805. DRAGON L'ETANG (le s^r), capitaine au régiment de Bourbonnois, tué à l'affaire d'Exiles en 1747.

4806. DRAGOUE (le s^r), capitaine au régiment de Piémont, blessé à la bataille de Rosbach en 1757.

4807. DRÉE (Claude de), chevalier de Malte, tué à la bataille d'Hochstedt.

4808. DRÉE (François de), son neveu, enseigne de vaisseau, tué dans le combat naval donné près de la Havanne en 1744.

Famille de Bourgogne en faveur de laquelle la terre et seigneurie de Bazolle, fut érigée en marquisat, en mars 1767. Elle a ses représentants : de gueules à cinq merlettes d'argent 2, 2 et 1.

4809. Drésie (le s^r du), capitaine au régiment de Normandie, tué au siége de Berg-op-Zoom en 1747.

4810. Dresnay (le chevalier du), enseigne de vaisseau du port de Brest, tué à la Hogue sur *le Diamant*, le 27 mai 1692.

4811. Dresnay (le s^r du), capitaine de vaisseau, reçu chevalier de Saint-Louis sous Louis XIV, à raison de ses blessures.

4812. Dreux (Pierre), dit *Mauclerc*, duc de Bretagne, comte de Richemont, que Joinville appelle toujours le comte Pierre de Bretagne, fut blessé si considérablement au visage à la bataille de la Massoure, en 1249, que le sang, dit cet auteur, lui sortoit par la bouche, *mais terrible encore dans cet état* pitoyable, tuant ou écartant ceux qui osoient le poursuivre et leur disant *paroles en signe de moquerie* : il mourut sur mer en 1250 au retour de la Terre-Sainte.

4813. Dreux (Jean de), comte de Mâcon, prince du sang royal, fut tué dans un combat, près Gaza, dans la Terre-Sainte en 1239. (1240.)

4814. Dreux (Gauvain Enguerrand de (Monstrelet le nomme Germain de), vidame et baron d'Orceval, valet tranchant du roy et capitaine du château de Bayeux, tué à la bataille d'Azincourt en 1415.

4815. Dreux (Jean de), son oncle, seigneur de Houllebec, chevalier, tué à la même bataille.

4816. Dreux (Gilles de), seigneur de Bonnetot et de Morainville, homme d'armes de la compagnie d'ordonnance du seigneur de la Meilleraye, tué au siége de Rouen en 1562.

4817. Dreux (Jean de), seigneur de Mourainville, chevalier de l'ordre du roy, gentilhomme ordinaire de sa chambre et gouverneur du Perche, mort des blessures qu'il reçut au siége de Verneuil en 1590.

4818. Dreux (François de), marquis de Morainville, tué au combat de Senef en 1674.

Les comtes de Dreux, de la maison royale de France, s'éteignirent dans la branche masculine, avec Pierre de Dreux, mort en 1355. — Mais la race des de Dreux n'étoit point tarie : Robert de Dreux, premier du nom, second fils de Robert III comte de Dreux, la continua et fit la branche de Ben ; et après l'extinction de celle-ci, Jean de Dreux, dans la branche des seigneurs de Broussart, dont étoit Gauvain, tué à Azincourt. Puis Jacques de Dreux, quatrième fils des seigneurs de Broussart, auteur de la branche des Morainville, qui finit par la mort de Jean de Dreux, tué à Verneuil, sans autres enfants qu'un fils naturel, François, qui, légitimé en 1606, fut tué au combat de Senef en 1674 sans laisser de postérité.— Les comtes de Dreux avoient pris les armes de l'héritière de Braine, que Robert de France avoit épousée : Echiquetée d'or et d'azur à la bordure de gueules.

Les autres personnages du nom de Dreux qui suivent sont d'autre origine.

4819. Dreux (Louis), seigneur de Villodon et de Beaulieu, mousquetaire du roy, tué à l'âge de dix-huit ans au siége de Gravelines en 1644.

4820. Dreux (Charles), son frère, seigneur de Beauregard, capitaine major et commandant le régiment de Chewry, en Portugal, mort à Estremoz le 6 aoust 1664, des blessures qu'il avoit reçues à l'attaque de C.....

4821. Dreux (le sr de), tué en 1644 au siége de Gravelines, où il servoit comme volontaire (*Mercure de 1644.*)

4822. Dreux (Louis), seigneur de Beaucaire, cadet aux gardes-françoises, tué à sa première campagne au siége de Sainte-Menehould pendant la Fronde.

4823. Dreux (le s^r), capitaine au régiment de Piémont, blessé devant Woerden en 1672.

4824. Dreux (Pierre-Thomas), autre frère, seigneur de Beaucaire, capitaine de chevau-légers au régiment de Montgommery, mort des blessures qu'il reçut au siége de Consarbrick en 1675.

4825. Dreux (Simon), seigneur de Monterolet, tué à la bataille de Fleurus en 1690.

4826. Dreux de Monterolet (Simon), son frère, capitaine au régiment d'Artois, tué au siége de Barcelone en 1706.

4827. Dreux (le s^r), capitaine au régiment de Béarn, tué à la bataille de Laufeldt en 1747.

4828. Dreux (Zachine de), connu longtemps sous le nom de chevalier de Dreux, après plusieurs campagnes avec divers emplois, reçut une blessure à la bataille de Laufeldt en 1747 : employé comme maréchal-de-camp au camp de Mézières, sous le marquis de Brézé son frère il prit lui-même le titre de marquis, en se mariant en 1755. Etant déjà pourvu (en mai 1754) de la charge de grand maître des cérémonies qu'il hérita également de son frère, il assista et prit part à la bataille d'Hastembeck, de Crewelt et eut pour fils le marquis de Brézé, mort en 1829, et que le mot attribué à Mirabeau a rendu célèbre.

> MM. de Dreux, issus d'une famille de Bretagne, qui passa à la réformation de 1669, acquirent du grand Condé, en 1685, le marquisat de Brézé dont ils prirent le nom.
> Armes : d'azur au chevron d'or, acompagné en chef de deux roses d'argent, et en pointe d'un soleil d'or.

4829. Drezet de Pratfuntanc (le s^r du), chevalier de Saint-Louis, lieutenant de port et de vaisseau du roy et sous-aide-major de la marine, à Brest, fut blessé n'étant encore que garde de la marine d'une balle qui lui traversa le genou, dans le combat de *la Nymphe* contre une frégate angloise dans les environs d'Ouessant, le 10 août 1780.

4830. DROCRART (le s^r), lieutenant au régiment de Mailly, blessé à la bataille de Rosbach en 1757.

4831. DROS (Charles de), piémontais, gouverneur de Mondovi, *un des vaillants hommes et des meilleurs esprits qui sortit du Piémont*, disent les mémoires de Montluc, mourut à la bataille de Cérisolles en 1544, où il commandoit un corps de 4,000 hommes.

4832. DROS (Abraham-René), lieutenant aux gardes-suisses avec rang de colonel et maréchal de camp en 1780, reçut plusieurs blessures au service.

4833. DROT (Michel-Joseph-Gabriel du), chevalier de Saint-Louis, capitaine au régiment de Touraine, obtint en 1671 une pension de 200 fr. en considération des blessures qu'il avoit reçues à la bataille de Minden en 1753, et obtint sa retraite en 1763.

4834. DROT (du), capitaine de vaisseau du port de Rochefort, mort en revenant des Isles sur le ... 1679.

4835. DROTS (le s^r), capitaine au régiment de Navarre, blessé au siége de Prague en 1742.

4836. DROUALIN, enseigne de vaisseau du port de Brest, mort sur *le Juste*, le 10 décembre 1740.

4837. DROUARD (Pierre), sergent-major du régiment de Navarre, blessé au siége de Valence en 1656.

4838. DROUARD (Louis), seigneur de Cœurly, enseigne de la deuxième compagnie des mousquetaires, fut dangereusement blessé au siége de Maëstrick en 1673.

4839. Drouard de Cœurly (N...), enseigne de la même compagnie, fut aussi blessé au même siége.

4840. Drouart (le s^r de), chevalier de Saint-Louis et capitaine de frégate, eut une jambe emportée d'un coup de canon à la déroute de la flotte de Smirne, sous Louis XIV.

4841. Drouillet ou Droullet (le s^r), capitaine de grenadiers au régiment de Normandie, blessé dans un détachement en 1704, le fut encore au siége de Turin en 1709.

4842. Droullin de Meniglaise (Maurice de), chevalier de Malte, tué au service, à Hesdin, en 1654.

4843. Droullin (Bernard-Etienne de), chevalier de Meniglaise, chevalier de Saint-Louis et lieutenant-colonel du régiment, mestre de camp-général-dragons, tué à Hoya en 1758.

4844. Droullin (Louis-Boniface de), chevalier de Saint-Louis, capitaine au régiment de Briqueville, depuis Soissonnois, blessé à la bataille de Clostercamps en 1760.

Les Droullin de Meniglaise, originaires de Normandie et dont la maison est éteinte, portoient d'argent au chevron de gueules accompagné de trois quintefeuilles de sinople.

4845. Drouot de la Marche (François), chevalier de Saint-Louis, capitaine dans les volontaires étrangers de Wurmser, puis dans la légion de Conflans, ensuite lieutenant-colonel, blessé près de Burcken, le 29 octobre 1760, et depuis à la poitrine.

4846. Drouris (le s^r de), lieutenant au régiment d'Enghien, blessé d'un coup de fusil à la mâchoire, à la bataille de Minden en 1759.

4847. Drouyn (Jean), de Metz, chevalier, tué à la bataille de Poitiers en 1356.

4848. DRUMMOND DE MELFORT (le comte Henri), enseigne de vaisseau, grièvement blessé au combat d'Ouëssant en 1778.

4849. DUNLDE (le s^r), lieutenant au régiment de Normandie, blessé au siége d'Orbitello en 1646.

4850. DUBORDET, lieutenant-colonel du régiment de Périgord, blessé à mort le 18 aoust 1690, à la bataille de Staffarde, en Piémont, gagnée par Catinat.

4851. DUBOSSON (le s^r), capitaine lieutenant au régiment de Courter, blessé d'un éclat de bombe au siége de Tournay en 1745.

4852. DUBOUCHET, sous-lieutenant de la brigade d'Artois, blessé à Staffarde, le 18 aoust 1690.

4853. DUBOURC, sous-lieutenant au régiment de Bourbon, blessé le 18 aoust 1690 à la bataille de Staffarde.

4854. DUBREUIL (peut-être du Breuil), sous-lieutenant de la brigade d'Artois, blessé à Staffarde le 18 août 1690.

4855. DUC (le s^r le), capitaine au régiment de Piémont, tué au siége d'Egra en 1742.

Famille de Champagne : d'azur à un chevron d'or accompagné au chef de deux roses du même et en pointe d'une croix aussi d'or tréflée.

4856. DUCHAT (Thomas le), capitaine au régiment de Touraine, blessé à la bataille de Nordlingue en 1645.

4857. DUCHAT (Gédéon le), seigneur de Dorville, capitaine au régiment d'Haussonville, reçut à la même bataille dix graves blessures dont il mourut.

4858. DUCHAT (Gédéon le), son fils, seigneur de Dorville, capitaine au régiment de Turenne, mort à Colmar de deux blessures qu'il reçut, l'une dans l'os de la cuisse et l'autre dans la tête, en commandant un détachement de 300 hommes que lui avoit confié M. de Turenne en commençant sa dernière campagne.

4859. Duchat (Charles le), seigneur de Rurnage, capitaine au régiment Dauphin-étranger-cavalerie, reçut un coup de fusil qui lui cassa l'épaule en allant s'emparer en 1708, d'un poste près Wilworden, dans les Pays-Bas.

4860. Duchat d'Ouderne (Gédéon le), chevalier de Saint-Louis, colonel au corps royal et directeur en chef de l'artillerie au département de Sedan, blessé à la bataille de Minden en 1759.

> Les le Duchat, originaires de Troyes, en Champagne, étoient réputés d'ancienne noblesse du pays, laquelle noblesse fut maintenue et renouvelée, autant que de besoin, par lettres pat. de mai 1721, en faveur de Charles le Duchat et de sa belle conduite à Wilworden.—Armes : d'argent à cinq fusées de gueules rangées en fasce.

4861. Du Châtelet. *Voy.* Châtelet.

4862. Duchey (le comte), chevalier de Saint-Louis, major du régiment des cuirassiers, puis lieutenant-colonel, fut blessé à Plannes en 1742.

4863. Duclerc (le sr), lieutenant au régiment de Normandie, blessé à la bataille de Clostercamps en 1760.

4864. Duclos (Pierre Dantan), garde du corps du roi en 1731, capitaine en 1741, se trouvoit à la bataille de Dettingen en 1745, où il fut blessé et eut un cheval tué sous lui — le fut encore au siége de Fribourg, comme chevalier de Saint-Louis en 1743 : blessé de nouveau à la funeste bataille de Rosbach en 1757, relevé du service et pensionné en 1759.

4865. Ducré (le sr), lieutenant au régiment royal des vaisseaux, tué à la bataille de Laufeldt en 1747.

4866. Dudenau (le sr), capitaine au régiment de Saint-Germain, blessé au bras à la bataille de Minden en 1769.

4867. Dudisson, capitaine au second bataillon d'Auvergne, blessé à la bataille de Fleurus, le 1er juillet 1690.

4868. Dudreneuc (le comte), chevalier de Saint-Louis en 1744, après l'affaire de Reichwaux où il fut grièvement blessé d'un coup de feu au bras.

4869. Dufort (le sr), capitaine au régiment de la Marck, blessé à la bataille de Rosbach en 1757.

4870. Dugal (le sr), aide-major du régiment de Normandie, blessé à la bataille de Clostercamps en 1760.

4871. Dugerrier Voy. Vacher (le).

4872. Duggan (le sr), lieutenant au régiment de Dillon, fut dangereusement blessé à l'attaque de la Grenade en 1779.

4873. Dugnès (le sr), capitaine de grenadiers volontaires, blessé au siége de Savannah en 1779.

4874. Duhasmel (le sr), lieutenant au régiment de Normandie-Beauvoisis, blessé à la bataille de Rosbach en 1757.

4875. Dulmas (le sr), lieutenant au régiment de Bourbonnois, tué à l'affaire d'Exiles en 1747.

4876. Dulot (le sr), lieutenant général des armées du roy, tué d'un coup de mousquet au siége de Bar-le-Duc en 1652.

4877. Dumans (Michel-Jacques-Marguerite), chevalier de Saint-Louis, capitaine de grenadiers au régiment de Piémont, blessé d'un éclat de bombe au siége de Tournay en 1765, le fut encore à la bataille de Rosbach en 1757.

4878. Dumerbieu (le sr), capitaine au régiment de Vantau, tué à la bataille de Minden en 1759.

4879. Dumesnil, capitaine au régiment ou brigade d'Artois, blessé le 18 aoust 1690 à la bataille de Staffarde, en Piémont.

4880. Dumontal (peut-être du Montal), lieutenant des grenadiers, blessé à la bataille de Fleurus, gagnée par le maréchal de Luxembourg le 1er juillet 1690.

4881. Dunelle (le chevalier), chevalier de Saint-Louis, capitaine de grenadiers au régiment de Rohan, tué à la bataille de Dettingen en 1743.

4882. Dupin de Bellegard, blessé aux siéges d'Aire et de Douay en 1710, prit part en 1712 à l'affaire de Denain, aux siéges du fort d'Escarpe-Douay, Le Quesnoy, Bouchain et Valenciennes, en 1714 au siége de Barcelone; en 1723 au siége d'Arquin; en Afrique en 1728 au bombardement d'Alger. Ses dernières campagnes furent en 1739, 1740. Enfin, il commandoit depuis l'artillerie en Flandres jusqu'en 1748, 41 ans de service; retraité avec 1,500 liv. sur la marine.

4883. Duplessis, capitaine au régiment de Champagne, blessé le 1er juillet 1690 à la bataille de Fleurus.

4884. Dupousy, lieutenant au régiment Vieux-Languedoc, blessé le 18 aoust 1690 à la bataille de Staffarde.

4885. Duquel (le sr), capitaine au régiment d'Auvergne, blessé à la bataille de Clostercamps en 1760.

4886. Duramond (le sr), capitaine au régiment de Navarre, tué à la bataille de Nerwinde en 1693.

4887. Durancie (le sr de la), l'aîné, lieutenant au régiment de Béarn, tué à la bataille de Laufeldt en 1747.

4888. Durancie (le sr de la), capitaine au même régiment, tué au siége de Maëstrick en 1748.

4889. Durand (Philibert), capitaine au régiment de Tavannes, puis major de celui d'Huxelles et enfin maréchal des logis de la compagnie des gendarmes et de la maison de

M. duc d'Orléans, fut blessé plusieurs fois dans les guerres de Louis XIV et reçut entr'autres blessures au siége d'Ypres un coup de feu à la jambe, cette blessure s'étant rouverte plus de quinze ans après, amena sa mort.

4890. DURAND (Anne), dit *le chevalier de Périgord*, chevalier de Saint-Louis, major puis lieutenant colonel du régiment colonel-général-cavalerie et brigadier des armées du roy, fut blessé à la bataille de Minden en 1759.

4891. DURAND (N... dit *le chevalier Durand*), chevalier de Saint-Louis, capitaine d'artillerie, puis colonel d'un régiment, eut un bras emporté à la bataille de ...., en Allemagne et y perdit aussi deux doigts de la main gauche.

4892. DURAND (Claude-François), seigneur de Fontenay, chevalier de Saint-Louis, capitaine au régiment de Champagne, commandant au château de Dijon, gentilhomme à la suite du prince de Condé et commandant la compagnie de ses gardes, fut blessé dans une attaque près de Cattalabinna, et mourut en 1714.

4893. DURAND (le s*), chevalier et capitaine au même régiment, blessé au siége de Maëstrick en 1748.

4894. DURAND (le s*), aussi capitaine au même régiment, blessé à la bataille d'Hastembeck en 1757.

4895. DURAND, capitaine de frégate et de port, à la Martinique, mort à la Martinique le ... 1747.

4896. DURAND DE LA MOTTE (le s*), lieutenant de vaisseau, tué dans le combat du comte de Grasse, en Amérique, au mois de décembre 1781.

4897. DURAND DE NAUJAC (Mathieu), chevalier de Saint-Louis, capitaine aide-major au régiment de Beauvoisis, blessé à la bataille de Sundershausen en 1758.

4898. Durand (André de), chevalier de Saint-Louis, capitaine et major du régiment de Flandres, puis colonel d'infanterie, blessé aux batailles de Laufeldt et de Fillinghausen en 1747 et 1761.

4899. Durand de la Joubard, capitaine de port aux colonies, mort au Port-Royal de la Martinique, le 17 mai 1728.

On compte beaucoup de familles de ce nom de Durand, en Bourgogne, en Vivarais, en Dauphiné, en Languedoc, en Provence, en Savoie, en Lorraine, en Bourgogne et en Champagne.

4900. Duras (Robert de), prince de la Morée, tué à la bataille de Poitiers en 1356.

C'étoit un Durazzo, de la branche d'Anjou, de la maison de France.

4901. Duras (le sire de), tué le 23 octobre 1345 dans un combat contre les Anglois. — Il fut occis, dit Froissard, au combat d'Auberoche, en Périgord.

4902. Duras (François de), tué à la bataille de Pavie en 1525.

Je ne sais si ces deux dernières mentions ne seroient pas plus justement appliquées à la maison *Durfort de Duras*. Voy. ce nom.

4903. Durat (Denis de), seigneur du Mazeau, capitaine du château d'Auzana et lieutenant de la compagnie de chevau-légers de M. de Bussy-Lameth, mourut au siége de Montauban, sous Louis XIII.

4904. Durat (François de), seigneur de Bussière-Vieille et du Mazeau, cadet aux gardes-françoises, blessé d'un coup de mousquet à l'épaule à l'ouverture de la tranchée d'Orsoy, en 1672.

La famille de Durat, originaire du Bourbonnois est encore habituée dans l'Allier. — Armes : échiqueté d'or et d'azur : D'Hozier a publié sa généalogie.

4905. Durbois (André-Louis de), chevalier de Saint-Louis, capitaine commandant au régiment de Lyonnois, grièvement blessé au siége de Bellisle en 1761, obtint sa retraite en 1782.

4906. Durbourq (le sᵣ), officier blessé sur *le Greenwich*, fut tué en 1758 dans un combat de M. de Kersaint contre les Anglois.

4907. Dupas de la Mancelière. *La notice manque.*

4908. Durepère, capitaine au régiment de Jarsé, blessé au siége de Mayence en septembre 1689.

4909. Durèque (le sᵣ), lieutenant au régiment de Normandie, blessé au siége de Verceil en 1704, fut tué en la même année dans un détachement.

4910. Duret (le sᵣ), sous-lieutenant au régiment de Champagne, blessé à la bataille de Fleurus en 1690, puis lieutenant au même régiment, tué à celle de Fredelinghen en 1702.

4911. Durfort (Gaillard de), baron de Duras, chevalier de l'ordre de la Jarretière, chambellan du roy d'Angleterre et du duc de Bourgogne, et gouverneur de Calais, fut tué au service du roy dans un combat, en Bourgogne, en 1487.

4912. Durfort (N... de), tué en 1521 à la défaite des François près de Pampelune.

4913. Durfort (Bremyon de), tué au siége de Pavie en 1525.

4914. Durfort (Simphonien de), baron de Duras, gentilhomme ordinaire de la chambre du roy, colonel de l'infanterie, légionnaire de Guyenne et gouverneur d'Orléans, pour des huguenots dont il avoit embrassé les doctrines, mort de ses blessures au siége de cette ville le 12 mars 1563.

4915. Durfort (Jean de), seigneur de Born, chevalier des ordres du roy, conseiller en son conseil privé, gentilhomme ordinaire de ses chambres, lieutenant général de l'artillerie de France et sénéchal de Rhodez, fut grièvement blessé d'un coup d'arquebuse au siége de Honfleur en 1589, et mourut en 1613.

4916. Durfort (Jean de), vicomte de Duras, baron de Blanquefort, chevalier de l'ordre du roy, gentilhomme ordinaire de la chambre et capitaine de 50 hommes d'armes de ses ordonnances, reçut, à la bataille de Libourne, en 1587, un coup de fusil dans la tête, dont il mourut au mois de février de la même année.

4917. Durfort (Antoine de), seigneur de Creysac et de Proulive, tué à la même bataille.

4918. Durfort (Armand de), seigneur de Born, capitaine des gardes du maréchal de Biron, tué au siége d'Amiens en 1597.

4919. Durfort (Frédéric-Maurice de), comte de Rozan, capitaine d'une compagnie de chevau-légers, blessé le 19 février 1649 pendant le blocus de Paris, près Brie-Comte-Robert, en défendant un convoi de farine que l'on vouloit faire entrer dans la ville, et mourut de sa blessure le 1er mai suivant.

4920. Durfort (Godfroy de), son frère, comte de Rozan, colonel d'un régiment d'infanterie, tué au siége de Candie le 19 juin 1669.

4921. Durfort (Jean-Baptiste de), duc de Duras, pair et maréchal de France, chevalier des ordres du roy, commandant en Bourgogne et gouverneur du château Trompette à Bordeaux, fut blessé le 12 juin 1734, au siége de Philisbourg, par le piquet d'un gabion qu'un boulet de canon traversa, le même boulet dont fut tué le maréchal de James-Berwick :

il mourut à Paris le 8 juillet 1770, âgé de 37 ans. *Voy.* FITZ-JAMES.

4922. DURFORT-LÉOBARD (Amable de), lieutenant au régiment de Poitou, mourut à ce même siége de Philisbourg.

4923. DURFORT (François-Aimery de), marquis de Civrac, menin de Monseigneur le Dauphin, colonel lieutenant de celui de royal-vaisseaux, et maréchal de camp, blessé à l'affaire de l'Assiette en 1747, mourut à Paris au mois de décembre 1773.

4924. DURFORT (le chevalier de), aide-maréchal de la cavalerie, et depuis lieutenant général des armées du roy, fut blessé à la bataille de Rosback en 1757.

4925. DURFORT (Louis-Charles, vicomte de), chevalier de Saint-Louis, mestre de camp, lieutenant d'une brigade de carabiniers, fut tué à la bataille de Minden en 1759.

L'une de nos plus grandes familles de France, originaire des provinces de Guyenne et de Foix et qui a formé les branches de Durfort Duras, Dufort-Civrac et de Durfort-Lorges. Armes : Écartelé aux 1 et 4 d'argent à la bande d'azur (*Durfort*) aux 2 et 3 de gueules, au lion d'argent (Lomagne).

4926. DURHOLTZ (Jean), officier suisse au service du roy, tué au siége de Die en 1575.

4927. DURIER (le s^r), capitaine au régiment de Piémont, tué en 1634 au siége de Heidelberg.

4928. DURIN (David), d'abord sous-lieutenant au régiment de Fischer, puis lieutenant dans celui de Conflans, fut blessé à l'affaire du Wetter en 1759, et à Glodenback en 1761.

4929. DURY, meurtrier, eut la cuisse coupée au siége de Verue, en 1704, où il sauta en l'air par l'effet d'une mine.

4930. DUSARD (le s^r), sous-lieutenant de grenadiers au régiment Royal-Comtois, tué au siége du fort Saint-Philippe en 1756.

4931. DUSSART (le s^r), lieutenant au régiment Dauphin, tué au siége de Mayence, soutenu au mois de septembre 1689, par le marquis d'Uxelles contre le duc de Lorraine.

4932. DUSAX. *Voy. Saix* (du).

4933. DUSSANT (le s^r), capitaine aux grenadiers de France, tué à la bataille de Minden en 1759.

4934. DUVERNY, capitaine au régiment de Flandres, blessé le 18 aoust 1690, à la bataille de Staffarde.

4935. DUVINCOURT (le s^r), chevau-léger de la garde du roy, blessé à la bataille de Dettingen en 1743.

4936. DUVYER (Denis), volontaire au regiment de Berwick, puis quartier-maître dans celui de Bulkeley, blessé à la bataille de Laufeldt en 1747, le fut encore à Marbourg le 14 février 1760.

4937. DUZÈS (le s^r), lieutenant au régiment d'Aquitaine, eut une jambe emportée à la bataille de Minden en 1759.

4938. DYEL (René), tué par les Espagnols en 1627, à la défense de Christophe, où il commandoit une compagnie.

4939. DYEL (Nicolas), capitaine de vaisseau, tué à la défense de Saint-Christophe (vraisemblement en 1690).

4940. DYEL (René), son neveu, capitaine de cavalerie, tué à l'armée, sous Louis XIV.

> Il existe encore une famille du nom *Dyel de Graville*, en Normandie, à laquelle, nous le supposons, appartiennent les précédents. — Armes : d'argent au chevron brisé de sable, accompagnée de trois trèfles d'azur.

4941. DYNIE (Jean), écuyer, tué à la bataille de Poitiers en 1356.

4942. Dynori (le capitaine), servant dans les vieilles bandes, tué au siége de Sancerre en 1573.

4943. Dyon (Noël-Eléonor-Polatio de), baron de Montpeiroux, dit le comte de Montpeiroux, colonel d'un régiment de son nom, mort des blessures qu'il reçut à Lichtemberg en 1578. (V. de Montpeiroux, dont peut-être cette citation concerne la famille.)

4944. Dyon de Pirieux (Jean-Dominique), chevalier de Saint-Louis, major du régiment de Penthièvre-infanterie, blessé au siége de Prague en 1742.

> Peut-être ces deux dernières notices sont-elles applicables à la famille de Dyon de Ricquebourg originaire de Flandres, habituée de Champagne.

E

4945. Ebechard (le sr), enseigne au régiment Prince-Lubomirsky, corps des Saxons : blessé à la bataille de Minden en 1759.

4946. Ebiner (le sr), enseigne au régiment de Courten-suisse, tué à la bataille de Fontenoy en 1745.

4947. Eblinghem (le sr d'), capitaine au régiment de la Marck, blessé à la bataille de Rosbach en 1757.

4948. Ebrard de Saint-Sulpice (Armand d'), jeune seigneur fort aimé du duc d'Alençon (disent les historiens du temps), fut tué au siége de la Rochelle en 1573, portant l'enseigne colonel de l'infanterie françoise.

4949. Ebrard (Bertrand d'), baron de Saint-Sulpice, chevalier des ordres du roy, gentilhomme ordinaire de sa chambre, capitaine de cinquante hommes d'armes de ses ordonnances, sénéchal et gouverneur de Rouërgue et de Quercy,

mourut au château de Bone, en Angoumois, le 2 novembre
1587 d'une blessure qu'il reçut à la bataille de Coutras où il
eut une jambe brisée d'un coup de canon.

> La famille Ebrard Saint-Sulpice étoit du Quercy. Le père ou l'oncle de
> ceux-ci avoit été ambassadeur en Espagne sous Charles IX ; mais outre
> ces deux victimes de nos guerres civiles du XVIe siècle, un autre du
> même nom et sans doute le frère de ceux-ci « le fils aîné du seigneur
> Saint-Sulpice, *dit L'estoile,* fut tué le 15 décembre 1576 en la basse-cour
> du château de Blois par le vicomte de Tours, beau-frère de Fizes, secré-
> taire d'Estat, parce que ledit Saint-Sulpice lui avoit reproché de n'être
> pas gentilhomme, et le roi fit démonstration de grand malcontentement,
> parce que le père du mort avoit été gouverneur du duc d'Alençon. »

4950. Ecossois du Valès (Jean l'), lieutenant-colonel du
régiment Soissonnois, chevalier de Saint-Louis et brigadier
des armées du roy, blessé à la bataille de Guastalla en 1734,
et dans un détachement, près du fort Louis du Rhin en 1744,
le fut encore à la bataille de Laufeldt en 1747.

4951. Ecossois (François l'), chevalier de Saint-Louis, lieutenant-colonel du régiment de Normandie, brigadier des
armées du roy et gouverneur de la citadelle de Dunkerque'
reçut plusieurs blessures à l'attaque de l'ouvrage à corne de
Raverstein, d'où il chassa les ennemis qui s'y étoient logés.

4952. Ecures (le sr des), lieutenant au régiment de Navarre,
blessé à la bataille de Raucoux en 1746.

> Famille de ce nom en Bourbonnois et dans l'Ile-de-France, déclarée
> noble et issue de noble race par ordonnance de M. Lambert d'Herbigny,
> maître des requêtes et commissaire départi dans la généralité de
> Moulins du 12 mai 1667, porte : de sinople à une croix d'argent anchrée,
> chargée au milieu d'une étoile à huit rais de sable.

4953. Ecuyer de la Popotière (Denis de l'), chevalier de
Saint-Louis, capitaine au régiment de Piémont, blessé au
combat de Lahay et à la défense de Prague en 1742, fut tué
à la bataille de Rosbach en 1747.

4954 à 4958. Ecuyer de la Popotière (René de l'), son frère, chevalier de Saint-Louis et capitaine au même régiment, fut blessé à la même bataille.

Plusieurs familles du nom de l'Ecuyer dans le Perche, dans le Soissonnois, en Champagne, en Normandie, en Bretagne et dans l'Ile-de-France.

4959. EFFINGER (le s^r), capitaine au régiment de Bettens-suisse, blessé aux batailles de Fontenoy et de Laufeldt en 1745 et 1747.

4960. EGEMBERGER (le s^r), au régiment de Vigier-suisse, blessé dans la guerre d'Italie en 1746.

4961. EGMONT (le s^r d'), chevalier de Saint-Louis, lieutenant de vaisseau du roy en 1786, blessé sur *le Sphinx*, dans le combat du bailly de Suffren, aux Indes, contre l'amiral Hughes, le 20 juin 1782.

4962. EGREFEUILLE (le s^r d'), capitaine au régiment de Navarre, tué au combat de Lintz en 1742.

4963. EGREFFIN (le s^r), sous-lieutenant au régiment de Navarre, blessé au combat de Senef en 1674.

4964. EGREFFIN (le chevalier d'), capitaine de frégate du port de Rochefort, mort au Mississipy sur *le Pélican*, commandé par M. Guimon du Coudray, le 13 aoust 1704.

4965. EGREVILLE (le marquis d'), officier supérieur de gendarmerie, blessé d'un coup de bayonnette à la bataille de Minden en 1759.

4966. EIROUX (Joseph-Etienne d'), capitaine au régiment de Provence, tué au service, en Sicile, en 1677.

4967. ELBÉE (Philippe d'), seigneur de Pinville, garde de la manche du roy, tué à la bataille de Malplaquet en 1709.

4968. ELBÉE DE SABLONIÈRES (Henry-François, chevalier d'),

chevalier de Saint-Louis, capitaine au régiment de Penthièvre-dragons, puis lieutenant-colonel en 1791 et colonel en 1792 des chasseurs de Bretagne, fut grièvement blessé à la bataille de Fontenoy en 1745, reçut encore un coup de sabre sur la tête à celle de Rosbach en 1757, et plusieurs autres sur les mains en défendant son étendard qu'il conserva malgré le nombre et l'incommodité de ses blessures. — (Il eut deux oncles, dont l'un fut tué au siége de Verüe en 1701, et l'autre y fut blessé à la tête des grenadiers.)

Famille de la Beauce : d'argent à trois fasces de gueules.

4969. ELBÈNE (Albert d'), panetier du roy, fut tué à la bataille de Marciano en 1554.

4970. ELBÈNE (François d'), gentilhomme ordinaire de la chambre du roy et guidon de la compagnie des gendarmes du duc de Mayenne, fut tué au siége de la Rochelle en 1573.

4971. ELBÈNE (Alexandre d'), chevalier des ordres du roy, gentilhomme ordinaire de sa chambre, conseiller en son conseil privé, capitaine de cinquante hommes d'armes de ses ordonnances, colonel de l'infanterie italienne en France et premier maître d'hôtel de la reine, grièvement blessé au même siége de la Rochelle, le fut encore d'une mousquetade à celui de la Fère en 1580, il mourut en 1607.

4972. ELBÈNE (Albert d'), tué en combattant contre les reitres, sous les ordres du duc de Guise.

4973. ELBÈNE (N... d'), lieutenant au régiment de Normandie, blessé d'une mousquetade au siége du pont d'Estoir en 1643, fut tué en la même année à celui de la citadelle d'Ast. (*Mercure* de 1643.)

Originaires de Toscane, tinrent de hauts emplois en France dès le XVIe siècle : armes : d'azur à deux bâtons fleurdelisés et arr. d'argent passés en sautoir. Devise : *El piu fidele!*

4974. Eller (le s^r), du canton d'Ury, capitaine de grena-diers au régiment de Bettens-suisse, fut dangereusement blessé au siége de Namur en 1746.

4975. Eltouf de Pradines (Edmond d'), capitaine de ca-valerie, fut tué en Hongrie.

4976. Eltouf de Pradines (Baptiste d'), chevalier, comman-deur de l'ordre de Malte et capitaine d'une compagnie de chevau-légers, tué pendant le siége de Pignerol.

4977. Eltouf de Pradines (Jean-Charles d'), son frère, mes-tre de camp d'un régiment de cavalerie, tué d'un coup de canon au siége de Vérüe en 1625, où il commandoit un corps d'infanterie, d'après les documents de cette famille ; mais suivant un autre mémoire très-ancien, ce fut Nicolas d'El-touf de Pradines, son autre frère, qui fut tué à ce siége.

4978. Eltouf de Pradines (Nicolas d'), chevalier de Malte, tué en Flandres au commencement des guerres du règne de Louis XIII.

4978 *bis*. Eltouf de Pradines (Claude d'), baron de Sirot, co-lonel d'un régiment de cavalerie, puis lieutenant général des armées du roy, mourut le 8 avril 1652 de la blessure qu'il reçut à une barricade du pont de Gergeau : il eut la réputa-tion d'un grand homme de guerre. Ce fut lui qui, étant com-mandant à Prague pour l'empereur, fit prisonnier l'électeur Palatin, roy de Bohême, ainsi que le roy de Suède à la bataille de Leipsick en 1642.

4979. Eltouf (Pierre d'), baron de Pradines, aide de camp du duc d'Enghien, tué à la bataille de Senef en 1674.

Les Eltouf de Pradines, famille de Champagne, maintenue dans sa noblesse par ordonnance de M. Bouchu, commissaire départi dans la généralité de Dijon, du 20 mars 1669, et dont les titres remontent à Guil. d'Eltouf en 1316;—portent : Ecart. aux 1 et 4 d'or à deux chevrons de sable, accompagnés au chef d'un lambel de gueules, aux 2 et 3 contre écart. d'argent et de sable, à la bordure engrel. de gueules.

4980. Embert (Heymonnet), écuyer, tué à la bataille de Poitiers en 1356.

4981. Emergey (François-Jean), dit *le chevalier de Mergey*, chevalier de Saint-Louis, lieutenant avec rang de capitaine au corps des carabiniers, blessé d'un coup de feu à l'épaule à la bataille de Minden en 1759, obtint sa retraite en 1776.

4982. Emery (le s' d'), lieutenant au régiment de Champagne, tué au combat de Steinkerque en 1692.

4983. Emery de Boislogé Jean), chevalier de Saint-Louis et lieutenant d'artillerie, reçut plusieurs blessures dans les guerres de Louis XIV.

Famille de Normandie de sable au croissant d'or, accompagné de cinq molettes du même, posées 2 et 1.

4984. Empereur (le s' d'), capitaine au régiment de Piémont, tué en 1668 à l'attaque de la ville et du château de Genappe.

En 1668, le Roi fit faire la conquête de la Franche-Comté au mois de février. Pendant ce temps le marquis de Bellefond, lieutenant-général qui commandoit un camp du côté de Charleroy, prit la résolution d'attaquer Genappe et son château; c'est pourquoi M. de Montal, gouverneur de Charleroy, sortit avec le régiment de Piémont et huit compagnies de Rambure, pour joiudre M. de Bellefond devant cette place. Y étant arrivé le 10 mars, Piémont en fit l'approche, qu'il poussa avec tant de valeur et de succès que le 13 à cinq heures du soir, ceux du château capitulèrent. Le régiment perdit devant cette place, le S' l'Empereur de la Fournée, capitaine qui fut tué dans la tranchée d'un coup de mousquet à la tête. (*Hist. du reg. du Piémont.*)

4985. Empereur d'Olizy (Pierre l'), seigneur de Morfontaine, capitaine au régiment du Reynel-infanterie, blessé à la bataille de Senlis, sous Henry III.

4986. Empereur (Michel l'), seigneur de Courteaux, tué à son château de Courteaux, où il tenoit garnison pour le service d'Henry IV, par un parti détaché de l'armée du prince de Parme, et sa maison fut pillée et brûlée, ce qui est constaté par une enquête du 18 avril 1622.

4987. EMPEREUR (Claude l'), son frère, seigneur de l'Etang, tué au siége de Paris.

La famille l'Empereur de Morfontaine, de Champagne et Bourgogne avoit été maintenue dans sa noblesse par sentence du 16 août 1533, portoit : d'azur à une aigle éployée d'argent, à la fasce de gueule brochant sur le tout et accompagnée en pointe d'une croix de chevalier d'or à six branches, suspendue à un cordon de gueules. — La famille l'Empereur de Saint-Pierre, de Picardie, porte : d'azur à une croisette patée et alésée d'argent.

4988. ENFANT (Pyrrhus l'), seigneur de la Patrière, chevavalier de l'ordre du roy, gentilhomme ordinaire de sa chambre, capitaine de cent chevau-légers, grand-maître des eaux et forêts du comté de Laval et commandant au château du ....., fut blessé en 1590 devant le château de Sours en Beauce, et mourut dans l'intervalle des années 1595 et 1599.

Un ancien mémoire sur cette famille l'Enfant porte que les seigneurs de la Patrière avoient droit de donner grâce aux chaudronniers qui avoient mérité la mort et pouvoient les tirer du gibet : que pour cela les chaudronniers qui passoient à deux lieues à la ronde de cette maison, étoient obligés d'y venir demander s'il n'y avoit rien à *rhabiller!* et qu'ils devoient attacher une pièce avec trois clous à la grande porte du pont levis ; que cet usage se pratiquoit encore l'an 1659, mais que le titre de ce droit s'étant égaré, les chaudronniers ne rendoient ces devoirs que par ancienne coutume. Les l'Enfant portoient : d'or à trois fasces de gueules.

4989. ENGLES (le s^r de l'), lieutenant au régiment d'Argentré, blessé à la journée du 23 août 1762.

4990. ENGLISPERY (Huges-François d'), du canton de Fribourg, lieutenant au régiment de Pfiffer, blessé au siége de Lille en 1708.

4991. ENNEQUIN (Geoffroy d'), (mieux : HENNEQUIN. *Voy.* ce nom), tué au combat de Cocherel en 1364.

4992. ENTRAGUES (le capitaine d'), tué au siége de Montauban en 1563 (de Thou).

4993. ENTRAGUES (le seigneur d'), de la province de Languedoc, et du parti du roy, blessé devant Sommières en 1575.

4994. ENTRAGUES (le marquis d'), lieutenant de vaisseau du port de Toulon, tué sur *le Conquérant*, le... octobre 1679.

4995. ENTRAGUES (d'), enseigne de vaisseau du port de Toulon, périt à la coste d'Espagne sur *l'Hirondelle*, commandé par M. le comte d'Estrées, le 5 février 1683.

4996. ENTRAGUES (le s^r d'), mousquetaire de la garde du roy, blessé au siége de Mons en 1691.

4997. ENTRAGUES (Jean d'), chevalier de Saint-Louis, lieutenant de grenadiers avec rang de capitaine au régiment de Sonnemberg-suisse, ci-devant Reding, blessé à la bataille de Rosbach en 1757.

Les BALZAC D'ENTRAGUES ont leurs mentions au nom de BALZAC : cependant cette maison pourroit sans doute revendiquer encore ici quelque chose, mais, outre ceux-ci, plusieurs autres familles ont pris et porté le nom d'Entragues. Les d'Entragues du Lyonnois : d'or au lion de gueules ; les d'Entragues du Pin : de gueules à la tour d'argent, maçonnée d'or, et les Delaunai d'Entragues du Vivarais : d'or à un lion de gueules, orné, lampassé et couronné de sable avec bordure d'Hermine, à un chef d'azur, chargé de trois fleurs de lys d'or. De cette dernière maison sortoit ce comte d'Entraigues, célèbre par le rôle politique qu'il joua longtemps et par sa liaison avec l'actrice Mme Saint-Huberty, qu'il finit par épouser, et avec laquelle il fut assassiné, à Londres, le 22 juillet 1812.

4998. ENTREMONT (*le comte* d'), en Picardie, tué au siége de Sommières en 1575.

Une des meilleures noblesses de Normandie, dont le nom étoit Saint-Germain d'Entremont.

4999. ENVILLE (le duc d'), lieutenant général des armées navales, mort à Chibouctou, à l'Acadie, le 27 septembre 1746.

Malgré la précision de cet article, nous devons dire que nous n'avons rien trouvé sur le personnage qu'il concerne.

5000. Eon (Pantaléon d'), né à Ravières en 1338, d'une famille ancienne autrefois, établie en Bretagne, en Champagne et en Bourgogne, servit dans les grandes compagnies et fut blessé au combat de Brignois.

5001. Eon (Jean-Baptiste d'), écuyer, né à Nuits-sous-Ravières, en Bourgogne, le 20 octobre 1408, fit les campagnes de France contre les Anglois en 1428 et années suivantes, officier d'infanterie au combat d'Aplon en Dauphiné, fut tué en Guyenne en 1453.

5002. Eon (André d'), petit-fils du précédent, écuyer, né à Ravières en 1517, servit en 1537 dans l'armée de Piémont, commandée par Henri, Dauphin de France, et se distingua au Pas-de-Suze où il fut fait officier de vingt-cinq hommes d'armes. — Servit dans l'armée du duc de Guise, au siége de Metz en 1552, et fut tué en 1554 à la bataille de Renty, après avoir dépensé son patrimoine au service.

5003. Eon de Germigny (Michel d'), chevalier de Saint-Louis et l'un des vingt-cinq gentilshommes gardes de la manche du roy, fut blessé si considérablement à la bataille de Dettingen en 1743, que l'on fut obligé de lui scier trois côtes : il mourut le 20 août 1752.

5004. Eon de Beaumont (Charles-Geneviève-Louise-Auguste-Andrée-Timothée d'), si célèbre sous le nom de la chevalière d'Eon, réputé longtemps pour fille, né à Tonnerre, le 5 octobre 1728; écuyer, chevalier de Saint-Louis, capitaine de dragons et des volontaires de l'armée, aide de camp du maréchal et comte de Broglie, docteur en droit civil et en droit canon, avocat au parlement de Paris, censeur royal, secrétaire d'ambassade, puis ambassadeur extraordinaire et plénipotentiaire de France près la cour de Russie, se trouve au combat d'Ultrop près de Soëst, où il est blessé à la tête et à la cuisse ; mort à Londres le 21 mai 1810, après la vie la plus extraordinaire et la plus agitée. Le procès-verbal de son autopsie, dressé par le P. Teizet, premier chirurgien du comte de Provence (Louis XVIII), établit de la façon la plus péremptoire que le chevalier d'Eon étoit bien du sexe masculin.

On sait que cette famille, qu'a si singulièrement signalée le personnage qui précède, originaire, de Bretagne, habituée de Bourgogne et de Champagne, portoit : d'argent au lion de sable.

5005. EPERVIER (le s¹), lieutenant de grenadiers au régiment de Picardie, blessé d'un coup de feu dans l'aîne à la bataille de d'Hastembeck en 1757, eut le bras emporté d'un boulet de canon à l'affaire d'Arnembourg en 1762, étant alors capitaine au même régiment, et mourut de cette blessure.

5006. EPINAY (de l'), lieutenant de vaisseau du port de Rochefort, mort au fort royal de la Martinique le... janvier 1721.

5007. EPINE (le chevalier de l'), chevalier de Malte et lieutenant de vaisseau, reçut deux blessures à la tête et à l'épaule, dans le combat que le vicomte de Montguiot soutint en Amérique contre une frégate angloise le 28 juillet 1782, et cet officier y étant été tué, il prit le commandement de *l'Amazone*.

5008. EPINE (Pierre de l'), tué au combat de Cocherel en 1364.

5009. EPTINGEN (Conrad-Henry-Antoine, *baron* d'), d'abord major du régiment Royal-allemand, puis colonel de celui d'Eptingen et maréchal de camp, fut grièvement blessé au combat de Corback en 1760.

5010. ERARD (Louis-Augustin), baron du roy, chevalier de

Saint-Louis, commandant dans l'Inde et brigadier des armées du roy, tué à la bataille de Berghen en 1759.

5011. ERARD (le sr d'), mousquetaire de la garde du roy, blessé à la bataille de Dettingen en 1743.

5012. ERLACH (Jean d'), tué dans l'armée du roy devant Milan en 1523.

5013. ERLACH (Jacques d'), grièvement blessé à la bataille de Pavie en 1525, servant aussi dans les troupes du roy, mourut peu de temps après en cette ville.

5014. ERLACH (Jean-Rodolphe d'), baron de Spietz, seigneur de Hosteried, (?) conseiller d'Etat de Berne, fut aussi blessé dangeureusement à la même bataille.

5015. ERLACH (Wolfgang d'), tué en 1595 au combat de Guines, près de Quimperlé, servant dans le parti du roy.

5016. ERLACH (Gabriel d'), capitaine au service de France, mort à Arnheim, des blessures qu'il reçut près de Bordengrave en 1673.

5017. ERLACH (Jean-Jacques d'), lieutenant général des armées du roy, reçut un grand nombre de blessures dans les guerres de Louis XIV, et mourut le 29 octobre 1694.

5018. ERLACH (Jean-Barthélemy d'), son fils, capitaine aux gardes-suisses, mort le 10 août en 1693, des blessures qu'il reçut à la bataille de Nerwinde.

5019. ERLACH (Imbert d'), tué en Catalogne, servant dans le régiment d'Erlach.

5020. ERLACH (Victor d'), capitaine aux gardes-suisses, blessé à la bataille de Judoigne en 1706.

5021. ERLACH DE SCHADAU (Gabriel d'), du canton de Berne,

lieutenant-colonel du régiment de Bettens-suisse, avec rang de colonel et brigadier des armées du roy, mort à Louvain le 18 juillet 1747, des blessures qu'il reçut à la bataille de Laufeldt.

> Le nom d'Erlach est celui de l'une des plus anciennes familles suisses, mais dont les services, selon les traditions du pays, furent souvent assurés « aux mieux payants. » On voit par le nombre de ceux de cette maison qui versèrent leur sang pour notre pays, qu'ils s'attachèrent principalement à la France. Le régiment de ce nom a laissé de fâcheux souvenirs en Champagne, où, pendant les guerres de la Fronde, il a commis les plus grands excès. — Armes : de gueules au pal d'argent chargé d'un chevron d'or.

5022. ERMAND (N... d'), seigneur de Grandmaison, capitaine aux gardes-françoises, tué au siége de la Fère en 1596.

5023. ERNECOURT (François d'), baron de Montreuil, lieutenant-colonel du régiment de Bettancourt, tué au siége de Saint-Omer sous Louis XIV.

5024. ERNEMONT (le s^r d'), blessé au siége de Dunkerque en 1658.

5025. ERNEST (Jean-Thomas), chevalier de Saint-Louis, capitaine au régiment de la Marck, tué à la bataille de Laufeldt en 1747.

> Famille suisse : d'or au bélier naissant de sable.

5026. ERNEVILLE (le s^r d'), capitaine des volontaires, blessé au siége de Savannah en 1779.

5027. ERVIEUX (le chevalier d'), chevalier de Saint-Louis, capitaine au régiment de Bresse, fut blessé en deux endroits, *à la battcrie*, dans le combat de la *Belle-Poule* du 15 juillet 1780, contre un vaisseau de 64 canons dans les environs du Croisic.

5028. ESARIELLES(d'), (V. d'Ambly).

5029. ESCALETTE (le s^r de l'), chevalier de Saint-Louis, capitaine de vaisseau, se trouva dans un combat (probablement à celui du Vigo), où le vaisseau qu'il montoit étant en feu, il ne voulut jamais le quitter, quoiqu'il fut évident qu'il alloit périr; mais afin que son action ne fût pas sans fruit pour le service du roy, il prit la résolution de s'accrocher à l'amiral *Rouge* d'Angleterre, pour le faire sauter avec lui, ce fut dans le moment où il ordonnoit la manœuvre, qu'il fut blessé de trois coups mortels.

5030. ESCALIN-ADHEMAR (Louis), baron de la Garde, capitaine de cinquante hommes d'armes des ordonnances du roy, tué au combat des quinze galères de France contre pareil nombre de celles d'Espagne, en 1638; il étoit petit-fils du général des galères de ce nom.

5031. ESCARS (Jean d'), comte de la Vauguyon, prince de Carency, chevalier des ordres du roy, gentilhomme ordinaire de sa chambre, conseiller d'État en son conseil privé, capitaine de cent hommes d'armes de ses ordonnances, lieutenant général de ses armées en Bretagne, gouverneur, grand sénéchal et maréchal de Bourbonnois, gouverneur de Montlhéry, lieutenant général et commandant en Guyenne, Agenois, Périgord et Quercy, reçut plusieurs blessures dans les guerres de son temps, et mourut en septembre 1591.

5032. ESCARS (Jean-François, vicomte), chevalier de Saint-Louis, colonel du régiment Escars-cavalerie, et maréchal de camp en 1761, fut blessé de quatre coups de sabre à la bataille de Rosback en 1757.

5033. ESCARS (Louis-Nicolas, marquis d'), chevalier de Saint-Louis, colonel du régiment d'Escars en 1747, puis colonel aux grenadiers de France en 1749, colonel du régiment de Normandie et lieutenant général des armées du roy, fut blessé d'un coup de feu et de plusieurs coups de sabre à la bataille de Clostercamps en 1760.

5034. Escars (le marquis de Pérusse d'), chevalier de Saint-Louis, capitaine de vaisseau du roy, tué au combat naval du 2 avril 1782, aux Antilles.

5035. Escars (le vicomte d'). *Manque la notice.*

Le nom de cette grande et ancienne maison est Pérusse; son origine se perd dans les premiers temps de notre histoire; on la suppose d'Italie, de la ville même de Pérusse qui lui auroit donné son nom. Le nom de Cars, d'Escars et souvent Descars, lui vient d'une terre érigée en comté par lettres de Charles IX, du mois de mars 1561. Le P. Anselme a donné la généalogie de MM. de Cars; cette maison est divisée en trois branches principales : 1° Les seigneurs, barons, puis comtes de Cars; 2° les barons de Caubon comtes, puis ducs de Cars, qui est encore aujourd'hui représentée; — et les seigneurs de la Vauguyon, princes de Carency, dont le dernier est mort s. post. en septembre 1595.—Armes : De gueules au pal de vair appointé.

5036. Escatelle (l'), lieutenant de vaisseau du port de Rochefort, noyé sur la Barre de Bayonne, passager sur *la Jolie*, commandé par le chevalier de la Ralde, le 21 novembre 1702.

5037. Escaynac (Jean d'), capitaine au régiment de Vivonne, fut grièvement blessé dans les guerres de Louis XIV, ce qui l'obligea de quitter le service en 1686.

5038. Escaynac-Goujonnac (François d'), son frère, major du régiment de Guiche, fut tué sur le canal de Bruges en 1690, faisant les fonctions de major général de l'armée du maréchal d'Humières.

5039. Escaynac (Antoine d'), autre frère, brigadier des armées du roy et lieutenant colonel du régiment de Coëtquen, tué au siège de Lille en 1708.

5040. Escaynac (Mathurin d'), leur neveu, lieutenant au régiment de Guiche, mort à l'armée de Flandres en 1690.

5041. ESCAYRAC (Charles d'), frère du précédent lieutenant au même régiment, tué à la bataille de Nerwinde en 1693.

5041 *bis*. ESCAYRAC (Jean d'), chevalier de Lauture, lieutenant au régiment de Navarre, blessé au siége de Prague en 1742, mourut peu de temps après.

Ancienne famille du Quercy, qui a ses représentants : d'argent à trois bandes de gueules, au chef d'azur, chargé de trois étoiles d'or.

5042. ESCAZEFORT (d'). V. Descasefort.

5043. ESCHALLARD DE LA MARCK (Henry-Robert), comte de la Marck et de Bernive, colonel du régiment de Picardie, puis maréchal de camp et gouverneur de Voërden, reçut trois coups de feu dans sa cuirasse et un à la cuisse, à l'expédition de Gigery en 1664, et fut tué à la bataille de Consarbrick en 1675.

5044. ESCHALLARD (chevalier de la Marck), son frère fut blessé aussi en 1644, à ladite expédition de Gigery.

Les Eschallard, du Poitou, portoient : d'argent à trois pals de sable.

5045. ESCHER (Jean-Henry), enseigne aux gardes-suisses, blessé à la bataille de Lens en 1648.

5046. ESCHER DE KEFFIKEN (Henry), chevalier de l'ordre du mérite militaire, lieutenant-colonel du régiment de Lochmann, avec rang de colonel, fut blessé à la bataille de Creweldt en 1758.

5047. ESCHER DE HUCHS DE ZURICH (Jean-Georges), lieutenant aux gardes-suisses avec rang de colonel, tué à la bataille de Fontenoy en 1745.

Famille suisse, longtemps au service de France. Armes : Tranché de gueules et d'or, la gueule chargée d'un lion d'or.

5048. ESCHEUBACHER (le s^r), lieutenant au régiment d'Alsace, blessé à la bataille de Clostercamps en 1760.

5049 Escodéen (Pierre d'), baron de Boine, chevalier de l'ordre du roy, gentilhomme ordinaire de sa chambre, capitaine des cent hommes d'armes de ses ordonnances, colonel du régiment de Navarre, maréchal de camp, conseiller d'Etat d'épée, gouverneur de la citadelle de Bourg en Bresse, des villes et châteaux de Beaune, de Pont-de-Veyle et de Monthurt et gouverneur de Monsieur, frère du roy ; en 1615 fut dangereusement blessé au bras, au siége de Dreux en 1593, et fut assassiné en 1621.

5050. Escornilles (Adrien d'), seigneur de la Manche et de Charmois, commandant de bataillon au régiment de Bourgogne, tué à la bataille de Sintzim en 1674.

5051. Escornilles (Henry d'), mort au siége de Condé en 1676.

5052. Escorts (le sʳ d'), officier au régiment d'Enghien, tué au siége de Fribourg en 1644. (*Mercure* de 1644.)

5053. Escossé (Hugues d'), chevalier, fut grièvement blessé au retour de la bataille de la Massoure en 1249, *là il fut navré* (dit Joinville), *de trois graves plaies au visage et ailleurs.*

5054. Escot (le seigneur de l'), tué à la journée des Harengs en 1429.

5055. Escot (le sʳ de l'), lieutenant des gardes d'Enghien, fut tué à la tête des enfants perdus au siége de Thionville en 1643. (*Mercure* de 1643.)

5056. Escot (le marquis d'), colonel à la brigade d'Artois, blessé, le 18 aoust 1690 à la bataille de Staffarde.

5057. Escotais (Louis-Joseph des), dit *le bailly de Chantilly*, chevalier de Malte, lieutenant général des armées du roy et gouverneur de l'isle de Rhé, blessé à la bataille de Dettingen en 1743.

5058. Escoubleau (François d'), marquis d'Allaye, reçut, au siége de Renty, en 1638, une mousquetade à travers les reins, dont il mourut 20 heures après.

5059. Escoubleau (François d'), marquis de Sourdis, chevalier des ordres du roy en 1688, et lieutenant général de ses armées, blessé à la bataille de Consarbrick en 1675, mourut le 21 septembre 1707.

> D'Escoubleau étoit le nom de la maison de Sourdis.—Les d'Escoubleau de Sourdis sont éteints aujourd'hui. M. de Bourbevel, en épousant la dernière Sourdis, a relevé ce nom.— Armes : Parti d'azur et de gueules à la bande d'or brochant sur le tout.

5060. Escoudaures (d'). V. Descoudaures.

5061. Escounevelle (Jean d'), tué à la bataille d'Azincourt en 1415.

5062. Escoyeux (le chevalier d'), capitaine de vaisseau du port de Dunkerque, mort de sa blessure, commandant *le Triton*, le 5 novembre 1705.

5063. Escoyeux de Messat (d'), enseigne de vaisseau du port de Rochefort, tué aux Isles sur *l'Emporté*, commandé par M. de Montbault, le 28 octobre 1699.

5064. Escrametot (Jacques d'), seigneur des *Hommes*, tué au siége de Rhimberg, sous Louis XIV.

5065. Escro ou d'Escrot (le seigneur d'), du Comté de Nice, colonel de six enseignes italiennes, tué à la bataille de Cérisolles en 1544.

5066. Esculis (d'), enseigne de vaisseau du port de Dunkerque, tué sur *le Mars*, le 12 may 1707.

5067. Escures (Claude des), seigneur de la Vivaire, tué au service du roy, pendant le siége de Montrond en 1652.

5068. Escures (le s^r d'), lieutenant de vaisseau, blessé sur *la Sibille,* dans le combat du comte de Kergariou du 2 janvier 1783.

> Famille du Bourbonnois, à laquelle s'applique, pensons-nous, la mention du n° 4956 et la note dont nous l'avons fait suivre.

5069. Escuyer (le s^r l'), capitaine au régiment de Guiche, tué au siége de Fribourg en 1644. (*Mercure* de 1644.)

5070. Esguillon (le s^r d'), capitaine au régiment de Navarre, blessé au combat de Senef en 1674.

5071. Esguilly (le baron d'), blessé d'une mousquetade au visage, au combat des quinze galères de France contre pareil nombre de celles d'Espagne en 1638. (*Mercure* de 1638.)

5072. Esmalleville (Robert-Vincent, *marquis* d'), chevalier de Saint-Louis et capitaine au régiment Royal-infanterie, eut une jambe emportée à la bataille de Spire en 1703.

5073. Esmalleville (Pierre-Alphonse d'), capitaine dans le régiment de marine, tué d'un coup de canon l'an 1719, à la tête de sa compagnie, au siége d'Iron, près de Fontarabie.

> Bonne famille de Normandie dont les titres généalogiques remontent au XIIIe siècle. Le marquisat d'Esmalleville, érigé en faveur de Robert et pour récompenser ses services, par lettres du 18 avril 1725, porte : D'azur à un chef d'argent, endenté, et chargé d'un lion léopardé de gueules.

5074. Esmerny (Erart d'), chevalier, que Joinville qualifie *Monseigneur* dans son *histore de Saint-Louis,* fut blessé d'une épée qui lui trancha le nez (au point, dit cet auteur), qu'il lui tomba sur la bouche, et mourut de cette blessure en 1250.

> Le P. Daniel le nomme Sugerai.

5075. Espagne (le s^r d'), capitaine au régiment de Picardie, blessé à la bataille de Parme en 1734, mourut à Montpellier en 1738.

5076. ESPAGNE DE RAMEFORT (Orrupe d'), fut blessé à mort en 1689, d'un coup d'arquebuse, dans une rencontre, servant dans le parti du roy (de Thou).

5077. ESPAGNE DE VENNEVELLES (Henry d'), marquis de Vennevelles, gentilhomme ordinaire de la chambre du roy, et commandant à Belfort, fut blessé d'un coup de mousquet au bras, au siége de cette ville, sous Louis XIV.

5078. ESPAGNE (N... d'), marquis de Vennevelles, chevalier de Saint-Louis, capitaine de grenadiers au régiment de Marsan, depuis Guyenne, avec rang de lieutenant-colonel, fut blessé au siége de Fribourg en 1744.

Famille originaire d'Anjou, dont la baronie fut érigée en marquisat par lettres de 1654 en considération des services militaires de Henri d'Espagne :— ladite baronie composée de quatorze-fiefs et mouvante du Château du Loir. —D'azur, à un peigne d'argent posé en fasce, accompagné de trois étoiles d'or, placées deux en chef et une à la pointe de l'écu.

5079. ESPAGNET (Joseph d'), chevalier de Saint-Louis, capitaine dans les grenadiers royaux de Provence, tué à l'affaire de l'Assiette en 1747.

5080. ESPAIGNY (le seigneur d'), tué à la bataille d'Azincourt en 1425.

5081. ESPALUNGUE (le sr d'), capitaine au régiment de Navarre, tué au siége de Prague en 1742.

5082. ESPANELLES (le sr d'), lieutenant-colonel du régimen de Normandie, puis capitaine aux gardes-françoises, tué au siége de Turin en septembre 1643. C'est à l'occasion de cett affaire que Turenne âgé seulement de trente-deux ans, mérita le bâton de maréchal de France.

19

5083. Esparbès (Jean et François d'), frères, chevaliers de Malte, tués en 1562 dans les guerres contre les huguenots.

5084. Esparbès (David-Bouchard d'), vicomte d'Aubeterre, baron de Pauléon, conseiller d'Etat, capitaine de 50 hommes d'armes, mort le 10 août 1593 d'un coup de mousquet qu'il avoit reçu au siége de Lisle, en Périgord.

5085. Esparbès de Lusson (Joseph d'), seigneur de la Coüarde, chevalier de l'ordre du roy, gentilhomme ordinaire de sa chambre, capitaine de 50 hommes d'armes de ses ordonnances, maréchal de ses camps et armées, capitaine d'une compagnie de sa garde, commandant à Rouen, puis à Nantes, gouverneur de Montfort-l'Amaury, mestre de camp des régiments de Picardie et de Piémont, reçut plusieurs blessures qui l'obligèrent à quitter le service; il obtint pour retraite le gouvernement de Nantes en 1598.

Il y a sur lui une notice intéressante dans la *Chronologie des mestres de camp et colonels du régiment de Piémont.* (Ms. de la Bibl. Mazar.)

5086. Esparbès de Lussan (N... d'), capitaine au régiment de la Sarre, tué au service, sous Louis XIV, à Balaguier, en Catalogne.

5087. Esparbès de Lussan (Joseph-Henry d'), marquis d'Aubeterre, maréchal de France, chevalier des ordres du roy, ministre plénipotentiaire à Vienne, ambassadeur en Espagne, ministre pour le congrès à Augsbourg, ensuite ambassadeur à Rome, fut blessé au genou à la défense de Dingelfingen, et reçut encore un coup de fusil à travers le corps à l'attaque des retranchements de Château-Dauphin.

5088. Esparbès de Lussan (Jean-Baptiste-Charles-Hubert d'), chevalier d'Aubeterre, chevalier de Saint-Louis, colonel-lieutenant du régiment royal des vaisseaux, reçut, au siége de Bruxelles, en 1746, un coup de fusil dans les reins dont il mourut une heure après.

5089. ESPARBÈS DE LUSSAN (Louis-Henry-Théophile d'), son frère, comte d'Aubeterre, dit le *comte de la Serre*, chevalier de Saint-Louis, aussi colonel lieutenant du régiment royal des vaisseaux, mourut le 27 juillet 1747, d'un coup de fusil dans les reins qu'il reçut à la bataille de Laufeldt.

5090. ESPARBÈS DE LUSSAN (Jean-Jacques-Pierre, *comte* d'), chevalier de Saint-Louis, colonel du régiment de Piémont, puis lieutenant général des armées du roy et commandant en second en Guyenne, blessé à la bataille de Rosbach en 1757.

5091. ESPARBÈS DE LUSSAN (Joseph d'), chevalier de Saint-Louis, capitaine de grenadiers au régiment de Provence, blessé aussi à la bataille de Rosbach en 1757, obtint sa retraite en 1779.

5092. ESPARBÈS DE LUSSAN (Antoine-Augustin, *comte* d'), chevalier de Saint-Louis, capitaine au régiment de Nicolaï-dragons, mourut le 16 juillet 1762 des blessures qu'il reçut le 24 juin à l'affaire de Willemstat. (V. de Lussan, que cette citation peut concerner.)

> Illustre famille de l'Armagnac qui tire son nom d'Esparbès d'un village des environs de Lectoure. Le P. Anselme, en a donné la généalogie, tom. VII, p. 448 ; — elle s'est divisée en plusieurs branches en rameaux, dont il y a des rejetons. — Porte : d'argent à la fasce de gueules, accompagnée de trois éperviers de sable.

5093. ESPAIGNY (le seigneur d'), tué à la bataille de Dreux en 1562.

5094. ESPENAN (le capitaine d'), tué au siége de Montauban en 1563 (de Thou).

5095. ESPENAN (le marquis d'), maréchal de camp et gouverneur de Philisbourg en 1644, fut blessé d'une mousquetade à l'épaule au siége de Fontarabie en 1630, et reçut une autre blessure à la tête, au siége de Thionville en 1643.(*Mercure* de 1638 et de 1643.)

5096. Esperiés (Ignace d'), lieutenant des galères de France, tué au détroit de Gibraltar, sous Louis XIV.

5097. Eperon-d'Anfreville (Nicolas l'), chevalier de Saint-Louis, capitaine au régiment d'Eu, puis dans ceux de Nivernois et de Turenne, blessé d'un coup de feu à la jambe, à la bataille d'Hastembeck en 1757.

5098. Espeyron (Vincent d'), chevalier de Saint-Louis, capitaine au régiment de Normandie, puis dans celui de Neustrie, blessé à la bataille de Clostercamps en 1760, obtint sa retraite en 1779.

5099. Espi (le seigneur d'), brave officier et commandant l'artillerie au siége de Ravenne en 1512, y fut blessé à mort.

5100. Espie (Michel d'), chevalier de Saint-Louis et capitaine de grenadiers au régiment de Picardie, puis major de Valenciennes, blessé au siége de Philisbourg en 1688.

5101. Espie (Félix-François, *comte* d'), chevalier de Saint-Louis, capitaine au même régiment, gouverneur de Muret et du fort de Saint-Lys, en la généralité d'Auch, fut grièvement blessé aux batailles de Parme et de Guastalla en 1734.

5102. Espinas (d'). V. de Lespinas.

5103. Espinasse (le sr de l'), chevalier de Saint-Louis, major du régiment, mestre de camp général dragons, eut la tête emportée d'un boulet de canon, au siége de Saint-Sébastien en 1719.

5104. Espinasse (Jean-Baptiste-Joseph, *comte* de l'), chevalier de Saint-Louis, premier lieutenant des grenadiers à cheval, avec rang de mestre de camp de cavalerie, maréchal de camp et gouverneur de Besançon, blessé en 1743 à l'affaire de Dingelfingen, mourut en son château de Croutes, près de Troyes, au mois de janvier 1804 âgé de 79 ans.

> La famille de l'Espinasse, originaire de Guyenne, portoit : fascé d'argent et de gueules. Cette maison a donné à l'État un grand nombre d'hommes de guerre distingués, parmi lesquels on compte Philibert de l'Espinasse, sire de la Clayette, qui servit sous Eudes de Bourgogne, vers 1336, et qui accompagna le sire de la Trémoille dans son excursion en Angleterre. Jean de Lespinasse qui servit également contre les Anglois en 1385, et qui mourut ou fut tué à la guerre de Hongrie en 1396. Plusieurs autres se signalèrent au XVe siècle, Philippe de Lespinasse qui fit la campagne d'Italie sous Louis XII, et l'on sait que ce nom a continué de nos jours à être glorieusement porté.

5105. Espinassy (François d'), lieutenant au régiment d'Orléans-infanterie, mort dans la guerre d'Italie en 1736.

> Famille de Provence, dont la descendance subsiste, porte : d'or à la rose de sable, accompagnée de trois boutons de rose, tigés et feuillés du même.

5106. Espinay (Nicolas d'), gentilhomme breton, tué dans les guerres d'Italie en 1507.

5107. Espinay (Claude, *marquis* d'), comte de Duretal, chevalier de l'ordre du roy, gentilhomme ordinaire de sa chambre, l'un de ses chambellans, maréchal de ses camps et armées, et capitaine de cinquante hommes d'armes de ses ordonnances, fut blessé à la bataille de Moncontour en 1569.

5108. Espinay (Antoine d'), seigneur de Broon, baron de Mollay, chevalier de l'ordre du roy, gentilhomme ordinaire de sa chambre, capitaine de cinquante hommes d'armes de ses ordonnances, et gouverneur de Dol, en Bretagne, mourut en 1592 d'une blessure qu'il y reçut en allant charger l'armée du comte de Montgommery et du capitaine de Lorges, et après avoir gagné le champ de bataille.

5109. Espinay (Valleran d'), dit *des Hayes*, seigneur de

Saint-Luc, chevalier de l'ordre du roy, gentilhomme ordinaire de sa chambre, écuyer de son écurie, gouverneur de Louviers et mestre de camp du secours envoyé à Ferrare pour le roy Henry II, obtint de ce monarque, au mois de mars 1554, une gratification de 690 francs « en considération de ses services et pour se faire guérir d'une blessure qu'il reçut étant à l'Assemblée avec le roy; » ce sont les termes du brevet, sur lequel on ne sauroit donner d'autre explication; il fut tué en 1557 à l'affaire de Gustat ou Guastalla, en Italie, et fut enterré à Modène le 10 novembre.

5110. Espinay (François d'), seigneur de Saint-Luc, *dit le brave* Saint-Luc, baron de Crevcœur, d'Arvert et Gaillefontaine, château de Cambray, premier pair du Cambrésis, grand maître de l'artillerie de France, chevalier des ordres du roy, l'un de ses chambellans, gentilhomme ordinaire de sa chambre, conseiller en son conseil privé, capitaine de cent hommes d'armes de ses ordonnances, lieutenant général au gouvernement de Bretagne, gouverneur de Brouage, d'Aunis et de Saintonge, mourut au siége d'Amiens en 1597, d'une arquebusade qu'il reçut dans la tête.

5111. Espinay (René, *marquis* d') et de Boisgueroult, comte de Rozendal, vicomte de Buffon, mestre de camp d'un régiment à la tête duquel il fut tué en 1615.

5112. Espinay (Jean d'), comte de Rozendal, mestre de camp d'un régiment, tué au combat de Senef en 1674.

5113. Espinay (François, *marquis* d'), son frère, comte de Rozendal, baron de Merlebecq, blessé au siége de Lille où il se signala, mourut en 1592.

5114. Espinay (Pierre d'), dit *le chevalier* de Ligneris, mestre de camp d'un régiment, tué au siége de Trèves en 1675.

5115. Espinay-de-Saint-Luc (Joseph d'), son frère, marquis de Ligneris, lieutenant des gardes du corps du roy, lieutenant général de ses armées, gcuverneur et grand bailly de Péronne, Roye et Montidier, eut la cuisse emportée d'un boulet de canon à la bataille de Nerwinde en 1693, où il commandoit la maison du roy, et il en mourut le 30 août de la même année.

5116. Espinay-de-Ligneris (N... d'), son autre frère, exempt des gardes du corps : au siége de Maëstrick en 1773, il fut comme enterré sous les éclats d'un fourneau qui joua dans la demi-lune, et étant au moment d'étouffer sous les terres, une nouvelle secousse du fourneau le dégagea et le rendit à la vie, mais non sans être gravement contusionné.

5117. Espinay-Saint-Luc (Antoine-Joseph d'), dit *le comte d'Epinay*, officier de cavalerie au régiment du Trône, blessé à la bataille d'Oudenarde en 1708, le fut encore dangereusement à celle de Malplaquet en 1709.

5118. Espinay, Saint-Luc (Bonaventure, dit *le marquis* d'), baron de Mézières, chevalier de Saint-Louis, capitaine du régiment de Penthièvre-cavalerie, fut grièvement blessé aux batailles de Guastalla et de Fontenoy en 1734 et 1745.

5119. Espinay (le sr de l'), capitaine de grenadiers au régiment de Vaubecourt, depuis Guyenne, tué au siége de Luxembourg en 1684.

L'*Annuaire de la noblesse* de 1846, a donné une notice étendue sur la maison de l'Espinay Saint-Luc, dont la généalogie, du reste, se trouve dans Moréri et autres recueils, nous y renvoyons le lecteur : d'argent au chevron d'azur, chargé de onze besans d'or.

5120. Espinchal (le baron d'), mestre de camp d'un régiment de cavalerie, tué en Italie en 1703

Espinchal, seigneurie en Auvergne, avec titre de baronie, laquelle a donné son nom à cette maison que de nombreux services, de belles alliances ont rendu célèbre. — D'azur à un griffon d'or, rampant, accompagné de trois épis de bled de même, posés en pal, deux en chefs et l'autre à la pointe de l'écu. D'Hozier en a donné la généalogie.

5121. ESPINE (le sr de l'), capitaine au régiment de Guiche, tué au siége de Fribourg en 1644. (*Mercure* de 1644.)

5122. ESPINEVILLE (le capitaine d'), tué au mois d'août 1555 dans un combat naval contre les Hollandois (de Thou).

5123. ESPOCY DES BORDES (Philippe d'), chevalier, commandeur de l'ordre royal et militaire de Saint-Louis, et lieutenant général des armées du roy, tué à la bataille de Fredelinghen en 1702.

5124. ESPOCY (le baron de Bordes d'), aussi chevalier, commandeur dudit ordre, lieutenant général des armées du roy, gouverneur de Philisbourg, fut tué au siége de cette ville, sous Louis XIV.

5125. ESQUILLE (Salvat d'), chevalier de Saint-Louis et capitaine de vaisseau, perdit un bras au malheureux combat de *la Hogue* en 1692, et un coup de canon lui emporta une jambe à la défense de Cadix ; il mourut commandant la marine à Bayonne.

5126. ESSARS (Pierre des), chevalier, maitre de la chambre des comptes de Paris, tué à la bataille de Crécy en 1346.

5127. ESSARS (Philippe des), seigneur de Thieux, maître d'hôtel du roy et du dauphin, maître de la chambre des comptes de Paris et capitaine du château de Meaux, fut grièvement blessé à la bataille de Poitiers en 1356.

5128. ESSARS (François des), seigneur de Meigneux, capitaine de l'ordre du roy, gentilhomme ordinaire de sa chambre, capitaine de cinquante hommes d'armes de ses ordonnances et gouverneur de Montreuil, reçut une blessure au bras dans une rencontre, vraisemblablement sous le règne de Henry II, et mourut à Corbie.

5129. Essars (Charles-François des), chevalier de Malte, tué au pont de Cé en 1652.

5130. Essars de Linières (François des), son frère, colonel d'un régiment d'infanterie, tué au siége de Candie en 1669,

5131. Essars (Adrien des), autre frère, dit *le chevalier de Linières*, sous-lieutenant aux gardes-françoises, tué au siége de Gravelines en 1658.

5132. Essars (Francois des), le jeune, seigneur de Marescot, enseigne colonel du régiment de Béthune, en Hollande, puis de celui de Courbanson, tué au siége d'Ast en 1643.

5133. Essars (François des), son frère, seigneur du Hamlet capitaine au régiment d'Aumerville, blessé à mort au siége de Rhimberg.

5134. Essars (Anne des), autre frère, chevalier de Malte, tué à l'entreprise du château de Clanleu.

5135. Essars (Jacques des), autre frère, seigneur de Meigneux, gouverneur de Montreuil-sur-Mer, blessé au bras dans une rencontre, mourut à Corbie.

5136. Essars (le s^r des), capitaine aux gardes-françoises, tué au siége de la Mothe, en Lorraine, en 1645.

5137. Essars (le s^r des), lieutenant au régiment de Navarre, blessé à la bataille de Cassel en 1677 et au siége de Luxembourg en 1684.

5138. Esselins des (ancienne maison de Picardie). V. Gascourt.

5139. Estaing (François, *comte* d'), chevalier des ordres du

roy, lieutenant général de ses armées et au gouvernement
du pays Messin et de Vermandois, gouverneur de Douay et
de Châlons et ancien capitaine lieutenant des gendarmes
dauphin, blessé en 1673 au siége du château de Vermelin
sur la rivière de l'Escarpe, eut encore un cheval tué sous lui
à la bataille de la Marsaille en 1693. Il mourut à Paris le 20
mars 1732.

5140. ESTAING (Jean-Philippe d'), comte de Saillant, chevalier de Saint-Louis, lieutenant-colonel du régiment des gardes-
françoises, lieutenant général des armées du roy, commandant à Namur, puis gouverneur de Sarrelouis, de Metz et des
trois évêchés, et commandant en chef sur les frontières de
Luxembourg et sur la Moselle, fut dangereusement blessé au
combat de Senef en 1674 : — le fut encore en 1678 au
siége de Gand, ainsi qu'à la bataille de Saint-Denis où il reçut
un coup de feu qui lui perça la cuisse : il reçut de nouvelles
blessures au combat de Valcour en 1689, puis un éclat de
grenade à la tête au siége de Namur en 1692, et fut encore
blessé à la bataille de Nerwinde en 1693 ; il mourut à Metz le
23 juillet 1725.

5141. ESTAING (Pierre d'), sous-lieutenant aux gardes-françoises, tué au siége de Mons en 1691.

5142. ESTAING (Louis-Claude d'), marquis de Marol, aide
de camp du marquis de Guerchy, blessé en 1749 au siége de
Fontarabie, mourut peu de jours après.

5143. ESTAING (Charles-Hector-Théodat, comte d'), grand
d'Espagne, vice-amiral de France, chevalier des ordres du
roy, lieutenant général de ses armées et gouverneur de Touraine, fut blessé dangereusement d'un coup de feu à la
jambe droite et d'un biscaïen au bras droit, au siége de Savannah en 1779 ; depuis entraîné dans les utopies politiques

de la noblesse libérale de l'époque, il figura dans quelques-
uns des événements qui amenèrent la chute du trône, et lui-
même, impliqué dans les complots du temps, fut décrété
d'accusation et décapité à Paris le 28 avril 1794, lors de
l'exécrable régime de la terreur.

ESTAING, ancienne famille du Rouergue (*de Stagno*), dont les services militaires remontent au temps de Philippe-Auguste, s'il est vrai, comme
le dit la tradition, qu'à la bataille de Bovines, Adéodat d'Estaing ait dans
la mêlée, sauvé l'écu du roi : En récompense duquel service, le
prince lui permit de porter les armes de France, avec un chef d'or pour
brisure. Quelle que soit l'authenticité de l'anecdote, c'est à Joachim d'Estaing, l'un des membres de cette famille qui, au temps de Boileau
s'occupoit avec grand bruit de sa généalogie, que le poëte fait allusion
dans ces vers :

> Je veux que la valeur de ses ayeux antiques
> Ait fourni des matières aux plus vieilles chroniques,
> Et que l'un des Capets pour honorer son nom,
> Ait de trois fleurs de lis doté leur écusson...
> Que sert ce vain amas d'une inutile gloire !...

On voit par les notices que nous venons de donner, et qui sont postér-
rieures au temps de Boileau, que les invectives du poëte satirique
tombent à faux et que les descendants des d'Estaing ne devoient
point s'endormir *dans une lâche et molle oisiveté*. — Le *Bulletin de la
Société généalogique de la Charente* (1851-1852) contient des documents
inédits et curieux sur la famille d'Estaing.

5144. ESTAMPES (Claude d'), chevalier, seigneur des Roches
et de la Ferté-Nobert, capitaine de cinquante hommes des
ordonnances du roy, tué au siége de Naples en 1528.

5145. ESTAMPES (Jean d'), seigneur de Valençay, chevalier
des ordres du roy, conseiller en son conseil privé, gentilhomme ordinaire de sa chambre et capitaine de cinquante
hommes d'armes de ses ordonnances, reçut un coup d'arquebuse au bras gauche dans le voyage de Navarre où il avoit
accompagné le duc de Mayenne et mourut en 1620.

Ce Jean d'Estampes avoit laissé neuf enfants, dont six fils, qui tous
moururent sans postérité, et trois sur les champs de bataille.

5146. ESTAMPES (Claude d'), seigneur d'Estiau, lieutenant-colonel du régiment de Candole, mourut au siége de Montauban, sous Louis XIII, en 1621.

5147. ESTAMPES (Robert d'), chevalier de Malte, tué dans un combat le 25 juin 1625.

5148. ESTAMPES (Louis d'), troisième fils de Jean d'Estampes, tué comme son frère Claude, au siége de Montauban en 1621.

5149. ESTAMPES (Jean d'), baron de Valençay, *dit le baron de Bellebrune*, lieutenant-colonel de la cavalerie légère de France, blessé d'une mousquetade aux barricades de Suze en 1629, fut tué en la même année au siége de Privas où il donna de grandes preuves de valeur. (*Mercure de France* de 1629.)

5150. ESTAMPES (Jean-Baptiste, dit *le comte* d'), guidon des gendarmes d'Orléans, fut tué en 1704 à la bataille d'Hochstett où il avoit d'abord été blessé de plusieurs coups, et il y eut aussi trois chevaux tués sous lui.

> La maison d'Estampes-Valençay, qui a fourni un maréchal de France, un archevêque et plusieurs chevaliers du Saint-Esprit, se donnoit une origine fabuleuse ; on la faisoit descendre d'un homme d'armes de Charlemagne, nommé Jean, qui pour avoir vécu 361 ans, avoit reçu le surnom de *Joannes de temporibus*. En réalité, dit l'annotateur éditeur des *Historiettes* de Tallemant des Réaux, cette race descendoit d'un Robert d'Estampes, conseiller de Jean, duc de Berri, frère de Charles V. D'azur à deux girons d'or, posés en chevrons au chef d'argent chargé de trois couronnes ducales de gueules.

5151. ESTANG (le capitaine de l'), tué au siége de Saint-Quentin en 1557.

5152. ESTANG (le s^r de l'), lieutenant au régiment de Tracy-cavalerie, blessé au siége de Fribourg en 1644. (*Mercure* de 1644.)

5153. ESTANG-PARADE (l'), aide-major, lieutenant de vaisseau du port de Toulon, tué sur *le Magnanime* le 21 février 1748.

5154. ESTANG (Jean-André de l'), chevalier de Saint-Louis, major du régiment de la Rochefoucauld, puis lieutenant-colonel de royal Champagne-cavalerie, blessé d'un coup de feu à la bataille de Minden en 1759.

5155. ESTANSAU (le sr d'), sous-lieutenant au régiment royal des vaisseaux, blessé au combat de Senef en 1674.

5156. ESTAVAYÉ DE MOLENDIN (Laurent d'), seigneur de Moutet, colonel du régiment des gardes suisses et maréchal de camps, blessé au siége de Valenciennes en 1656.

5157. ESTAVAYÉ (Louis d'), seigneur de Molinou, chevalier de Saint-Louis et brigadier des armées du roy, blessé au bras droit dans la guerre de 1699.

5158. ESTAUSSINES (Allemand d'), chevalier, tué à la bataille d'Azincourt en 1415.

5159. ESTERWAL (le sr d'), lieutenant aux grenadiers de France, eut deux doigts emportés à la bataille de Minden en 1759.

5160. ESTIENNE (Charles-Didier), capitaine au régiment des fusiliers françois, mort devant Turin, sous Louis XIV.

5161. ESTIMONVILLE (le sr d'), enseigne de vaisseau, employé avec les 360 hommes du corps royal d'infanterie de la marine, tué au siége de Savannah en 1779.

5162. ESTIVAL (d'), capitaine de vaisseau du port de Rochefort, tué au troisième combat des côtes de Hollande le 21 aoust 1673.

5163. ESTOUVILLE (N... d'), comte de Creange, reçut, au

siége de Vulpiano, en 1555, un coup de pierre à la tête dont il mourut peu de temps après (de Thou).

5164. ESTERNE DE MARSILLAC (le chevalier d'), enseigne de vaisseau le 2 avril 1690, aide-major de la marine du port de Brest le 1er février 1698, tué sur *le Salisbury* le 19 mai 1705.

5165. ESTERNE DE MARSILLAC (le chevalier d'), aide-major des armées navales du port de Dunkerque, tué sur *le Salisbury* le 19 mai 1705.

Peut-être y a-t-il double emploi.

5166. ESTRAC (Charles d'), volontaire dans le régiment d'Uxelles, mourut de ses blessures à Valenciennes, sous Louis XIV.

5167. ESTRADE (le sr de l'), capitaine au régiment de Lyonnois, blessé au bras dans la journée du 23 août 1762.

5168. ESTRADES (Jacques d'), chevalier de Malte et mestre de camp d'un régiment de cavalerie, tué au siége de Fribourg en 1677.

5169. ESTRADES (Gabriel-Joseph, dit le *chevalier* d'), son frère, colonel du régiment de Chartres, mort des blessures qu'il reçut à la bataille de Steinkerque en 1692.

5170. ESTRADES (Louis-Godfroy, *comte* d'), marquis de Fougerolles et d'Odrehem, chevalier de Saint-Louis, lieutenant général des armées du roy et maire de Bordeaux, eut une jambe emportée d'un boulet de canon en visitant un fort près la basse ville de Bellegrade, en Hongrie, le 4 août 1717, et mourut le 18 du même mois.

5171. ESTRADES (Charles-Jean, comte d'), son fils, lieutenant aux gardes-françoises, tué à la bataille de Dettingen en 1743.

François d'Estrades, vivant en 1580, fut anobli par Henri III : c'est à lui que le P. Anselme commence la généalogie de la famille, qui obtint en 1744 les honneurs de la Cour. —De gueules au lion d'argent, couché au pied d'un palmier d'or, le tout soutenu d'une terrasse de sinople.

5172. ESTRÉES (François-Louis d'), marquis de Cœuvres, mestre de camp du régiment de Picardie, tué d'un coup de mousquet qu'il reçut dans la cuisse au siége de Laon en 1694, n'étant âgé que de 17 ans.

5173. ESTRÉES (Louis, dit le *marquis* d'), tué à la levée du siége de Valenciennes en 1656.

5174. ESTRÉES (Jean, *comte* d'), maréchal et vice-amiral de France, vice-roy de l'Amérique, chevalier des ordres du roy et gouverneur de Nantes, blessé à la main au siége de Gravelines en 1644; en demeura estropié et mourut le 19 mai 1707.

5175. ESTRÉES (d'). Dans le *Mercure* de 1644, à l'occasion du siége de Gravelines, il est dit que le *comte de Tourbes*, fils du maréchal et mestre de camp d'un régiment, y fut blessé d'un coup de mousquet qui lui fracassa la joue droite.

5176. ESTRÉES (Victor-Marie, *duc* d'), fils du maréchal, pair, maréchal et vice-amiral de France, vice-roy de l'Amérique, grand d'Espagne, chevalier des ordres du roy, gouverneur de Nantes, membre du conseil de régence et président du conseil de la marine, fut blessé au siége de Philisbourg en 1688.

> Les d'Estrées, d'ancienne origine, devoient leur nom à la terre d'Estrées en Cauchie, aux environs d'Arras, et Dieu merci, n'ont pas dû leur plus grande illustration à la belle Gabrielle, restée si populaire. M. Jean d'Estrées avoit suivi François 1er à Marignan, à Pavie, et longtemps avant lui des d'Estrées s'étoient signalés sur les champs de bataille. D'argent frotté de sable, au chef cousu d'or, chargé de trois merlettes du second.

5177. ESTREPAGNY (le commandeur d'), eut la tête emportée d'un boulet de canon au siége de Péronne en 1536.

5178. Espène (le s' d'), capitaine au régiment de Bourbonnois, tué à l'affaire d'Exiles en 1747.

5179. Estrille (de l'), capitaine de vaisseau du port de Brest, mort au fort royal de la Martinique, commandant *l'Oriflamme*, revenant de Siam, le 11 octobre 1690.

5180. Estut (Claude-Charles-Louis d'), marquis de Tracy, chevalier de Saint-Louis, capitaine lieutenant des gendarmes de Flandres, puis maréchal de camp, dangereusement blessé à la bataille de Minden en 1759, mourut en 1766.

5181. Estut, marquis de Tracy, aussi officier supérieur de gendarmerie, fut blessé d'un coup de feu au bras à la même bataille.

Les Stut ou d'Estut de Tracy étoient d'une ancienne noblesse originaire d'Ecosse, établie depuis 1420 dans le Nivernois et dans l'Ile-de-France ; un de nos régiments de cavalerie portoit le nom de Tracy. Armes : Ec. : aux 1 et 4 pelé d'or et de sable, aux 2 et 3 d'or, au cœur de gueules. L'écrivain philsophique que Napoléon classoit parmi les idéologues, et qui fit abjuration de sa noblesse, étoit de cette famille.

5182. Estang (le marquis d'), exempt des gardes du corps, blessé au combat de Senef en 1674.

5183. Estang (de l'), aide-major du régiment de Bretagne, blessé au siége de Mayence, en septembre 1689.

5184. Etang (le s' de l'), lieutenant au régiment de Bouzols, depuis Guyenne, tué en 1744 à l'affaire de Weissembourg.

5185. Etang (le s' de l'), capitaine au régiment d'Eu, avec rang de lieutenant-colonel et chevalier de Saint-Louis, blessé d'un coup de feu à la cuisse, à la bataille d'Hastembeck en 1757.

Plusieurs familles de ce nom, celle de Bretagne écarteloit au 1er et 4 d'or, à la coquille de gueules, au 2 et 3 losangé d'argent et de sable.

5186. ETENDART (le s^r l'), lieutenant au régiment de Béarn, tué au combat de Senef en 1674.

5187. ETEVENIOT DE SALLANS (Claude), chevalier de Saint-Louis, aide-major au régiment [des carabiniers, blessé de deux coups de fusil à la bataille de Minden en 1759, obtint sa retraite en 1766.

5188. ETOILE (le s^r de l'), chevalier de Saint-Louis, capitaine au régiment de Piémont, puis dans les grenadiers de France et major de l'isle de Rhé, blessé au siége de Prague en 1742 et à celui de Maëstrick en 1748.

5189. ETRÉE (le s^r d'), capitaine de grenadiers dans les troupes de la marine, blessé en 1704 dans la guerre des Camisards.

5190. ETTINGEN (Léopold, *baron* d'), chevalier de l'ordre du mérite militaire, chef de bataillon au régiment d'Alsace, puis lieutenant-colonel de celui de royal-Bavière, avec rang de colonel, blessé au siége de Prague en 1742, et à l'affaire d'Amembourg en 1762.

5191. Eu (Geoffroy, *comte* d'), tué au siége d'Acre en 1291.

5192. Eu (le comte d'), Jean de Brienne II, tué à la funeste bataille de Courtray, le 11 juillet 1345.

Les comtes d'Eu occupent une grande place dans notre histoire, bien que la chronique ait négligé de signaler tous les combats auxquels ils prirent part. Alix, héritière du comté d'Eu, qui vivoit au XII° siècle, porta le comté dans la maison de Lusignan dont il sortit pour entrer dans la maison de Brienne, qui le conserva jusqu'à ce malheureux connétable Raoul de Brienne, qui eut la tête tranchée, en 1351. Le comté passa par confiscation à Jean d'Artois, dit Santerre, dont le fils Philippe d'Artois, comte d'Eu, connétable de France, se trouva à la bataille de Nicopolis, en 1396, dont la si déplorable issue lui fut en partie imputée. Par alliance, ensuite, le comté passa à Philippe de Bourgogne pour entrer bientôt dans la maison de Clèves qui en jouit assez longtemps, puis, d'elle en la maison de Guise et finalement en la maison d'Orléans.

5193. Eu (le lieutenant-colonel du régiment d'), blessé à la bataille de Dettingen en 1743.

5194. Eustache, capitaine au régiment d'Anjou, tué au siége de Mayence en septembre 1689.

Les Eustache d'Omonville, famille de Normandie, portoient : d'azur à la fasce d'or accompagnée de trois roses d'argent.

5195. Evarre (Jean), de Neuchâtel, capitaine lieutenant et depuis major du régiment de Pfiffer, blessé au siége de Lille en 1708.

5196. Eveillon (le s^r), capitaine au régiment de Vermandois, eut la cuisse cassée au siége du fort Saint-Philippe en 1756.

5197. Evêque (André l'), seigneur de la Govetière, chevalier de Saint-Louis, capitaine de frégate, eut une jambe emportée d'un boulet de canon, dans un combat naval en 1694, il mourut à Saint-Malo, le 5 septembre, dans sa 104e année.

5198. Eynerie (le seigneur de), tué au siége de Metz en 1552.

5199. Eyrolles (le s^r d'), chevalier de Saint-Louis et capitaine au régiment de la Marck, blessé à la bataille de Rosbach en 1757.

5200. Eyrony (Jean-Baptiste d'), capitaine au régiment de Bourbonnois, tué au siége d'Ypres en 1741.

F

5201. Fabert (Abraham, *marquis* de), maréchal de France, conseiller d'Etat d'épée, gouverneur de la ville de Sedan et nommé chevalier des ordres du roy, dignité qu'il refusa par sa lettre au roi et dans des termes pleins de modestie : fut blessé d'abord aux siéges de Royan en 1612, de Privas en 1629, et de l'Avolden en 1636. Dans un combat qu'il soutint en 1630 contre Don Francisco de Mello, il eut son chapeau percé d'une balle, et son cheval tué sous lui en 1639 ; dans une attaque contre le prince Thomas, il reçut deux coups de feu dans ses bottes et ayant eu en la même année la cuisse percée de deux balles à l'attaque de Turin, les chirurgiens conclurent à la lui couper. Le cardinal de la Valette qui l'aimoit fort et M. de Turenne l'ayant engagé à souffrir cette opération. *il ne faut pas mourir par pièces*, leur dit-il ; *la mort m'aura ou entier, ou elle n'aura rien, et peut-être lui échapperai-je?* — il se fit apporter plusieurs terrines de lait et de crème, il fit tremper de vieux linges, les appliqua sur la plaie et se guérit ainsi en peu de jours. Le maréchal mourut à Sedan le 17 mars 1662, âgé de 63 ans; ce fut vraisemblablement encore lui qui, étant major du régiment de Béarn, reçut plusieurs blessures au siége de Saverne en 1636.

5202. Fabert (Louis, dit *le marquis* de), comte de Lezanne, fils du précédent, colonel du régiment de Lorraine et gouverneur de Sedan, tué au siége de Candie en 1669, n'étant âgé que de 18 ans.

5203. Fabert (Africain-Alexandre, *dit le chevalier* de), chevalier de Saint-Louis, capitaine au régiment de Savoye-Carignan, et précédemment lieutenant dans celui de Touraine, fut blessé à la bataille de Minden en 1759.

C'est sans fondement que nombre d'historiens disent que le maréchal étoit fils d'un imprimeur; son père, Abraham Fabert, seigneur de *Moulins*, près Metz, chevalier de l'ordre du roy et maître échevin de cette ville; avoit été anobli par Henry IV au mois de septembre 1603, en considération des services qu'il lui avoit rendus dans ses armées, comme commissaire d'artillerie dans le gouvernement de Metz, Toul et Verdun; c'est grandement à tort aussi qu'on a parfois dit que Fabert manquoit d'éducation et de savoir. Les nombreuses lettres que possèdent de lui nos bibliothèques, sa *Relation du siége de la Marphée*, ses *Ordonnances* conservées à Sedan, attestent des connoissances variées et un véritable sentiment littéraire.

5204. FABIER (le s^r), officier au régiment du capitaine Jacob Alleman, fut tué à la bataille de Ravenne en 1512.

5205. FABRE, cornette du régiment de Sernon, blessé à la bataille de Staffarde le 18 août 1690.

5206. FABRE (le s^r), mousquetaire de la garde du roy, blessé au siége de Maëstrick en 1673.

5207. FABRE (le s^r), officier au régiment de Normandie, blessé au siége de Grave en 1674.

5208. FABRE (le s^r de), capitaine au même régiment, blessé au siége de Barcelone en 1712 (peut-être le même que le précédent).

Plusieurs familles nobles de ce nom; outre les citations qui précèdent, il y eut un autre Fabre, lieutenant-colonel au régiment de Penthièvre et chevalier de Saint-Louis, blessé en plusieurs rencontres.

5209. FABRÈGUES (le s^r de), tué au siége de Montpellier en 1622.

5210. FABRÈGUES TOURTON (de), enseigne de vaisseau du port de Toulon, [mort à Carthagène sur *le Furieux*, le 1er juin 1697.

5211. FABRÈGUES-FABRY (le chevalier de), d'abord enseigne de vaisseau, puis major du régiment de Vexin, tué dans un combat contre les Camisards le 14 mars 1704.

Les Fabry de Fabrègues, de Provence, portoient : d'argent au pal d'azur, au chef de gueules, chargé de trois écussons d'or.

5212. FABRIEY (le s^r), Grison, lieutenant au régiment de Suibeck, tué d'un éclat de bombe au siége de Landau en 1703.

5213. FABRY (Pierre de), lieutenant-colonel du régiment de Norestan dans l'armée royale pendant la guerre de la Ligue, seigneur, premier syndic de la République de Genève, reçut une blessure considérable en 1602, en repoussant une partie des troupes savoyardes qui avoient déjà pénétré dans Genève.

5214. FABRY (Jean de), capitaine au service de France dans le corps de troupes auxiliaires envoyées pour soutenir les Grisons, fut blessé en 1615 dans une escarmouche contre les Espagnols ,et fut assassiné en Suisse.

5215. FABRY (Jean de), lieutenant-colonel du régiment d'Erlach et major de la place de Stolhoffen, fut tué dix jours après la bataille de Lens en 1648, à la tête d'un convoi qu'il escortoit.

5216. FABRY (Jean de), capitaine au régiment de Greder-suisse, puis chef de bataillon, blessé grièvement à la bataille de Cassel en 1677, mourut en 1687.

5217. FABRY (François de), lieutenant de la compagnie suisse de son frère Abraham de Fabry au service de France, fut tué à la bataille de Nerwinde en 1693.

5218. FABRY-D'AUTREY (*comte* de Moncaut-d'Autrey), colonel du régiment de la Sarre en 1691, fut tué à la bataille de Malplaquet en 1709.

FABRY. Cette maison, au dire des généalogistes, est originaire de Pise : Deux branches se seroient établies en France, l'une en Provence et l'autre en Languedoc. De la première sont sortis les Fabri de Portanier qui nous ont donné, Mme Séguier, la chancelière, Marie-Magdeleine Fabry — et la marquise d'Excideuil et de Pompadour, Marie Fabri, sa sœur aînée, puis encore Nicolas Fabri, si connu sous le nom de *Péreisc*, terre dont étoit seigneur, l'illustre savant. L'autre branche, celle du Languedoc, qui se disoit en France depuis Saint-Louis, et que l'on trouve au XVIe siècle alliée aux Balzac-d'Entragues, a formé le rameau des Fabry comtes de Moncault, qui figurent dans les précédentes notices, les Fabry d'Autrey et les Fabry de Fabrègues, dont il est pareillement question. *Armes* : D'or au lion de sable, armé et lampassé de gueules.

5219. FAGE (de la), lieutenant au régiment de Bretagne, blessé au siége de Mayence en septembre 1689.

5220. FAGE (le s^r de la), chevau-léger de la garde du roy, fut dangereusement blessé au siége de Mons en 1691.

5221. FAGE (le s^r de la), officier des gardes du corps du roy, blessé à la bataille de Malplaquet en 1709.

5222. FAGE (le s^r de la), cornette au régiment de Sal ..., blessé à la bataille de Rosbach en 1757.

5223. FAGEL (le s^r), capitaine au régiment de Champagne, blessé au combat de Valcour en 1689.

Le maréchal d'Humières, qui commandoit à Valcour, dut se replier après avoir perdu quatre mille hommes, parmi lesquels un grand nombre d'officiers, notamment le colonel du régiment. *Voy.* COLBERT.

5224. FAGES (César de), coseigneur de Nogier, capitaine au régiment de Monteils-infanterie, blessé au siége de Barcelone en 1697.

5225. FAGES (Abel de), seigneur de la Motte, lieutenant-colonel de régiment royal Piémont-cavalerie, tué à la bataille d'Hoschtett en 1703.

5226. FAGES (César de), cornette au régiment du Plessis-cavalerie, tué à la même bataille.

5227. FAGES (Anne-Claude de), oncle du précédent, dit le chevalier de Mauvert, capitaine au régiment de Vaudémont-cavalerie, tué à l'armée d'Italie le 13 septembre 1703.

5228. FAGES (Jean-François de) de la Terrisse, chevalier de S aint-Louis, capitaine de grenadiers au régiment de Bigorre, mort de la suite des blessures qu'il reçut au siége de Fribourg en 1744.

5229. FAGES (le s^r de), lieutenant au régiment de Flandres mourut en 1742 de la suite des blessures qu'il reçut en Corse.

Les Fages de Chasaux, du Dauphiné, portoient : d'or à la montagne de trois coupeaux de gueules supportant une colombe d'argent tenant en son bec un trois fleurs de lis d'or. Devise : *Regi fidelitatem lilia coronant.*

5230. FAGET DE SAINT-QUENTIN (Jean-François, dit le *cheval-*

lier), chevalier de Saint-Louis, capitaine commandant au régiment de Piémont, blessé à la bataille de Minden en 1759, obtint sa retraite en 1777.

5231. FAGET (le s^r de), enseigne de vaisseau, fut grièvement blessé d'un coup de canon à la cuisse dans le combat de M. de Beaussier du 26 juillet 1756, contre une escadre angloise, à son retour de Québec.

5232. FAGNIER (le s^r), lieutenant au régiment du roy-cavalerie, blessé dangereusement à la bataille de Minden en 1759.

5233. FAGNIER (le s^r), lieutenant au régiment de Normandie, blessé à la bataille de Clostercamps en 1760.

5234. FAILLY (Philippe-Louis de), chevalier de Saint-Louis, capitaine commandant au régiment d'Anjou-infanterie, obtint en 1707 une pension de retraite de 1,300 fr. en considération de ses services et de ses blessures.

5235. FAIRE DE VAUZELLE (François de la), seigneur du Bouchaut, capitaine au régiment de Gèvres-cavalerie, reçut un coup de feu dans le milieu de la poitrine à la bataille d'Hoschtett en 1704, il mourut le 28 février 1731.

5236. FAIVRE DE COURCELLES (N... de), capitaine au régiment d'Aumont, depuis Beauce, tué à la bataille de Minden en 1759.

5237. FAIRY, capitaine du régiment suisse de Stuppa, blessé le 1er juillet 1690 à la bataille de Fleurus.

5238. FALANGE (le s^r de), capitaine au régiment de Navarre, blessé dans un combat en Italie en 1654.

5239. FALANTIN DE SAINTENAC (François-Jean de), seigneur de la Fitte et d'Écosse, chevalier de Saint-Louis, capitaine et major du régiment du roy, puis colonel d'infanterie et lieutenant des maréchaux de France, fut grièvement blessé au siége de Prague en 1742, à la bataille de Laufeldt en 1747, au siége de Tournay, puis à la bataille d'Hastembeck en 1757.

5240. Falcoz (Alexandre de), seigneur de la Blache, baron de Jurcieux, comte d'Anjou en Dauphiné, capitaine de cavalerie au régiment du cardinal de Mazarin, quitta le service à raison de ses blessures et mourut vers l'an 1688.

5241. Falèche (le sr de), capitaine au régiment de Navarre, tué au siége de Prague en 1742.

5242. Faller (le sr), capitaine au régiment suisse de Planta, blessé à la bataille de Rosbach en 1757.

5243. Falletans (le sr de), cornette au régiment de Bourbon-Busset, blessé à la bataille de Rosbach en 1757.

    Famille de Franche-Comté : de gueules à l'aigle d'argent.

5244. Falliet (de), major du régiment de la Chastre, blessé à la bataille de Fleurus le 1er juillet 1690.

5245. Falluère (de la), enseigne de vaisseau du port de Rochefort, noyé sur *l'Eléphant*, commandé par M. de Fondelin, le 21 avril 1721.

5246. Falluère (le sr de la), capitaine au régiment de Piémont, eut les pieds gelés à la retraite de Prague et mourut à Egra au mois de janvier 1743.

5247. Fare (Gabriel de la), seigneur de la Fare, baron de Montelor, tué à la journée des Eperons en 1413.

5248. Fare (Antoine de la), commandoit pour le roy au château d'Engras, qu'il défendoit contre les religionnaires, fut blessé sur la brèche, et mourut à Uzès le 20 avril 1586.

5249. Fare (Jacques de la), seigneur de Montjoye, premier capitaine au régiment du Roure infanterie, tué au combat de Turin en 1636.

5250. FARE (Antoine-Hercules de la), son frère, baron de la Solle, mestre de camp d'un régiment de cavalerie, maréchal de camp et gouverneur de Portolongone, fut estropié d'un bras au même combat, et de l'autre bras au siége de Thionville.

5251. FARE (Marc de la), seigneur de Gaujac, capitaine au régiment de Montelor, blessé à une attaque à la défense de Roses en 1653.

5252. FARE (Antoine, *marquis* de la), son frère, vicomte de Montelor, baron de Solendrènques, maréchal général des logis de la cavalerie, mestre de camp du régiment de Montelor, lieutenant de roy en Languedoc, gouverneur de Balaguier de Roses, du fort de Breseau et de la ville d'Agde, fut blessé d'un coup de mousquet au siége de Saint-Jean, dans le Milanais.

5253. FARE (Jean, *vicomte* de la), fils du précédent, capitaine au régiment de Montpeiroux-cavalerie, tué d'un coup de mousquet dans l'armée d'Allemagne au-delà du Rhin en 1693.

5254. FARE (François de la), baron de la Salle, mestre de camp d'un régiment de cavalerie, blessé au bras à la défense de Royes le fut encore au pied sur la brèche de Gironne.

5255. FARE (Henry, *comte* de la), son fils, capitaine au régiment de Bourbon-infanterie, tué à la bataille de Staffarde en 1690.

5256. FARE (Philippe-Charles, *marquis* de la), maréchal de France, chevalier des ordres du roy et de celui de la Toison-d'Or, lieutenant général au gouvernement du Languedoc, gouverneur de Gravelines, du château d'Alais et des Cévennes, blessé au siége de Turin en 1706, mourut le 4 septembre 1752.

5257. FARE D'ALAIS (le *marquis* de la), chevalier de Saint-Louis, chef de bataillon au régiment de Normandie, avec rang de lieutenant-colonel, puis inspecteur des Milices gardes-côtes de Languedoc et maréchal de camp, blessé à la bataille de Fontenoy en 1745.

5258. FARE (Louis, *marquis* de la), chevalier de Saint-Louis, capitaine aux régiments de Vatau et de Bouillé, puis de grenadiers dans celui de Vexin, blessé d'un coup de feu au menton à la bataille de Minden en 1759, quitta le service en 1765.

> Grande famille du Languedoc qui s'est rendue célèbre en plus d'un genre, et qui a sa notice dans toutes les biographies. — Marquis en 1646. — D'azur à trois flambeaux d'or allumés de gueules.

5259. FAREY (Daniel-Michel de), tué au combat de Malaga, sous Louis XIV.

5260. FAREY (Charles-Louis de), chevalier de Saint-Louis, capitaine de grenadiers au régiment de Rohan, depuis Béarn, blessé à la bataille de Dettingen en 1743, le fut encore aux siéges d'Hulst et de Munster en 1747.

> Du régiment de Rohan, à la bataille de Dettingen, il y eut, au rapport du maréchal de Noailles lui-même, sept capitaines tués, dix-sept blessés, cinquante-quatre lieutenants tués, neuf blessés, cent quarante soldats tués et quatre-vingt-sept blessés.

5261. FARGES (N... de), chevalier de Saint-Louis, lieutenant colonel du régiment de Picardie, blessé à la bataille de Guastalla en 1734 et à l'affaire de Dingenfingen en 1743, fit en 1762 une chute de cheval en allant se mettre à la tête de son régiment dans une alerte de nuit, près de Philistat ; on le transporta à Hanau, où il mourut peu de temps après.

5262. FARGÈS (Louis-François-Marie de), seigneur de Domeirac, chevalier de Saint-Louis, lieutenant-colonel du régiment de Preissac-cavalerie, incorporé dans celui de Royal-Champagne, puis lieutenant général des armées du roy en 1784, fut blessé à la bataille de Creweldt en 1758, et mourut en 1790 ou 1791.

5263. FARGUE (le sr), lieutenant des grenadiers royaux au régiment de le Camus, fut blessé à la journée de Grebenstein le 24 août 1762.

5264. FARGUE (le sr de la), lieutenant au régiment de Mailly, blessé à l'affaire de l'Assiette en 1747.

5265. FARGUE (Jean de la), chevalier de Saint-Louis, lieutenant-colonel du régiment royal des vaisseaux, puis lieutenant général des armées du roy en 1780, fut blessé aux batailles de Fontenoy et de Laufeldt en 1745 et 1747, il mourut en 1780.

5266. FARGUE (N... de la), son fils, capitaine au même régiment royal des vaisseaux, fut aussi blessé à la bataille de Fontenoy en 1745.

Famille du Périgord. D'azur à trois maillets d'argent et une bordure de gueules.

5267. FARGUE (le capitaine la), commandant du corsaire *l'Aigle*; ce fut à lui que Louis XIV fit présent d'une épée au mois de juillet 1757, en considération de la prise qu'il avoit faite d'un corsaire anglois, après un combat très-opiniâtre où il fut grièvement blessé.

5268. FARGUËS (le sr la), lieutenant au régiment de Bourbonnois, blessé en 1743 à la retraite de Denkendorff.

5269. FARIN DE PERREVILLE (Pierre), chevalier de Saint-Louis, premier major et capitaine du bataillon du régiment royal-artillerie, blessé d'un coup de mousquet au genou droit, au siége de Luxembourg : eut aussi une jambe cassée d'un pareil coup à la défense de Mayence, et fut encore blessé d'un autre coup de feu au côté gauche à la bataille de Fleurus en 1690, où il eut un cheval tué sous lui.

5270. Farnèse (Horace), duc de Castro, chevalier de l'ordre du roy et gentilhomme ordinaire de sa chambre, tué d'un coup d'arquebuse au siége d'Hesdin en 1553.

Maison princière d'Italie qui compte parmi ses illustrations plusieurs grands capitaines, de célèbres prélats et notamment le Pape Paul III. — Horace dont il est question, étoit le fils naturel de Pierre Farnèse : il prit le titre du duc de Castro et épousa Diane d'Angoulême, fille naturelle légitimée de Henry II, célèbre dans l'histoire du XVIᵉ siècle.

5271. Fatis (le sʳ de), lieutenant au régiment suisse de Planta, blessé à la bataille de Rosbach en 1757.

5272. Fatrie (le sʳ de), capitaine au régiment d'Auvergne, blessé à la bataille de Clostercamps en 1760.

5273. Fauche de Versac (François de), chevalier de Saint-Louis, capitaine commandant au régiment d'Enghien-infanterie, blessé à la bataille de Minden en 1759, obtint une retraite de 1,000 francs en 1777.

5274. Fauchon de la Haute-folie (Jean), capitaine des arquebusiers de la ville de Saint-Lô, fut blessé dans les guerres d'Henry IV, d'après des lettres de ce monarque du mois de février 1594.

5275. Faudoas (Jean, *baron* de), sieur de Barbazan, chevalier, seigneur de Montégut, conseiller, chambellan ordinaire du roy et du duc de Guyenne, fut dangereusement blessé à la bataille de Montlhéry en 1465, et mourut dans l'intervalle des années 1473 et 1477.

5276. Faudoas (Gilles-Antoine de), seigneur de Martet et de la Plume, tué à l'âge de 24 ans au siége de Rouen en 1562.

5277. Faudoas (Jean-Gilles de), son frère, dit *le capitaine Périllac*, capitaine aux gardes-françoises et mestre de camp d'un régiment d'infanterie, mort des blessures qu'il reçut au siége de la Rochelle en 1573.

5278. FAUDOAS (Bernard de), autre frère, dit *le capitaine de la Mothe,* aussi capitaine aux gardes-françoises, tué au même siége.

5279. FAUDOAS (Jean-François de), seigneur de Sérillac, capitaine au régiment de Picardie et gouverneur de Sommières, tué au combat de Veillane en 1630.

5280. FAUDOAS (Emmanuel-René de), seigneur d'Averton, comte de Belin, mestre de camp du régiment Cardinal-étranger, mort des blessures qu'il reçut au siége de Douay en 1667.

5281. FAUDOAS (N... de), officier au régiment de Bourbonnois, blessé à l'affaire d'Exiles en 1747.

5282. FAUDOAS (N... de), lieutenant au régiment d'Acquitaine, blessé le 24 août 1762 à la journée de Grebenstein.

> Grande famille originaire de Guyenne, dont l'un d'eux qui précède fut surnommé le *Chevalier sans reproche,* et reçut de Charles V « avec le titre de *Restaurateur du royaume,* le droit de porter dans ses armes les trois fleurs de lis de France sans brisure: celles de sa maison étoient : Parti au 1er d'azur à la croix d'or.

5283. FAUDRAN (Paul-Albert de), capitaine au régiment de cavalerie de Tilpode, tué à la bataille de Saint-Denis en 1678.

5284. FAUDRAN (Jean-Baptiste de), chevalier de Saint-Louis, capitaine de cavalerie au régiment de Noailles, tué à la bataille de Fontenoy en 1745.

5285. FAUGE (François de), tué à la bataille de Ramillies en 1706.

5286. FAULTE DE VANTEAUR (Mathieu), chevalier de Saint-Louis et capitaine commandant au régiment de Picardie, blessé d'un coup de feu à la cuisse à la bataille d'Hastembeck en 1757, obtint une retraite de 1,000 fr. en 1780.

5287. Faur (Jean du), tué à la bataille de Lizieux en 1449, où il commandoit dans la cavalerie, sous le comte de Dunois (*Voy.* Moréry.)

5288. Faur (Michel du), seigneur d'Herme, tué au siége d'Amiens en 1597, servant dans la compagnie des 200 chevau-légers de la garde du roy.

5289. Faur (Henry du), tué au siége d'Ostende sous Henry IV.

5290. Faur (Michel du), seigneur de Pibrac, tué au siége de Montauban, sous Louis XIII.

5291. Faur de Berat (François-Antoine du), chevalier de Saint-Louis, capitaine au régiment de Navarre, perdit un bras au combat de Sahay en 1742.

5292. Faur de Berat (N... du), lieutenant au même régiment, blessé à la bataille de Dettingen le 17 juin 1743, le même probablement que le sieur *Faure* qui fut blessé l'année suivante au siége de Fribourg, ayant le même grade.

A cette bataille de Dettingen, le régiment de Navarre eut trois capitaines tués et cinq blessés ; cinq lieutenants blessés, quarante soldats tués et cinquante blessés.

5293. Faure (le s\ᵣ), capitaine au régiment de Navarre, blessé au siége de Fribourg en 1644.

5294. Faure (Jean de), seigneur de Saint-Alban, chevalier de l'ordre du roy, gentilhomme ordinaire de sa chambre, maréchal de ses camps et armées, et gouverneur de Narbonne, reçut plusieurs blessures dans les guerres de son temps, et mourut en 1639.

5295. Faure (le s\ᵣ du), capitaine au régiment de Picardie, tué à la bataille de Senef en 1674.

Il y a plusieurs familles nobles de ce nom.

5296. FAURE (le s^r le), capitaine au régiment de Piémont à la bataille de Rosbach en 1757.

5297. FAURÉE (François de), enseigne au régiment de Condé, eut un bras emporté d'un boulet de canon à la bataille de Lens, sous Louis XIV.

5298. FAURÉE DE VIGNIAMONT (Henry-Gabriel de), chevalier de Saint-Louis, capitaine au régiment de Rohan, depuis Berry, fut presque enterré au siége de Maëstrick en 1748, par l'explosion d'une bombe qui vint tomber à ses pieds, il fut blessé aussi d'un coup de feu à une jambe à la bataille de Rosbach en 1757, et un pareil coup lui cassa le bras droit à celle de Sundershausen en 1753; il obtint sa retraite en 1768.

5299. FAURIAN (le seigneur de), capitaine aux gardes-françoises et mestre de camp, fut tué dans le combat naval livré aux Espagnols en 1582 par le général Philippe Strozzi, près l'isle de Tercère, il est ainsi nommé dans le compte de l'extraordinaire des guerres; il est appelé Bussec par Brantôme.

5300. FAUTEREAU (Louis-Joseph), marquis de Meinières, sous-lieutenant des gendarmes du Berry, tué à la bataille de Malplaquet en 1709. (*Voy.* de Fouquerolles, au cas que cette citation concerne cette famille.)

5301. FAVANCOURT (le s^r de), chevalier de Saint-Louis et sous-brigadier des mousquetaires, blessé au siége de Mons en 1691.

5302. FAVART (Jean-Baptiste de), chevalier de Saint-Louis ingénieur et maréchal de camp, blessé aux siéges de Traerbach, de Brisack et de Landau, mourut en 1725.

5303. FAVART-D'HERBIGNY (Nicolas-Remy de), chevalier de Saint-Louis, chef de brigade du génie à Strasbourg, et maréchal de camp en 1788, fut blessé grièvement à la mâchoire à l'assaut de Bellisle par les Anglois en 1761 : il mourut à Paris le 25 mai 1800, étant général de division du génie dans l'armée républicaine.

5304. FAVOLLE (Jean), lieutenant-colonel du régiment de Navarre, mort d'une blessure qu'il reçut à l'attaque d'un convoi, pendant le siége de Laon en 1594.

C'est à propos de la prise de Laon par Henri IV, après trois mois de siége que courut ce méchant calembourg en forme de quatrain, et qu'a recueilli *L'Etoile*.

> Le Roi Numa, par sa prudence,
> Composa l'an de douze mois ;
> Mais nostre Roi, par sa vaillance,
> Le réduisit à moins de trois.

FIN DE LA DEUXIÈME PARTIE DU TOME PREMIER.

Paris. — Imp. de E. DONNAUD, rue Cassette, 9.